HEALTH EDUCATION FOR YOUNG CHILDREN

아동건강교육

| 최윤희 김이영 박지원 이명숙 이인원 최윤지 공저 |

수양재

머리말

인간의 삶에서 건강은 가장 기본적이면서 중요한 부분을 차지한다. 일반적으로 건강하다는 의미란 개인의 신체적 상태에 질병이 없는 정상적인 상태를 의미한다. 그러나 최근에는 보다 구체적이고 적극적인 의미로 신체적 상태를 넘어서 정신적 상태까지 영역을 넓혀 포괄적인 의미로 사용되고 있다. 즉, 세계보건기구(WHO)의 정의에 의하면, 건강하다는 것은 성장 · 발육이 저해되지 않고 순조롭게 진행되는 상태로서 단순히 질병에 감염되지 않았거나 허약하지 않다는 것만을 의미하는 것이 아니라 신체적 · 정신적 · 사회적 모든 인간발달의 측면에서 아무런 문제가 없는 상태를 의미한다.

영유아기 건강은 전생애 성장과 발달의 기초를 형성하고 이후의 발달에 중요한 영향을 미치게 된다. 이런 이유로 아동건강교육에 대한 관심이 증가하게 되었으며, 영유아를 위한 건강교육도 신체적인 건강만이 아니라 정신적 건강과 사회적 건강을 지원할 수 있는 포괄적인 방향으로 접근해야 함을 강조하고 있다.

건강교육은 아동들이 건강에 관한 올바른 지식, 태도, 기술을 바탕으로 건강증진 행위를 하도록 돕는 것을 의미하기 때문에 아동들의 일상생활에서 접하는 신체건강, 영양, 정신건강, 안전의 측면을 포괄한다. 뿐만 아니라 아동들은 주변에서 접하는 건강문제를 해결하기 위해 능동적으로 건강정보를 찾고 이를 바탕으로 건강을 증진시킬 수 있는 행동을 하도록 하는 건강소양 함양이 건강교육의 궁극적인 목적이라고 할 수 있다.

따라서 본 책은 아동의 건강소양 함양이 원활하게 이루어질 수 있도록 구성되었다. 구체적으로 1장 아동건강교육의 이해에서는 아동건강교육의 개념, 아동건강에 영향을 미치는 요인 및 아동건강을 위한 교사의 역할에 대해 기술하였고, 2장 아동의 발달단계별 건강증진에서는 영아기(0~1세) 발달과 건강증진, 걸음마기(2세) 발달과 건강증진, 유아기(3~5세) 발달과 건강증진 및 아동기(6~12세) 발달과 건강증진에 대해 소개하였다. 3장 아동의 신체적 건강관리에서는 아동의 신체건강 문제, 아동의 영양건강문제 및 아동의 신체 및 영양관리 증진방안에 대해 기술하였고, 4장 아동의 정신적 건강관리에서는 정신건강의 이해, 아동의 정신병리 분류, 아동의 정신병리 유형 및 아동의 정신건강 증진방안에 대해 소개하였다. 5장 교사의 건강관리에서는 교사의 건강, 교사의 건강에 영향을 미치는 요인 및 교사의 신체 및 정신건강관리에 대해 기술하였고, 6장 아동건강교육의 내용에서는 표준보육과정의 건강교육과 누리과정의 건강교육에 대해 소개하였다. 7장 아동의 영양관리에서는 기본영양소와 발달단계에 따른 영양관리에 대해 기술하였고, 8장 아동건강교육의 지도에서는 아동건강교육 지도방법, 아동건강교육 시 고려할 점 및 건강생활습관 지도에 대해 소개하였다. 9장 감염성 질병관리 및 응급처치에서는 감염성 질환과 관리, 응급처치에 대해 기술하였고, 10장 아동건강교육의 실제에서는 건강하게 생활하기와 안전하게 생활하기에 대해 실제적인 교육안과 운영방법에 대해 구체적으로 소개하였다.

최근 유아교육이론들은 지식과 기술을 직접적으로 전달하기보다 유아 스스로 지식을 구성하고 적용해 보는 능동적 학습을 강조하고 있기 때문에 건강교육을 실행하는 과정에서도 영유아의 적극적인 참여를 격려하고 일상생활 속에서 건강한 생활습관과 태도를 실천해 볼 수 있는 환경과 교수-학습방안을 제공해야 함을 강조하고 있다. 따라서 본 책을 통해 예비유아교사와 현장의 전문가들이 아동건강의 중요성을 인식하고 아동 스스로 건강한 생활습관과 태도를 형성하고 실천하도록 하는데 조금이나마 도움이 되었으면 하는 바람에서 이론과 실제를 제시하였다.

마지막으로 본 책이 출간되기까지 많은 도움을 주신 분들의 노력에 감사드리며, 부족한 책의 출판을 지원해 주신 수양재 출판사 사장님을 비롯한 직원 여러분들께 깊은 감사의 마음을 전한다.

2019년 8월

저자 일동

차례

Chapter 04 아동의 정신적 건강관리

Chapter 05 교사의 건강관리

Chapter 06 아동건강교육의 내용

Chapter 07 아동의 영양관리

Chapter 08 아동건강교육의 지도

Chapter 09 감염성 질병관리 및 응급처치

Chapter 10 아동건강교육의 실제

아동건강교육의 이해

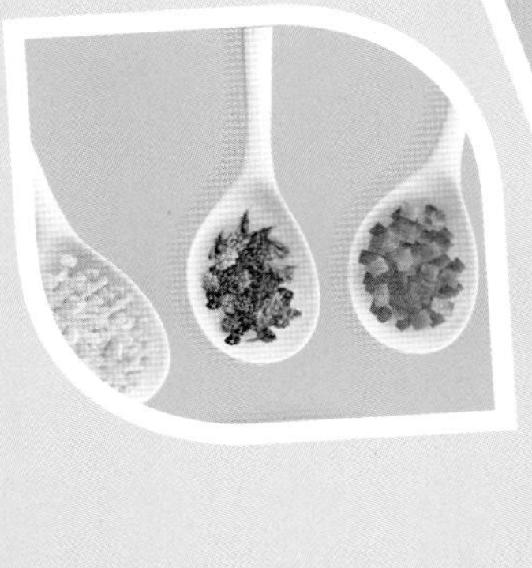

Chapter

1

배울 내용

1. 아동건강교육의 개념
2. 아동건강에 영향을 미치는 요인
3. 아동건강을 위한 교사의 역할

학습목표

1. 건강교육의 개념, 중요성 및 목적을 이해한다.
2. 아동건강에 영향을 미치는 요인을 이해하고 건강증진방안을 모색할 수 있다.
3. 아동건강을 위한 교사의 역할을 숙지한다.

1. 아동건강교육의 개념

1) 건강교육의 개념

일반적으로 건강하다는 의미란 개인의 신체적 상태에 질병이 없는 정상적인 상태를 의미한다. 그러나 최근에는 보다 구체적이고 적극적인 의미로 신체적 상태를 넘어서 정신적 상태까지 영역을 넓혀 포괄적인 의미를 담고 있다. 세계보건기구(WHO)의 정의에 의하면, 건강하다는 것은 성장 · 발육이 저해되지 않고 순조롭게 진행되는 상태로서 단순히 질병에 감염되지 않았거나 허약하지 않다는 것만을 의미하는 것이 아니라 신체적 · 정신적 · 사회적 모든 인간발달의 측면에서 아무런 문제가 없는 상태를 의미한다(정미라 외, 2008). 이러한 설명은 건강에 대한 의식 변화를 잘 보여준다. 즉, 과거에는 건강이란 신체적, 정신적으로 질병이나 장애가 없고, 스스로 정상적인 활동을 할 수 있는 상태를 의미했지만 오늘날에는 사회적 영역의 건강까지도 요구하고 있다[그림 1-1].

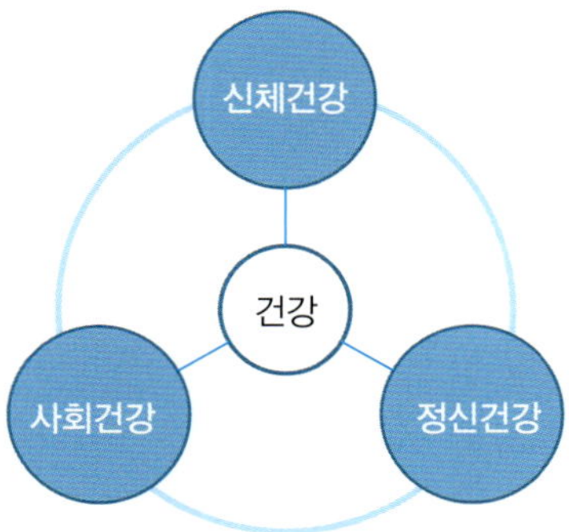

그림 1-1 건강의 의미

건강교육은 건강과 교육의 합성어로, 새로운 지식을 얻거나 이미 알고 있는 지식을 새롭게 이해하여 새로운 태도를 개발하거나 기존에 가지고 있는 태도를 강화,

수정하여 새로운 건강행위를 하도록 노력하는 것이다. 즉, 이미 활용하고 있는 행동을 수정하여 올바른 건강행위를 실천하도록 하는 것이다. 이런 의미에서 아동건강교육은 바람직한 식생활습관, 규칙적인 운동, 건전한 몸가짐 등과 같이 한 인간의 평생 삶에 영향을 미치는 생활습관의 기초를 형성하는 데 도움이 된다. 따라서 아동건강교육은 모든 교육에 앞서 우선적으로 이루어져야 하며 모든 교육활동의 기초가 되어야 한다. 왜냐하면 결정적 시기 동안 내 · 외적인 환경적 경험에 의해 획득된 특성은 전 생애에 걸쳐 영향을 미치기 때문에 보다 풍부한 환경의 경험이 제공되어야 하기 때문이다. 또한 유아교육기관에서는 아동으로 하여금 스스로 건강을 유지, 증진할 수 있도록 아동 자신을 튼튼한 개인으로 가치 있게 생각할 수 있게 하고 신체를 스스로 보호하도록 해야 한다. 왜냐하면 건강에 대한 긍정적인 태도가 건강을 지키기 위한 행동을 이끄는 요인이기 때문이다.

이런 이유로 최근 아동건강교육에 대한 중요성이 강조되고 있으며, 아동기에 다루어져야 할 건강교육의 내용으로는 적당한 영양섭취 및 비만 예방, 안전교육, 치아위생, 전염병 관리 및 예방접종, 휴식과 수면, 운동 및 청결관리와 위생개념에 대한 교육 등을 강조하고 있다.

2) 건강교육의 중요성

인간의 성장과 발달에 있어 기본적인 틀은 태아기에서부터 12세까지 거의 완성되기 때문에 아동기의 건강은 매우 중요하며, 태내에서 벗어나 신생아기를 거치면서 영아기와 유아기에는 생리적 · 심리적 · 인지적 측면으로써 일생 중 가장 현저한 변화를 경험하게 되는 시기이다. 아동건강교육이 중요시되고 있는 이유는 〈표 1-1〉과 같다(김명 외, 2008).

표 1-1 아동건강교육이 중요시되는 이유

• 아동기는 건강생활습관이 형성되는 시기이다. 최근 잘못된 생활습관으로 인한 생활습관병이라는 개념이 등장하고 있는데, 이는 신체활동의 감소, 불규칙한 식생활, 스트레스 등으로 인해 생기는 만성 질환들로부터 나타나는 것으로 이를 예방하기 위해서 아동기부터 건강생활습관을 형성하도록 하는 것이 필요하다. • 아동의 건강은 학업 성취도에 영향을 준다. 세계보건기구(WHO)에서는 학습이 효과적으로 이루어지기 위해서는 건강이 필수적이며, 영양결핍, 감염성 질환, 신체 · 정신적인 문제들이 학업 성취도에 영향을 미친다고 보고하고 있다. • 아동의 건강한 발달을 위한 최적기를 놓치면 이에 대한 교정에 어려움이 따른다. 아동기에 형성된 건강생활습관을 이후에 변화시키는 것은 생활습관이 형성되기 이전에 건강교육을 실시하여 올바른 습관의 형성을 돕는 것보다 더 많은 시간, 노력, 비용이 요구된다.

특히, 아동기는 감염성질환에 대한 높은 감수성, 쉽게 탈수나 고열의 발생, 영양부족에 대한 민감성, 신체조절능력과 판단력 부족으로 인해 높은 사고의 위험성을 가지고 있다. 따라서 아동의 건강을 돌볼 때, 아동의 생리적 · 발달적 특성과 바람직한 환경구성 그리고 폭넓은 아동건강에 대한 지식이 필요하다.

3) 건강교육의 목적

건강에 관한 사람들의 관심이 증가함에 따라 그 의미도 과거 질병의 개념에서 신체적 · 정신적 · 사회적 안녕의 상태를 유지하는 예방적 의미로 변화되었다. 따라서 예방적 차원에서 건강을 유지하기 위해서는 질병이 발생한 후 그에 대한 치료방안을 찾기보다는 개인이 자신의 건강과 관련된 여러 가지 요소를 스스로 통제하며, 이를 위해 필요한 지식이나 기술, 태도 등을 학습하고 실천하는 것이 중요하다(정미라 외, 2012). 즉, 사후처치격인 치료가 아니라 예방을 위해서는 일상생활이나 식습관 등과 건강과의 연관성을 알아야 하므로 반드시 학습이 선행되어야 한다. 따라서 건강교육은 청결, 영양, 질병 예방, 휴식 등을 통해 신체건강을 유지하고, 정신건강을 도모하기 위한 건강한 생활습관을 가지게 하며, 주변에서 발생할 수 있는 위험을 예방하고 대처하는 데 필요한 지식과 기술 및 태도를 기르는 데 중점을 둔다(교육과학기술부, 보건복지부, 2013; 보건복지부, 2013). 건강교육의 구체적인 목적은 〈표 1-2〉와 같다.

표 1-2 건강교육의 목적

구분	내용
정미라 외(2012)	건강에 관한 충분한 지식, 정보를 토대로 행동양식을 변화시켜 개인, 가족, 사회의 일원으로써 건강에 대한 책임을 갖도록 하는 것
김영심 외(2010)	건강교육은 개인 또는 사회의 일원으로서 자신의 건강에 대해 책임감을 갖도록 지식, 태도, 기술을 갖추도록 함으로써 개인 스스로 건강능력을 갖추도록 하는 것
조경자 외(2010)	건강을 발달시키는 데 필요한 지식, 태도, 행동을 발달시키고, 아동의 삶의 질을 유지, 향상시키도록 하는 것
이순형 외(2009)	건강을 유지, 보호, 증진시키는 데 필요한 사항을 이해시키고, 바람직한 생활습관, 규칙적인 운동, 건전한 몸가짐과 같이 일생에 영향을 미치는 생활습관을 형성하는 것

이처럼 건강교육은 아동들이 건강에 관한 올바른 지식, 태도, 기술을 바탕으로 건강증진 행위를 하는 것을 의미하며, 아동들의 일상생활에서 접하는 신체건강, 영양, 정신건강, 안전의 측면을 포함한다. 뿐만 아니라 아동들은 주변에서 접하는 건강문제를 해결하기 위해 건강정보를 찾고 이를 바탕으로 건강을 증진시킬 수 있는 행동을 하는 것이 필요하며, 이와 같은 건강소양 함양이 건강교육의 궁극적인 목적이라고 할 수 있다(유은영, 2011). 하지만 아동의 경우 아직까지 학습능력에 한계가 있어 이러한 건강 관련 지식이나 태도, 기술을 어떤 학습도구를 사용하여 효과적으로 전달할 것인가의 문제가 발생하게 된다. 이것이 성인과는 다른 아동건강교육의 가장 큰 차이점으로 볼 수 있다.

2. 아동건강에 영향을 미치는 요인

아동건강에 영향을 미치는 요인은 매우 다양하지만 크게 유전적 요인과 환경적 요인으로 구분할 수 있다.

1) 유전적 요인

수정 시 부모에게서 받게 되는 여러 가지 유전인자들은 아동의 신체적 · 정신적 기초를 형성하는 특성을 결정짓는 역할을 하게 된다. 건강 또한 그중 하나로 부모로부터 어떤 체질을 물려받게 되는데, 특히 심장질환, 암, 당뇨병 또는 특정 정신질환 등은 유전적 요인과 깊은 관계가 있다. 따라서 가족력 조사 등의 방법을 통해 유전적 조건을 찾아냄으로써 건강에 영향을 미칠 수 있는 요인들을 예견하여 사전에 예방하거나 조기 치료를 할 수 있다. 유전적 요인에 의해 나타나는 대표적인 아동 건강문제가 터너증후군과 다운증후군이다.

(1) 터너증후군

터너증후군(Turner Syndrome)은 1938년에 키가 작고 목이 짧으며 두껍고 성적 발달이 지연된 여자 환자들을 처음 발표한 헨리 터너(Henry Turner)라는 학자의 이름에서 인용되었다. 1959년 포드(Ford)에 의해서 터너증후군의 원인이 성염색체의 이상이라는 것을 알게 되었다[그림 1-2]. 터너증후군은 여아 2,500~3,500명당 1명꼴로 발생하는 비교적 흔한 염색체 이상 질환으로 알려져 있다.

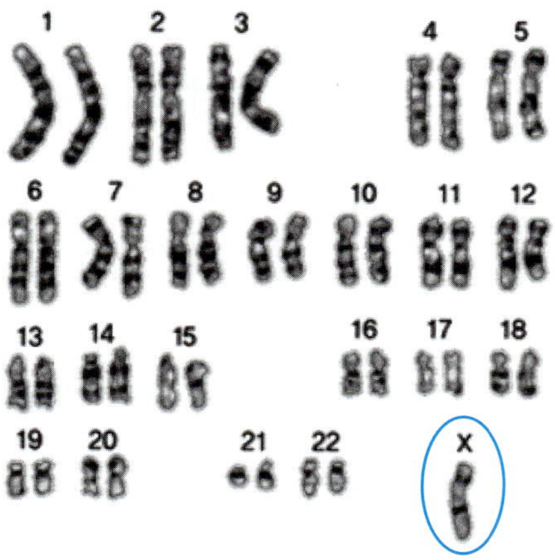

그림 1-2 터너증후군의 염색체

터너증후군은 정상적으로 XX 또는 XY로 존재해야 하는 성염색체가 X 단일염색체(45, X) 또는 X 부분 단일염색체로 변형된 것이다.

터너증후군의 외형상 특징으로는 [그림 1-3]과 같이 저신장, 림프부종(70%), 두껍고 짧은 목(80%), 뒷목 아래에 내려와 있는 머리카락선(80%), 방패형 가슴(75%), 유두의 형성부전과 넓은 간격의 유두(78%), 몸의 중심에서 밖으로 향해 있는 팔꿈치(70%), 손톱의 발육부전(75%), 짧은 4번째 손가락과 4번째 발가락을 보이는 것이 주 특징이다.

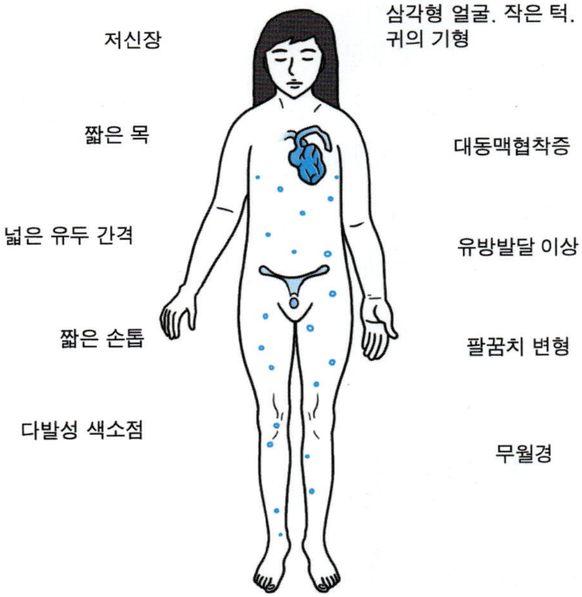

그림 1-3 터너증후군의 특징

터너증후군의 주요 치료목적은 〈표 1-3〉과 같이 신체적 이상을 교정하면서 성장장애 및 성적 발달장애를 치료해 나가는 것이다.

표 1-3 터너증후군의 치료

유형	특징
신체적 이상의 교정	익상경(목 양옆으로 물갈퀴같이 붙어 있음)이나 안검하수와 같은 이상을 교정해 준다.
성장장애의 치료	성장호르몬, 동화작용스테로이드제, 여성호르몬 등을 사용한다.
성적 발달의 치료	유방발달과 자궁 및 질의 발달을 유도하기 위해서 여성호르몬 치료가 필요하다.

출처: https://100.daum.net/encyclopedia.

(2) 다운증후군

다운증후군은 1866년 존 랭던 다운(John Langdon Down)이라는 영국 의사에 의해서 처음 보고되었다. 하지만 다운증후군을 가진 사람들의 일부 특징들에 대해서는 기술하였지만 원인까지는 정확히 알지 못하였다. 이후 1959년에 세포 유전학을 연구하던 제롬 르준(Jerome Lejeune)이 염색체를 현미경으로 관찰하던 중 다운증후군 환자에게 21번 염색체가 1개 더 존재하는 것을 발견하여 다운증후군이 생기는 원인을 밝혀내게 되었다[그림 1-4]. 다운증후군의 일반적인 증상은 [그림 1-5], 〈표 1-4〉와 같다.

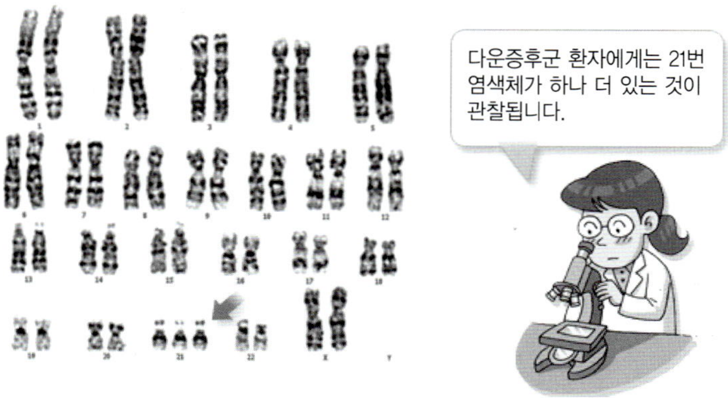

그림 1-4 다운증후군의 염색체

출처: 보건복지부 대한의학회

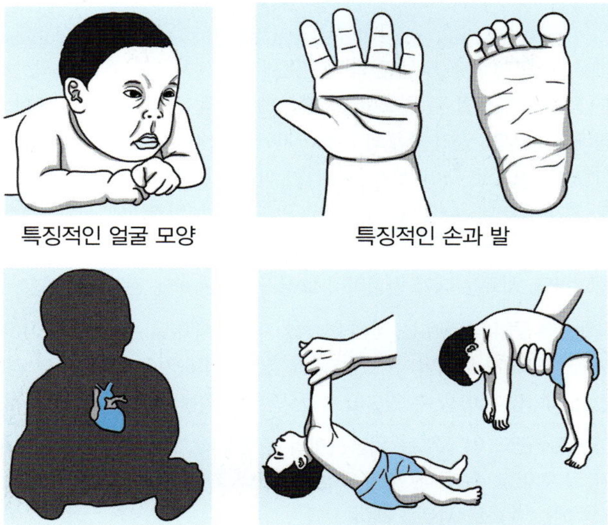

특징적인 얼굴 모양 / 특징적인 손과 발 / 심장 이상 / 근육의 긴장 저하

그림 1-5 다운증후군의 증상들

출처: 보건복지부 대한의학회

표 1-4 다운증후군의 증상들

구분	내용
특징적인 얼굴 모양	눈꼬리가 위로 올라간 작은 눈, 눈주름, 작고 낮은 코, 작은 입과 큰 혀, 작은 귀 등을 관찰할 수 있으며, 얼굴 형태는 둥글고 납작하다. 또한 작은 머리와 납작한 뒤통수를 보이며, 가늘고 곧은 머리카락을 가지고 있다.
특징적인 손과 발	가로 손금이 긴 한 개의 선으로만 되어 있는 경우가 흔하고, 짧고 뭉뚝한 손가락과 안쪽으로 휜 새끼손가락을 가지고 있는 경우도 있다. 또한 엄지발가락과 두 번째 발가락 사이가 넓게 벌어져 있는 작은 발을 가지고 있는 경우가 있다. 일반적으로 키가 작고 팔다리는 짧다.
근육의 긴장 저하	근육의 긴장도가 떨어져 있다. 이러한 낮은 근육 긴장도로 인해서 뒤집고, 앉고, 서고 그리고 말하는 것이 어려울 수 있다. 저긴장은 일반적으로 시간이 지날수록 회복되고 물리치료로 호전될 수 있다.

구분	내용
시력과 청력의 문제	다운증후군의 약 60%는 안과적인 문제가 발생하는데, 주로 근시, 원시, 내사시와 코눈물관 막힘증을 보일 수 있으며 백내장(15%)도 잘 생길 수 있다. 또한 약 75% 정도는 청력장애를 가지고 있기 때문에 신생아기에 청력검사와 안과 검진을 조기에 시행하여야 한다. 청력 소실은 내이 뼈의 구조적인 이상이 있거나 잦은 중이염의 발생(약 50~70%)으로 인해 일어날 수 있다. 그러므로 안과와 이비인후과에 정기적으로 방문하여 시력이나 청력의 문제가 언어발달과 학습능력에 영향을 주기 전에 조기에 발견하여 치료하는 것이 중요하다. 치료는 대개 안경이나 보청기를 착용하게 된다.
심장 이상	다운증후군의 약 50%는 심장 이상을 가지고 태어날 수 있다. 심장 이상은 경증에서 중증까지 다양하게 나타날 수 있는데, 생명을 위협하기도 한다. 일부 경증의 심장 질환은 시간이 지나면 좋아질 수 있으나, 심한 경우는 약물치료나 수술적인 치료가 필요하다.
위장관계 이상	다운증후군의 약 10%는 위장관계의 문제가 생기는데, 주로 식도 폐쇄나 십이지장 폐쇄가 잘 일어날 수 있다. 또한 기관식도루나 거대 결장(1% 이하) 등도 생길 수 있는데, 이 경우에는 수술로 치료를 해야 한다.
지능 저하와 발달 지연	모든 다운증후군 아이들은 지능 저하와 발달 지연을 가지고 있다. 지능 저하는 다양하게 나타나는데, 경증(IQ 50~70)에서 중등도(IQ 35~50) 정도이며, 드물게 심한 경우(IQ 20~35)도 있다. 하지만 학습을 할 수 없는 것은 아니다. 단지 배우는 것이 느리며, 학습내용을 완전히 이해하고 판단하기에 조금 더 어려울 뿐이다. 다운증후군 아이들은 신생아기 시기에 근력 저하로 인해서 운동능력이 떨어지며, 2~4세경에 걷기 시작하고, 4~6세경에 언어 사용이 이루어지게 되며, 식사하기, 옷 입기, 배변훈련 등 학습적인 기술습득이 보통 아이들보다 늦어지게 된다. 그러나 이런 문제들도 조기 재활치료를 통해서 향상될 수 있으며, 나중에는 어느 정도 독립적인 생활이 가능해질 수 있다.
인격, 행동 및 심리적인 특징	다운증후군 아이들도 모든 감정을 가지고 있고 자신만의 개성, 장점, 약점 및 인격을 가지고 있어 누구도 동일한 인격을 가지고 있지는 않다. 일부 아이들은 전형적인 방식을 고집하거나 순서에 맞추려고 하거나, 서로 같은 것을 더 좋아하는 경향을 보이기도 한다. 또한 간혹 자신에 대해서 혼자서 크게 말하는 행동을 하기도 한다. 그리고 행동장애나 주의력결핍 과잉행동장애도 보일 수 있고, 소수에서는 불안장애, 우울증과 강박장애가 나타날 가능성도 있다.
내분비 및 성장의 문제	다운증후군에서는 정기적인 갑상선 검사가 필요하며, 갑상샘 저하증(15%)이 발생할 경우 갑상샘 호르몬 복용이 필요하다. 다운증후군 아이들은 출생 시에는 보통 평균보다 약간 작은 신장과 체중을 가지고 있으나, 점차 성장 속도가 늦어지면서 키가 작아지게 된다. 치아발달이 늦은 경우도 흔히 있다. 사춘기가 약간 빠른 편이나 사춘기 급성장은 적어, 신장도 대체로 작다.

출처: https://100.daum.net/encyclopedia.

다운증후군 아이들은 대부분 조기에 물리치료와 언어치료를 해야 한다. 다운증후군 아이들을 위한 물리치료와 교육 프로그램 등이 각 지역사회에서 제공되고 있다. 구체적으로 각 구청이나 보건소, 복지관 등에서 심리, 미술, 음악, 언어, 물리치료, 직업을 위한 교육이 실시되고 있다.

2) 환경적 요인

유전적 요인은 유전인자에 의해 건강에 기초가 형성되는 것이라면, 환경적 요인들에 의해서는 주어진 기초 위에 얼마나 지속적으로 심신을 발달시킬 수 있는지가 결정된다. 또한 환경적 요인에 의해 유전적으로 이미 형성된 심신의 기초가 변화할 수 있다. 아동의 건강에 영향을 주는 환경적 요인은 여러 가지로 분류할 수 있으나 일반적으로 영양, 수면과 휴식, 위생적인 환경과 생활습관, 운동, 정서적 안정, 안전 및 정기적 건강진단으로 구분할 수 있다.

(1) 영양

신체의 성장과 발육이 왕성하게 일어나며 활동량이 가장 많은 아동기에는 단위체중당 소모되는 영양소 열량이 성인에 비해 훨씬 높으며, 이는 아동들의 신체가 자라고, 활발하게 움직이며, 인지발달과 정서발달에 소요되는 영양을 더 필요로 하기 때문에 이때 필요한 영양이 충분히 공급되지 않으면 영양장애 또는 영양결핍이 될 수 있고 여러 가지 질병에 노출되기 쉽다. 따라서 아동들의 균형 잡힌 영양섭취를 위해서 보건복지부에서는 매 5년마다 우리나라 국민에게 필요한 영양권장량을 결정하고 있다. 모든 아동에게 일률적인 영양권장량을 적용시키기보다는 이를 참고로 개별 아동의 체표면적과 발육상태, 활동량 등을 고려하여 결정하는 것이 바람직하다.

(2) 수면과 휴식

수면은 피로를 회복하고 에너지를 재충전하는 데 필요한 생리적인 기제로서 충분하게 숙면을 취하는 것은 성인에게 뿐 아니라 아동에게도 건강을 유지하는 데 필요한 기초 조건이다. 개개의 아동에게 필요한 수면시간이나 숙면의 정도는 개인차가 있다. 그러나 일반적으로 2~3세 영아의 경우 하루 낮잠시간을 포함하여 12~15시간, 4~5세 유아는 10~12시간의 수면이 필요한 것으로 알려져 있다.

(3) 위생적인 환경과 생활습관

깨끗한 환경을 유지하고 자신의 몸을 깨끗이 하는 습관을 기르는 것은 건강을 유지하기 위한 중요한 요인이며, 깨끗한 가정환경과 충분히 넓은 공간이 필요하고 개방된 공간이 있는 곳, 통풍과 환기가 잘 되는 곳, 적절한 온도와 습도를 유지하는 것 등도 위생적인 환경의 조건에 포함된다. 생활습관은 아동 스스로가 계절이나 날씨에 맞는 깨끗한 옷을 입고, 몸과 손을 깨끗이 닦으며, 손톱을 깨끗이 깎는 것 등의 습관을 기르는 것도 질병의 감염으로부터 아동을 보호해 주는 중요한 요인이다.

(4) 운동

규칙적인 운동은 누구에게나 건강을 유지하기 위한 중요한 요인이 된다. 운동을 통해 생명을 유지하는 데 중요한 기관인 심장과 폐를 튼튼하게 할 수 있고, 신체 각 부분의 균형 있는 발달과 적응을 도와주기 때문에 아동에게도 매우 중요하다.

(5) 정서적 안정

성인들과 마찬가지로 아동에게도 신체뿐만 아니라 정신적으로 편안한 환경에서 살아야 건강하게 자랄 수 있으며, 정서적으로 불안한 환경이나 심한 스트레스 상황에 놓이게 되면 여러 가지 신체질환 및 정신질환에 걸릴 수 있다.

(6) 안전

아동기는 다른 시기와 비교해 질환에 의한 사망보다 사고에 의한 사망이 월등히 높다. 이처럼 안전사고는 아동에게 영구적인 결함을 초래하거나 사망에 이르게 하는 주요 원인이 되며, 그 영향은 성인에 비해 더 크다고 할 수 있다. 왜냐하면 그 결과가 치명적이지 않다고 해도 사고가 나면 시간과 에너지뿐만 아니라 사고로 생기는 사소한 상처라도 아동의 건강과 생활에 큰 타격을 받게 되기 때문이다. 또한 안전사고로 인하여 학습과 활동에 참여하는 일이 일시적으로 중단될 수도 있으며, 심각한 상처의 경우 의료비 부담도 매우 크다. 따라서 가정이나 유아교육기관에서는 다른 무엇보다 안전사고 예방을 최우선적으로 고려해야 한다.

(7) 정기적 건강진단

건강을 유지하기 위해서 질병이 생기지 않게 예방하는 것이 가장 중요하지만 정기적인 건강검진을 받는 것도 중요하다. 정기적 건강검진을 통해 눈으로 파악할 수 없는 질병이나 선천성 기형 등을 조기에 진단할 수 있을 뿐 아니라 각 아동의 성장과 발육이 정상적으로 이루어지고 있는지를 알 수 있다. 정기적인 건강진단에는 일반적으로 몸무게, 키, 머리둘레 등을 측정하는 체력검사와 시력검사, 청력검사, 혈액검사, 전문의(소아과, 이비인후과, 안과, 치과 등)에 의한 진단 등을 실시하는 체질검사가 포함된다.

우리나라 「영유아보육법」에서는 1년에 1회의 정기적 건강진단을 실시하도록 규정하고 있다〈표 1-5〉. 구체적인 영유아건강검진 실시기준은 〈표 1-6〉, 영유아 건강검진 문진표(54~60개월용)는 〈표 1-7〉, 한국 영유아 발달선별검사(54~59개월용)는 〈표 1-8〉과 같다.

표 1-5 「영유아보육법 시행규칙」 제33조

제33조(건강진단)

① 법 제31조 제1항에 따라 어린이집의 원장은 보육하고 있는 영유아 및 보육교직원에 대하여 1년에 한 번 이상 건강진단을 실시하여야 한다. [개정 2011. 12. 8, 2015. 9. 18, 2017. 9. 15]

② 제1항에 따른 영유아 및 보육교직원에 대한 건강진단 항목은 「국민건강보험법」 제52조, 같은 법 시행령 제25조 제7항 및 「의료급여법」 제14조 제2항에 따라 보건복지부장관이 고시하는 기준에 따르되, 보육교직원의 건강진단 항목에는 결핵 등 전염성 질환에 관한 항목이 포함되어야 한다. [개정 2017. 9. 15]

③ 제1항에 따른 영유아 및 보육교직원에 대한 건강진단은 다음 각 호의 기관에서 실시하여야 한다. [개정 2017. 9. 15]

1. 「의료법」 제3조에 따른 의료기관
2. 「지역보건법」 제10조에 따른 보건소(보건의료원을 포함한다) 중 「건강검진기본법」 제14조에 따라 보건복지부장관의 지정을 받은 검진기관

④ 어린이집의 원장은 제1항에 따라 건강진단을 실시한 결과 치료가 필요한 영유아에 대해서는 그 보호자와 협의하여 필요한 조치를 하여야 한다. [개정 2011. 12. 8]

⑤ 어린이집의 원장은 제1항에 따른 건강진단을 실시한 결과 전염성 질환에 감염된 것으로 밝혀지거나 의심되는 영유아 및 어린이집 거주자를 어린이집으로부터 격리시키고, 전염성 질환에 감염된 것으로 밝혀지거나 의심되는 보육교직원을 즉시 휴직시키거나 면직시키는 등의 조치를 하여야 한다. [개정 2011. 12. 8] [전문개정 2009. 7. 3]

표 1-6 영유아 건강검진 실시기준

시기	구분	연령	검진방법[1]
1차	건강검진	생후 4~6개월	문진 및 진찰, 신체계측, 건강교육
2차	건강검진	생후 9~12개월	문진 및 진찰, 신체계측, 발달선별검사 및 상담, 건강교육
3차	건강검진	생후 18~24개월	문진 및 진찰, 신체계측, 발달선별검사 및 상담, 건강교육
	구강검진	생후 18~29개월	구강문진 및 진찰, 구강보건교육
4차	건강검진	생후 30~36개월	문진 및 진찰, 신체계측, 발달선별검사 및 상담, 건강교육
5차	건강검진	생후 42~48개월	문진 및 진찰, 신체계측, 발달선별검사 및 상담, 건강교육
	구강검진	생후 42~53개월	구강문진 및 진찰, 구강보건교육
6차	건강검진	생후 54~60개월	문진 및 진찰, 신체계측, 발달선별검사 및 상담, 건강교육
	구강검진	생후 54~65개월	구강문진 및 진찰, 구강보건교육
7차	건강검진	생후 66~71개월	문진 및 진찰, 신체계측, 발달선별검사 및 상담, 건강교육

출처: 건강인 영유아 건강검진(http://hi.nhis.or.kr/aa/ggpaa001/ggpaa004_m01.do).

1) • 문진 및 진찰: 문진표, 진찰, 청각 및 시각문진, 시력검사
• 신체계측: 키, 몸무게(체질량지수), 머리둘레
• 건강교육: 안전사고 예방, 영양, 영아돌연사증후군 예방, 구강, 대소변 가리기, 전자미디어 노출, 정서 및 사회성, 개인위생, 취학 전 준비
• 발달평가: 한국 영유아 발달선별검사(K-DST)를 통한 평가 및 상담
• 구강문진 및 진찰: 구강문진표 및 진찰
• 구강보건교육: 매뉴얼을 이용한 보호자 및 유아 구강보건교육

표 1-7 **영유아 건강검진 문진표**(54~60개월용)

54~60개월용 ●○

영유아 건강검진 문진표(54~60개월용)

수검자 성명		주민등록번호		보호자 연락처	
보호자 성명		수검자와의 관계		E-mail(메일)주소	

영유아건강검진은 **영유아의 정상적인 성장과 발달을 확인**하는 것이 목적이며, 특정 질환의 발견을 위한것이 아닙니다. 이사실을 이해하셨습니까?

예 ☐ 아니오 ☐

1. 아이의 생년월일: ______ 년 월 일 2. 출생시 체중: ☐.☐kg (소수 첫째 자리까지)

3. 지금까지 실시한 예방접종에 표시하여 주십시오(해당란에 횟수를 표시 하십시오)

	비씨지	B형 간염	디피티	소아마비(폴리오)	폐구균	B형 헤모필루스균	홍역,볼거리,풍진	수두	일본뇌염
시행한 횟수									

4. 발달문제로 진단을 받거나, 치료 중인 질환이 있습니까? ①예 ②아니오 있다면 구체적인 진단명은? ______

시각

		예 ①	아니오 ②
1	눈동자의 위치가 이상합니까?	①	②
2	정면(앞에 있는 사물)을 볼 때 늘 얼굴을 돌려 옆으로 쳐다보거나 고개를 기울이고 보는 편입니까?	①	②
3	책/TV/물건 등에 너무 가까이 다가가서 보거나 찡그리고 봅니까?	①	②
4	아이의 한쪽 눈을 가리고 보게 했을 때 두 눈의 시력이 서로 다르다고 느껴집니까?	①	②

안전사고 예방 교육

		예 ①	아니오 ②
1	아이가 자전거나 인라인 스케이트를 탈 때마다 헬멧, 관절보호대를 사용합니까?	①	②
2	아이가 차가 다니는 길에서 노는 때가 있습니까?	①	②
3	아이를 승용차에 태울 때 보조의자에 앉히고 안전띠를 매어줍니까?(승용차가 없는 경우 ③)	① ②	③
4	아이가 물놀이 할 때 지켜야 할 규칙을 알고 있습니까?	①	②
5	아이가 성냥이나 라이터, 폭죽 같은 것을 가지고 놉니까?	①	②
6	약이나 화학제품(표백제, 세제 등), 날카로운 물건 등을 아이 손이 닿지 않도록 보관합니까?	①	②

청각

		예 ①	아니오 ②
1	간단한 동화나 이야기를 듣고 질문에 답할 수 있습니까?	①	②
2	간단한 문장으로 자연스럽게 의사표현을 할 수 있습니까?	①	②
3	두 단계의 명령문을 이해하고 수행할 수 있습니까? (책을 집어서, 가방에 넣으세요)	①	②
4	어린이집, 놀이터, 친구 집 등에서 있었던 일들을 이야기 할 수 있습니까?	①	②
5	아이가 ㅅ, ㅆ, ㅈ, ㅊ 등의 자음이 포함된 단어를 사용할 수 있습니까?	①	②

개인 위생 교육

		예 ①	아니오 ②
1	아이가 음식을 먹거나 마시기 전에 손을 씻습니까?	①	②
2	아이가 장난감이나 동물을 만진 후 손을 씻습니까?	①	②
3	아이가 화장실을 이용한 후 손을 씻습니까?	①	②
4	아이가 눈, 코, 입을 손으로 자주 만집니까?	①	②
5	외출 중 아이가 물을 사용하여 손을 씻을 수 없는 경우 어떻게 하십니까? ① 마른 티슈로 닦는다 ② 물티슈로 닦는다 ③ 알코올 성분이 있는 손세정제를 사용한다 ④ 일단 그냥 둔다	① ②	③ ④

영양 교육

1	아이의 외모(체격)에 대해 어떻게 생각하십니까? ① 뚱뚱한 편이다 ② 보통이다 ③ 마른 편이다	①	②	③
2	식사 속도가 다른 가족과 비슷합니까? ① 빠르다 ② 비슷하다 ③ 느리다	①	②	③
3	식사와 간식을 규칙적으로 먹습니까? ① 예 ② 아니오	①		②
4	아이의 1회 식사량은 또래에 비해 어떻습니까? ① 적다 ② 비슷하다 ③ 많다	①	②	③
5	아이가 편식을 합니까? ① 예 ② 아니오	①		②
6	기름진 음식이나 달거나 짠 음식을 많이 먹습니까? (예: 패스트 푸드, 인스턴트 식품 등) ① 예 ② 아니오	①		②
7	물 대신 음료수를 선호합니까? ① 예 ② 아니오	①		②
8	아이가 TV나 모니터(컴퓨터, 게임기, 스마트폰 등)를 보는 시간이 하루에 2시간 이상입니까? ① 예 ② 아니오	①		②
9	아이가 하루에 1시간 이상 땀이 날 정도의 신체 활동(놀기, 운동 등)을 합니까? ① 예 ② 아니오	①		②

※ 정해진 검진횟수를 초과하여 검진을 받으시면 해당 검진비용은 부당이득금으로 환수됩니다.

210mmX297mm[일반용지 60/㎡(재활용품)]

출처: 건강인 영유아 건강검진(http://hi.nhis.or.kr/aa/ggpaa001/ggpaa004_m01.do).

표 1-8 **한국 영유아 발달선별검사**(54~59개월용)

K-DST Korean Developmental Screening Test for Infants & Children
한국 영유아 발달선별검사

✣ 다음 사항을 기재해 주십시오. 빈칸에 작성하시고 해당 사항에 ☑ 표시하십시오.

아이 이름		(남, 여)	설문 응답자	□ 어머니 □ 아버지 □ 할머니 □ 할아버지 □ 기타( )
생년월일	년 월		일 (조산아인 경우 출산 예정일 : 년 월 일)	
부모정보 (선택사항)	어머니	나이 : 만 ( ) 세	학력 : □ 대학원이상 □ 대졸 □ 대학중퇴 □ 고졸 □ 중졸이하	
	아버지	나이 : 만 ( ) 세	학력 : □ 대학원이상 □ 대졸 □ 대학중퇴 □ 고졸 □ 중졸이하	
아이가 신체나 기타 발달상의 문제가 있나요?			□ 아니오 □ 예 (있다면 구체적 병명은?)	

** 이 질문지는 만 54~59개월 유아를 위한 질문지입니다. 아이의 월령에 해당하는 질문지가 아닌 경우, 질문지를 교체해 주세요.

✣ 각 질문 항목에 대하여 다음 네 가지 중 하나에 표기해 주십시오.
만약 아이가 질문 내용 속 행동을 할 수 있는지 모르는 경우 직접 시켜보고 답해 주십시오.

잘 할 수 있다 ③	할 수 있는 편이다 ②	하지 못하는 편이다 ①	전혀 할 수 없다 ⓪

아래 문항들은 '아이가 할 수 있는지'를 평가하는 것입니다.
아이가 해당 행동을 할 수는 있지만 여러 가지로 잘 하지 않았던 경우들
예) 아이가 가위질을 충분히 할 수 있는 손기능을 보이지만 평소 가위를 주지 않았다.
블록 쌓기가 가능하지만 집에 해당 장난감(블록)이 없거나 그 놀이를 즐겨 하지 않았다.
이런 경우는 '할 수 있다'라고 봐야 합니다.

대근육운동

1	한발로 두세 발자국 뛴다.	③ ② ① ⓪
2	서 있는 자세에서 팔을 들어 머리 위로 공을 2미터 이상 앞으로 멀리 던진다. 	③ ② ① ⓪
3	아무것도 붙잡지 않고 한 계단에 한발씩 번갈아 내디디며 계단을 내려간다. 	③ ② ① ⓪
4	굴러가는 공을 발로 세운다.	③ ② ① ⓪
5	2미터 거리에서 테니스공 크기의 공을 던지면 두 손으로 잡는다. 	③ ② ① ⓪
6	공을 바닥에 한 번 튕길 수 있다.	③ ② ① ⓪
7	무릎 아래 높이로 매어져 있는 줄을 뛰어넘을 수 있다.	③ ② ① ⓪
8	줄넘기를 1회 한다.	③ ② ① ⓪

잘 할 수 있다 ③	할 수 있는 편이다 ②	하지 못하는 편이다 ①	전혀 할 수 없다 ⓪

소근육운동

1	색칠 공부의 그림 속에 색을 칠한다.	③ ② ① ⓪
2	종이에 그려진 네모를 가위로 오린다.	③ ② ① ⓪
3	블록으로 피라미드 모양을 쌓는다. 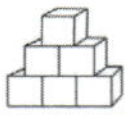	③ ② ① ⓪
4	엄지손가락과 다른 네 손가락을 차례로 맞닿게 한다(반대편 네 손가락이 아니고 같은 손이어야 한다). 	③ ② ① ⓪
5	삼각형이 그려진 것을 보여주면 삼각형을 그린다(그리는 과정의 시범을 보지 않고도 그려야 한다).	③ ② ① ⓪
6	아이의 이름을 적어주면 쓰여진 자기 이름을 보고 따라 쓴다(글자의 크기나 순서가 바뀌었거나 뒤집혔어도 된다).	③ ② ① ⓪
7	종이에 그려진 동그라미를 가위로 오린다.	③ ② ① ⓪
8	간단한 자동차 모양을 흉내 내어 그린다.	③ ② ① ⓪

인지

1	아침, 점심, 저녁, 오늘, 내일 등 시간의 개념을 이해한다.	③ ② ① ⓪
2	손에 닿지 않는 물건을 도구를 사용하여 가져온다. (예: 책상 밑에 들어간 것을 막대기로 꺼낸다.)	③ ② ① ⓪
3	자신이 원하는 TV 채널로 돌린다.	③ ② ① ⓪
4	동화책을 읽어주면 내용을 일부 이해하고 기억한다.	③ ② ① ⓪
5	엄마(보호자)가 많이 쓰는 물건들이 어떤 용도로 사용되는지 알고 있다.	③ ② ① ⓪
6	1 더하기 2를 계산한다.	③ ② ① ⓪
7	자신의 왼쪽과 오른쪽을 구분할 수 있다.	③ ② ① ⓪
8	요일을 순서대로 알고 있다.	③ ② ① ⓪

언어

1	그날 있었던 일을 이야기한다.	③ ② ① ⓪
2	친숙한 단어의 반대말을 말한다. (예: 덥다 ↔ 춥다, 크다 ↔ 작다)	③ ② ① ⓪
3	간단한 농담이나 빗대어서 하는 말의 뜻을 알아차린다.	③ ② ① ⓪
4	단어의 뜻을 물어보면 설명한다. (예: "신발이 뭐야?"라는 질문에 "밖에 나갈 때 신는 거요." 와 같은 대답을 할 수 있다.)	③ ② ① ⓪
5	'만약~라면 무슨 일이 일어날까?'와 같이 가상의 상황에 대한 질문에 대답한다. (예: "동생이 있으면 어떨까?")	③ ② ① ⓪
6	이름이나 쉬운 단어 2~3개를 보고 읽는다.	③ ② ① ⓪
7	가족 이외의 사람도 이해할 수 있을 정도로 모든 단어의 발음이 정확하다.	③ ② ① ⓪
8	자기 이름이나 2~4개의 글자로 된 단어를 보지 않고 쓸 수 있다. (예: 동생, 신호등, 대한민국)	③ ② ① ⓪

✣ 각 질문 항목에 대하여 다음 네 가지 중 하나에 표기해 주십시오.
만약 아이가 질문 내용 속 행동을 할 수 있는지 모르는 경우 직접 시켜보고 답해 주십시오.

잘 할 수 있다 ③	할 수 있는 편이다 ②	하지 못하는 편이다 ①	전혀 할 수 없다 ⓪

사회성

1	자기보다 어린 아동을 돌봐 주는 행동을 한다.	③ ② ① ⓪
2	처음 만난 또래와 쉽게 어울린다.	③ ② ① ⓪
3	또래와 함께 차례나 규칙을 알아야 할 수 있는 놀이를 한다. (예: 윷놀이, 보드게임)	③ ② ① ⓪
4	자기 생각을 이야기하고 다른 아이의 말을 귀 기울여 듣는다.	③ ② ① ⓪
5	게임을 하는 방법에 대해 다른 아이와 이야기를 나눈다.	③ ② ① ⓪
6	다른 아이들과 적극적으로 어울리려고 한다.	③ ② ① ⓪
7	시키지 않아도 아는 사람에게 "안녕하세요?"라고 인사한다.	③ ② ① ⓪
8	친구에게 자기 집으로 와서 같이 놀자고 하거나, 무슨 놀이를 하자고 제안한다.	③ ② ① ⓪

자조

1	혼자서 비누칠을 하여 손과 얼굴을 씻고 수건으로 닦는다.	③ ② ① ⓪
2	대소변을 볼 때 혼자서 옷을 벗고 입는다.	③ ② ① ⓪
3	밤에 자는 동안 대소변을 가린다.	③ ② ① ⓪
4	대소변을 본 후 화장실 물을 내린다.	③ ② ① ⓪
5	숟가락 등을 사용하여 빵에 버터나 잼을 바른다.	③ ② ① ⓪
6	목욕한 후에 혼자서 몸을 수건으로 닦는다.	③ ② ① ⓪
7	윗옷의 지퍼를 혼자 끼워 올린다.	③ ② ① ⓪
8	옷이 더러워지면 스스로 알아서 갈아입는다.	③ ② ① ⓪

추가 질문

번호	질문	예 1	아니오 0
1	아이가 보호자와 눈을 잘 맞추지 않는다(다른 것에 집중하고 있어서 눈을 맞추지 않는 경우는 해당되지 않는다).	1	0
2	이름을 불러도 대부분 쳐다보지 않는다(청력에 이상이 있거나, 다른 것에 집중하고 있어서 불러도 쳐다보지 않는 경우는 해당되지 않는다).	1	0
3	어른들의 관심을 끄는 행동(예: 손가락으로 물건을 가리키면서 보호자의 반응을 살피기, 물건 가져다 보여주기, 같이 놀자고 조르기, 소리 내어 부르기 등)을 하지 않는다.	1	0
4	또래 아이들에게 관심이 없다. 또래와 함께 있어도 아이들을 지켜보거나, 행동을 따라 하거나, 함께 놀려고 시도하지 않는다.	1	0
5	간단한 규칙이 있으면서 편을 나누어서 하는 놀이(예: 숨바꼭질, 잡기 놀이 등)나 3인 이상이 모여 하는 규칙이 있는 역할놀이(예: 가게 놀이, 학교 놀이 등)를 하지 않는다.	1	0

결과표 (54~59개월용)

아이 이름		(남, 여)	작성일	년 월 일
생년월일	년 월 일 (조산아인 경우 출산 예정일 : 년 월 일)			
설문 응답자		□ 어머니 □ 아버지 □ 할머니 □ 할아버지 □ 기타( )		

결과 요약

영역 \ 분류	1	2	3	4	5	6	7	8	총점	절단점		
										가	나	다
대근육운동										15	18	24
소근육운동										15	20	24
인 지										12	17	24
언 어										12	17	24
사 회 성										12	16	23
자 조										16	20	24

추가 질문

1 = 예 0 = 아니오

문 항	1 (S)	2 (S)	3 (S)	4 (S)	5 (S)
결 과	1 0	1 0	1 0	1 0	1 0

평가 결과

점수화

1. 점수화를 위한 채점 단계는 다음과 같이 4단계로 구성됩니다.
   (잘 할 수 있다 = 3점, 할 수 있는 편이다 = 2점, 하지 못하는 편이다 = 1점, 전혀 할 수 없다 = 0점)
2. 각 영역별로 문항별 점수를 합하여 총점을 기록합니다.
3. 총점에 대한 평가는 각 영역별로 제시된 절단점에 근거하여 다음과 같이 네 가지로 평가합니다.
   ① 심화평가 권고 ② 추적검사 요망 ③ 또래 수준 ④ 빠른 수준

작성일자: ____________________

작 성 자: __________________ 서명

출처: 건강인 영유아 건강검진(http://hi.nhis.or.kr/aa/ggpaa001/ggpaa004_m01.do).

3. 아동건강을 위한 교사의 역할

아동건강교육이란 아동의 신체적 · 사회적 · 정서적 측면을 성장시키고 조화시킴으로써 개인의 지적 발달과 함께 균형 잡힌 전일체(全一體)로서의 인간을 육성하는 교육이라고 정의할 수 있다. 이와 같은 맥락에서 건강한 사람이 된다는 것은 교육에서 이상적 목표로 추구해 온 전인적 성장을 이루는 것과 다르지 않다. 특히, 아동의 건강한 발달을 위해서는 신체건강, 영양, 정신건강, 안전의 각 차원들을 포괄적으로 다루는 교육이 필요하다. 아울러 아동기 건강은 이후의 발달에 지속적인 영향을 주기 때문에 다른 발달단계에 비해 강조되어야 하며, 유아교육기관은 효과적인 건강교육을 다수의 아동들에게 제공할 수 있다는 점에서 효과적인 건강교육의 장이 될 수 있다(유은영, 2011). 이러한 특성으로 인해 유아교육기관이 가지고 있는 아동건강관리 기능의 중요성은 매우 크다고 할 수 있다. 일반적으로 유아교육기관의 교사들은 아동의 건강관리를 위해 〈표 1-9〉와 같은 여러 가지 지식과 기술을 갖추고 있어야 한다(전경련 외, 2010).

표 1-9 유아교사가 갖추어야 할 지식과 기술

- 건강증진방법, 건강증진을 위한 교사행동의 중요성 알기
- 관찰기술능력(영역별 활동, 일화기록, 사건표집법, 놀이관찰, 행동목록법, 평정척도법 등)
- 면역과 면역의 시기에 관한 지식
- 건강평가 및 평가도구를 사용할 수 있는 능력
- 전염성 질환의 특성과 감염과정에 대한 지식
- 위생과 청결에 대한 내용
- 아동기 질병과 관리에 관한 지식
- 아동의 건강을 증진시키기 위해 가정과 지역사회와 협력하는 방법

아동의 건강을 보살피기 위해 먼저 교사는 아동의 의존적인 상태에서 독립적인 존재로 성장과 발달하는 개체라는 올바른 인식을 가지고 접근해야 한다. 아동기는 비교적 건강한 시기이지만 교사는 흔한 아동기 질환의 유형과 치료가 요구되는 증

상을 인식할 수 있어야 하는데, 그 이유는 아동의 건강을 증진시킴으로써 아동발달에 기여할 수 있기 때문이다. 또한 교사는 아동의 건강상태는 시기나 조건에 따라 달라질 수 있는 역동적인 상황이라는 것을 인식하고 이에 영향을 미치는 요인들을 알아둠으로써 아동의 건강을 유지하고 향상시키는 자료로 활용할 수 있어야 한다.

특히, 아동의 생활지도를 담당하는 교사의 역할에 대해 살펴보면, 유아교육현장에서 일어나는 모든 일에 대해 전문적으로 판단하고 결정을 내리는 의사결정자로서 아동을 사랑하고 존중하며 신뢰하고 사랑할 수 있는 존재가 되어야 하며, 영양과 건강을 관리하며 여러 가지의 위험으로부터 아동들을 안전하게 보호하는 것이 필요하다. 아동의 건강을 위해 구체적인 교사의 역할을 살펴보면 〈표 1-10〉과 같다(김일옥, 최경숙, 2007).

표 1-10 아동건강을 위한 교사의 역할

- 아동에게 영양적으로 적절한 간식과 점심의 급식을 계획하고 운영해야 한다.
- 아동들이 가지고 있는 영양과 관계되는 문제점을 파악하여 부모 및 전문가와 함께 이러한 문제들을 해결하도록 노력해야 한다.
- 아동의 영양과 관계있는 자료를 수집하여 부모교육을 실시하여야 한다.
- 걸리기 쉬운 전염성 질환의 원인을 바르게 이해하여 일상생활에서 이를 예방할 수 있는 환경을 조성해 줄 수 있어야 한다.
- 아동에게 발생할 수 있는 안전사고의 원인을 바르게 이해하고 이를 예방할 수 있는 안전한 환경을 조성해 주며, 필요한 경우 정확한 방법으로 응급처치를 할 수 있어야 한다.
- 아픈 아동을 식별해 낼 수 있는 전문지식을 습득하고 있어야 하며, 아동의 생리적 특질을 이해하고 매일 건강상태를 관찰할 수 있어야 한다.
- 정기적으로 아동의 성장발육을 기록하고 건강진단을 계획 수행하며, 그 결과는 건강기록부에 기록해 두어 참고자료로 활용할 수 있도록 준비하고 있어야 한다.
- 아동들에게 건강을 유지하고 안전한 생활을 하는 데 필요한 지식과 태도를 가르치는 건강 및 안전교육을 실시하여야 한다.

교사가 아동의 건강상태에 대한 정확한 이해를 위해서는 〈표 1-11〉과 같은 아동개인조사서의 기록이 필요하며, 또한 필요시 응급처치를 하기 위해 〈표 1-12〉와 같이 보호자로부터 동의서를 받는 것이 필요하다.

표 1-11 **아동 개인조사서**

아동명		생년월일		성별	

⊙ 아동의 현재 생활(해당란에 ○표)

식사습관	좋아하는 음식(　　　　　), 싫어하는 음식(　　　　　)
	언제나 식사를 즐겨 먹는다(　　), 먹으라고 야단해야 먹는다(　　)
	그 밖의 습성(　　　)
수면습관	혼자 잔다(　　), 부모님과 함께 잔다(　　), 잠들기 어렵다(　　)
	밤에 오줌을 싼다(　　), 아침에 일어나기 싫어한다(　　)
	자는 시간(　　　　　), 일어나는 시간(　　　　　)
건강과 친구관계	건강하다(　　), 보통이다(　　), 허약하다(　　), 특수체질이다(　　)
	현재 앓고 있는 질병(　　　　　　　　)
	싸움을 잘 건다(　　), 얌전하다(　　)
	친한 친구가 많다(　　), 친구들과 잘 어울리지 못한다(　　)
정서	잘 운다(　　), 수줍어 한다(　　) 낯선 사람을 무서워한다(　　), 특별히 무서움을 잘 탄다(　　)
	화가 나면 → 말을 안 한다(　　), 운다(　　), 기타(　　)
	그 외의 습성(　　　　　　　　　　　　　)

⊙ 예방접종 및 병력 조사서(해당란에 ○표)

종류(시기)	접종 유무	질환 유무
B.C.G(생후 1개월)		
B형 간염(출생 직후, 생후 5년마다)		
D.P.T(2, 4, 6개월, 18개월, 4~6개월)		
소아마비(2, 4, 6개월, 18개월, 4~6개월)		
홍역(9개월)		
볼거리(15개월)		
풍진(15개월)		

수두(1세)		
일본뇌염(3세 이후)		
장티푸스(5세 이상)		
백일해		
결핵 또는 만성 기침		
기타 질환		

⊙ 식품알레르기 조사서(해당란에 ○표)

1. 식품알레르기 원인 식품 및 증상
   ▣ 원인 식품 :______________________
   ▣ 원인 식품을 먹었을 경우 나타나는 증상

증상 부위	주요 증상	해당되는 곳에 ∨표시
입	가려움, 따가움 및 부풀어 오름(입술, 혀, 입안)	□
피부	가려움, 붉어짐, 두드러기, 얼굴이나 피부가 부풀어 오름	□
소화기	구토, 설사, 메스꺼움, 복부 경련	□
목	목이 조여 옴, 목이 쉼, 기침	□
폐	숨이 가쁨, 기침, 천식	□
심장	저혈압, 기절, 창백해짐, 얼굴과 피부가 푸르게 변함	□
기타 증상		

2. 식품알레르기 질환치료를 위해 진료를 받고 있습니까? 예( ), 아니오( )
3. 아동 스스로 식품알레르기 원인 식품을 알고 먹지 않는다? 예( ), 아니오( )

표 1-12 **응급처치 동의서**

아동명		생년월일		성별	
귀 유치원(어린이집)에서 아이에 대한 응급처치가 신속히 이루어지도록 아래의 절차에 따라 응급처치를 하는 경우 그 권한을 위임할 것에 동의합니다. 날짜: 보호자 성명: (서명 또는 인)					

▣ 응급처치의 절차

1. 사고 발생 시 가장 먼저 부모님께 연락합니다.

구분	연락이 가능한 시간	연락처
어머니		
아버지		

2. 부모님과 신속하게 연락이 되지 않을 경우 부모님이 정해주신 다음의 사람들에게 연락합니다.

성명	아이와의 관계	연락처(비상시 연락이 가능한 전화번호)

3. 원하시는 대로 1, 2순위를 체크해 주시고, 의료기관 이름을 작성해 주십시오.
   1) _____ 유치원(어린이집)에서 지정하는 의료기관
   2) _____ 부모님이 정하신 의료기관 ____________________
4. 의료기관 수송 후에는 다음의 의료보험 관련 정보를 주어 신속한 치료를 받을 수 있도록 합니다 (아는 내용만 기재 바람).

의료보험 가입자 성명	의료보험 종류	기관기호

※ 단 위급한 상황에서는 119 구조대에 연락하여 응급 수송하겠습니다.

2020. . .

아동의 발달단계별 건강증진

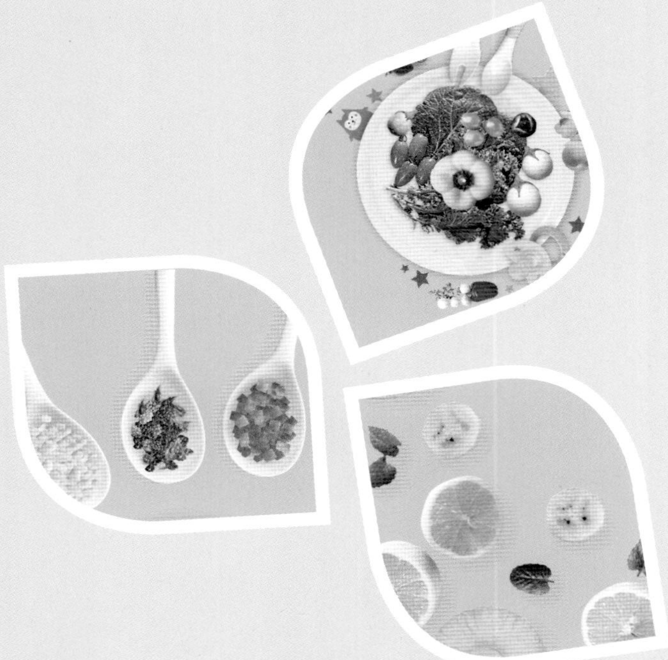

Chapter

2

배울 내용

1. 영아기(0~1세) 발달과 건강증진
2. 걸음마기(2세) 발달과 건강증진
3. 유아기(3~5세) 발달과 건강증진
4. 아동기(6~12세) 발달과 건강증진

학습목표

1. 영아기(0~1세) 발달과 건강증진을 이해한다.
2. 걸음마기(2세) 발달과 건강증진을 이해한다.
3. 유아기(3~5세) 발달과 건강증진을 이해한다.
4. 아동기(6~2세) 발달과 건강증진을 이해한다.

1. 영아기(0~1세) 발달과 건강증진

1세 미만의 영아기 발달특징은 〈표 2-1〉, 1세 영아기 발달특징은 〈표 2-2〉와 같다.

표 2-1 1세 미만의 영아기 발달특징

- 1세 미만의 영아들은 발달적으로 호기심이 왕성해지면서 환경을 탐색하고자 하는 욕구가 높아지기 시작한다.
- 이가 나기 시작하고 사물을 입에 넣고 빤다.
- 5개월 정도 되면서 잡아주지 않아도 잠시 앉아 있을 수 있으며 사물을 끌어당길 수 있다.
- 약 7개월 정도 되면서 잡아주지 않아도 잠시 앉아 있을 수 있으며 사물을 끌어당길 수 있다.
- 약 7개월 가량 되었을 때부터 붙잡고 일어서거나 물건을 부딪쳐 소리를 낼 수 있다.
- 8개월 이후 가구나 벽을 붙잡고 서기를 시도하며 점차 걸음마를 시작한다.
- 혼자 설 수 있게 되면서부터 높은 곳에 있는 물건을 끌어당길 수 있으며 물건 등을 컵 같은 곳에 집어넣을 수 있다.
- 새로운 감각적 자극에 호기심이 점차 왕성해지면서 잘 걷게 되고 도움을 받아 계단을 내려오고 다른 사람의 간단한 행동을 따라할 수 있다. 걸음걸이는 12개월이 되면 대체적으로 벽과 가구 사이를 짚고서 날 듯이 발을 떼고 걷는다.
- 서기와 걷기를 끊임없이 연습하고자 시도한다.

출처: 보건복지부(2013); 오승아(2017). 아동기 장애와 아동건강교육. 교육아카데미.

표 2-2 1세 영아기 발달특징

- 몸을 이전보다 매우 활발히 움직이며 간단한 기구를 이용한 신체활동을 시도한다.
- 감각의 자극에 대해 보다 활발히 반응하며 서기, 걷기 등이 보다 안정적으로 이루어진다.
- 누웠다 앉기 등의 몸의 움직임 조절이 점차 완성되며 다양한 움직임을 시도하고 걷기 등의 이동자세가 보다 자연스러워진다.
- 감각기관으로 주변 환경을 적극적으로 탐색하며 눈과 손이 협응하여 소근육을 활용하고 단순한 모방행동을 놀이처럼 더욱더 즐기는 모습이 나타난다.
- 바퀴 달린 놀잇감으로 놀이 할 수 있으며 달리는 등의 행동이 나타나지만 속도를 제한하지는 못한다.
- 물건을 통 안에 넣거나 꺼낼 수 있으며 뚜껑을 돌려 열거나 닫을 수 있다.

출처: 보건복지부(2013); 오승아(2017). 아동기 장애와 아동건강교육. 교육아카데미.

1) 영아기 신체발달과 건강증진

영아기는 신생아기 이후부터 24개월까지로 제1성장 급등기라고 부를 만큼 신체적 성장이 빠른 시기이다. 영아는 신경과 근육조직의 성숙에 기초해서 운동기능이 발달하면서 능동적으로 세상을 탐색하고 자신의 경험을 통제하며 주도적으로 활동한다.

(1) 신체적 성장

신체적 성장은 두미원리와 근원원리에 의해 이루어진다. 즉, 두뇌와 몸통이 먼저 성장하고 팔, 다리, 손과 발의 순서로 발달이 진행된다. 출생 후 첫 1년간 가장 빠른 성장을 보이는 몸통은 신장의 60%가 되며, 출생 후 1년부터 청년기에 이르는 동안 가장 빠른 속도로 성장한다. 영아기는 인간의 일생 중 신체적 성장이 가장 빠른 속도로 이루어지는 시기이다. 일반적으로 영아의 신장은 1년 동안 1.5배, 체중은 3배 정도로 증가하여 두 돌 무렵 신장은 성인의 1/2이 되고 체중은 출생 시의 4배가 된다.

영아의 신체비율을 살펴보면, 신체 중 두뇌의 발달이 가장 먼저 일어나서 신장의 1/2을 차지하던 태아의 머리 크기는 출생 시 신장의 1/4이 되고, 이후 두 돌 무렵에는 신장의 1/5, 성인이 되었을 때는 1/6~1/8이 된다. 영아기에는 손, 발, 피부에 있던 주름과 솜털이 없어지고 피부가 부드러운 살색으로 변화하며, 큰 머리, 둥글고 통통한 얼굴, 볼록 나온 배, 짧은 팔다리의 귀여운 아기의 모습으로 변화된다. 또한 운동과 활동이 증가하면서 신체 및 운동발달이 촉진된다. 영아기는 인생 초기의 전 영역의 발달에 기초가 되고 긍정적 자아개념과 사회관계를 유지하는 데 있어 매우 중요한 시기이다.

영아의 골격은 성인의 골격에 비해 크기가 작고 수도 적으며 매우 유연하고 부드러우나 이후 경화작용에 의해 조직이 점차 단단해지며 크기와 수가 증가하고 팔과 다리의 뼈는 더 길어진다. 영아는 두개골의 뼈가 완전히 결합되지 않아 여섯 개의 구멍이 남아 있으나 이 중 우리의 눈으로 관찰할 수 있는 두 개의 구멍, 즉 소천문과 대천문은 두개골이 단단해지면서 두 돌이 되기 전에 모두 닫힌다. 영아기까지 골격은 매우 유연하고 부드러워 잘 부러지지 않고 쉽게 휜다. 영아기 초기에 아기를 부축해 주어도 앉거나 서지 못하는 것은 뼈가 작고 유연하여 신체를 지탱해주지 못하기 때문이다.

유치는 모두 20개이고, 영구치는 모두 32개이다. 아기들마다 개인차가 있어 이가 나는 시기 또한 조금씩 다르다. 유치는 유아가 음식을 잘 씹어서 소화할 수 있도록 하며, 성장발육을 정상적으로 돕는 데 중요한 역할을 한다. 유치는 아랫니부터 나기 시작해서 일정한 순서대로 진행된다. 초기에는 잇몸이 약해서 젖은 헝겊으로 이와 잇몸을 깨끗하게 닦아 주어야 한다. 이가 많이 나고 영아가 규칙적인 청결에 적응되면 작고 부드러운 칫솔모가 달린 것으로 양치질을 시작하는 것이 좋다.

(2) 뇌와 신경계 발달

영아기의 신체적 발달에서 무엇보다 중요한 부분은 신경 및 대뇌의 발달이다. 급속한 신경발달에 의해 신경세포는 촘촘히 시냅스를 형성하고, 대뇌에 주름이 생기며 분화된다. 출생 직후 신생아의 뇌 무게는 400g 정도로 성인의 25~30% 정도에 불과하지만 두 돌 무렵에는 성인의 75%까지 증가한다.

이와 같이 영아기는 두뇌발달의 결정적 시기이므로 이 시기의 충분한 영양공급은 두뇌발달에 중요한 요인이 될 수 있다. 연구결과에 의하면, 수유기의 섭식 제한은 두뇌 무게를 감소시키고 두뇌 세포의 수를 짐작할 수 있는 DNA함량을 감소시킨다(김선희, 1983). 또한 두뇌는 영아가 경험하는 다양한 감각적 자극에 의해 발달한다. 시각, 청각, 미각, 후각, 촉각의 감각을 자극함으로써 두뇌발달을 활성화시키는데, 특히 피부를 통한 촉각은 뇌의 발달에 중대한 영향을 미친다. 피부는 발생 시기의 뇌와 같은 외배엽에서 나와 발달하기 때문에 '표현의 있는 뇌'라고도 불린다(서유헌, 2002).

(3) 생리적 기능

하루 중 대부분의 시간을 밤낮 구분 없이 자거나 깨는 신생아 시기를 지나 생후 6개월이 되면 점차 밤에는 자고 낮에는 깨어 있는 수면 양상을 보이게 되고 수면 시간도 감소한다. 따라서 하루 16~18시간의 수면 시간은 만2세가 되면 12시간으로 감소한다. 눈동자가 빠르게 움직이는 REM(Rapid Eye Movement) 수면상태도 신생아기에 50%이던 것이 6개월이 되면 25~30%로 감소하는데, 이것은 뇌의 성숙에 기인한 것이다.

생후 5~6개월이 되면 모유수유나 인공수유만으로 충분한 영양을 공급할 수 없으므로 이유식을 먹이게 된다. 이유를 시작하는 시기는 영아의 발육이나 건강상태에 따라 다른데, 영아기의 충분한 수유는 양육자에게 기본적인 신뢰감을 형성하게 하는 중요한 요인이 되므로 너무 성급하게 서두르지 않고 영아가 충분히 만족감을 느낄 수 있도록 하는 것이 중요하다. 생후 18개월경에는 배설물을 보유하고 방출하는 괄약근의 성숙으로 배변통제가 가능해진다. 배변훈련은 자율성발달과 이후의 성격형성에 큰 영향을 미치므로 지나치게 가혹하거나 엄격한 훈련으로 인해 영아가 실패감과 좌절감을 경험하지 않도록 해야 한다.

(4) 운동발달

운동발달은 머리에서 다리방향으로 이루어지므로 먼저 머리와 목을 가누게 되고 가슴과 등의 근육이 발달하고 마지막으로 다리근육이 발달한다. 운동기능은 특정운동에 사용되는 근육의 크기와 신체 부위에 따라 대근육운동과 소근육운동으로 나누어진다. 대근육운동은 팔, 다리, 몸통과 같은 대근육을 사용하는 운동으로 생후 1개월에 턱을 들고, 2개월에는 가슴을 드는 것을 시작으로 7개월에는 혼자 앉고 10개월에는 기기 시작하며 15개월에는 혼자 걷는다. 소근육운동은 몸의 소근육을 사용하는 운동으로 팔, 손, 손가락의 순서로 발달한다.

영아는 생후 3~4개월에 손으로 물건을 잡고 4~5개월에는 한손에서 다른 손으로 물건을 옮기며 9개월에는 손가락을 이용하여 물건을 잡게 된다. 잡은 물건을 놓는 것은 더 후에 가능한데, 만1세경이 되면 손가락 끝을 사용하여 물건을 놓게 되고 블록 위에 다른 블록을 놓는 것이 가능해진다.

표 2-3 **운동발달의 표준**

월령	운동발달
1개월	턱을 들 수 있다. 손과 발을 찬다.
2개월	가슴을 들 수 있다. 팔, 다리의 움직임이 커진다.
3개월	목을 가누기 시작한다. 물체를 주면 손을 뻗히나 잡지는 못한다. 뒤집기를 한다.
4개월	목을 잘 가눈다. 받쳐주면 앉는다. 협응능력이 생기기 시작한다. 딸랑이를 잡고 흔들고 응시한다.
5개월	물체를 잡는다. 앞, 뒤로 뒤집기를 한다.
6개월	혼자 앉는다. 물체를 잡으려고 손을 뻗는다. 장난감을 주면 잡고 있던 장난감을 버린다. 엄지손가락의 사용이 어렵다.
7개월	혼자 앉아서 놀이한다.
8개월	받쳐주면 선다. 엄지손가락을 이용해서 작은 물체를 잡는다. 배밀이로 이동을 한다.
9개월	붙잡고 선다. 팔과 다리를 이용하여 기어서 이동한다.
10개월	잘 기어 다닌다.
11개월	손을 잡고 이끌어 주면 걷는다.
13개월	계단을 기어오른다.
14개월	혼자서 선다.
15개월	혼자서 걷는다.
16개월	손을 잡고 계단을 오르내린다. 공을 던질 수 있다. 옆으로 또는 뒤로 걷는다.
24개월	달릴 수 있다. 혼자서 계단을 오르내릴 수 있다.

출처: 이은경, 한명옥(2018). 아동건강교육. 정민사. p. 37.

2) 영아기 인지발달과 건강증진

인지란 인간이 생각하고 판단하는 사고과정을 말하는 것으로, 피아제(Piaget)는 인지발달단계에서 영아기를 감각운동기로 명명하였다. 즉, 영아는 감각기관과 운동기능을 통해 세상을 인식하며 정보를 받아들인다. 영아가 이해하고 기억하는 것은 자신이 직접 보고 듣고 접촉하고 몸을 움직여 경험하는 것에 의존한다. 또한 머릿속으로 사물을 표상하는 능력이 부족하여 물체를 정신적으로 조작할 수 있는 능력을 갖고 있지 못하다.

> 대상영속성은 존재하는 물체가 어떤 것에 가려져서 보이지 않더라도 그것이 사라지지 않고 지속적으로 존재하고 있다는 것을 아는 능력이다. 대상영속성이 없는 영아는 사물이 눈에 보이는 곳에서 가려지면 마치 사물이 처음부터 그 장소에 없었던 것처럼 행동한다. 그러나 대상영속성의 개념을 획득한 영아는 방해물이 그것을 가리고 있다는 것을 알고 그것을 헤쳐 내어 사물을 발견한다.

감각운동기에 이루어지는 중요한 발달 중의 하나는 대상영속성(object permanence) 개념의 획득이다. 대상영속성은 어떤 물체가 눈앞에서 사라진다고 하더라도 계속 존재한다는 것을 아는 것으로 1세가 되면 완전히 감추어진 물체를 찾을 수 있으나 위치의 이동은 이해하지 못한다. 1세 반이 되면 직접 보는 경우에 한해서 물체의 위치이동을 이해하게 되고 2세가 되면 보이지 않는 경우에도 위치이동을 이해하게 된다. 영아가 방해물을 치우고 숨겨진 물건을 찾아내는 행위는 대상영속성의 개념을 획득하기 시작했음을 보여 주는 예라고 할 수 있다. 이러한 개념은 감각운동기 동안 영아의 활동 경험을 통해서 학습된다. 감각운동기의 인지발달을 6단계로 나누어 살펴보면 다음과 같다.

(1) 1단계 : 반사작용(출생~1개월)

영아는 손에 닿는 물건은 무엇이나 입으로 가져가 빨고, 잡고, 흔드는 등 무조건적인 반사작용을 나타낸다. 이러한 행동은 영아가 반사적 움직임을 통해 운동도식을 형성하며 환경에 적응해 가는 초기의 동화과정이라고 할 수 있으며 다음 단계의 발달을 위한 기초가 된다.

(2) 2단계 : 1차 순환반응(1~4개월)

영아는 자신의 신체를 중심으로 우연히 일어났던 활동을 단순히 반복한다. 예를 들어, 손가락을 폈다 오므리거나, 신체를 이용해서 소리를 내는 것을 반복한다.

(3) 3단계 : 2차 순환반응(4~8개월)

신체적 반응을 단순히 반복하던 것에서 벗어나 외부 세계에 관심을 갖고 반복적으로 신체를 움직이며 탐색한다. 우연히 경험한 행동이 흥미로울 때 영아는 의도적으로 행동을 반복함으로써 학습한다. 없어진 물체에 대해서도 약간의 관심을 갖는다.

(4) 4단계 : 2차 순환반응 협응(8~12개월)

이미 가지고 있던 기존의 도식을 조합하고 의도적으로 목적지향적인 행동을 한다. 예를 들어, 장난감 앞에 다른 물건이 놓여 있다면 장난감을 갖기 위해 물건을 치우는 도식과 도식을 연합하여 방해물을 제거하고 장난감을 집는다. 또한 처음에 숨겨진 장소에서 물체를 찾을 수 있게 된다.

(5) 5단계 : 3차 순환반응(12~18개월)

자신이 가지고 있던 도식에 의해서만 단순히 반복하기보다는 새로운 방법으로 사물을 탐구하고 적극적으로 환경을 탐색하고자 한다. 대상영속성의 개념도 훨씬 발달하여 영아가 보는 앞에서 물체를 숨기면 새로운 장소에 감춘 경우라도 찾을 수 있게 된다.

(6) 6단계 : 내적 표상단계(18~24개월)

사물과 사건에 대한 내적 표상이 발달한다. 따라서 관찰한 내용을 그 자리에서 바로 모방하는 것이 아니라 일정한 시간이 지난 후에 재현하는 지연모방도 가능해지며 대상영속성 개념이 완전히 획득되어 영아가 보지 않는 곳에 물체를 숨겨도 찾을 수 있게 된다.

3) 영아기 언어발달과 건강증진

영아가 자신의 의사를 표현하는 최초의 수단은 울음이다. 초기의 울음은 미분화된 울음이지만 생후 1개월이 되면 영아의 울음이 분화되면서 왜 우는지 그 이유에 따라 울음의 강도나 고저가 달라지게 되고 배가 고파서 우는 것인지 아니면 고통이나 공포 때문에 우는 것인지 식별할 수 있게 된다.

생후 5~6개월경에 나타나는 옹알이는 모국어를 습득하는 중요한 기제로 성인과의 상호작용을 통하여 자신이 소속된 집단에서 자주 쓰이는 소리로 바뀌게 된다. 영아에게서 중요한 언어의 역할을 하는 것 중의 하나는 몸짓이다. 팔다리와 몸체를 움직여서 자신의 의사를 표현한다. 말을 하기 시작한 후에도 불완전한 어휘력을 보완하기 위해 몸짓을 사용하게 된다. 생후 6개월이 되면 스스로 소리를 만들어 반복적으로 내는 자기소리 모방이 나타나고 생후 8개월이 되면 자기 소리와 타인의 소리를 구분하고 타인의 소리를 그대로 따라하게 된다.

생후 12개월경이 되면 한 단어로 의사소통을 하기 시작한다. 이 하나의 단어는 상황에 따라 여러 의미를 함축하며 전체 문장의 의미를 내포하게 된다. 예를 들어, '엄마'라는 단어는 '엄마' 그 자체를 의미하기도 하지만 '엄마 배고파', '엄마 무서워'와 같은 다양한 의미를 담고 있기도 하다. 생후 24개월경이 되면 두 개 이상의 단어를 연결시켜서 문장을 사용하게 된다. 영아가 처음에 사용하는 단어는 가족의 명칭이나 친숙한 사물이나 신체 부분에 관한 것이 많다. 일반적으로 언어발달은 여아가 남아보다 더 빠르고 형제가 많은 가정의 경우에 더 빠른 편이다.

영아는 대부분의 시간을 부모와 함께 지내므로 언어발달은 부모의 언어에 가장 크게 영향을 받는다. 영아의 언어발달을 촉진시키기 위해서 부모는 먼저 영아의 반응에 민감하게 반응하고 정확한 발음과 부드러운 음성 및 말투를 사용하는 것이 좋다. 영아에게 말을 할 때는 간단하고 짧은 문장을 사용하고 구체적인 표현을 반복적으로 하면서 언어적인 자극을 많이 제공해 주도록 한다. 영아의 언어발달에 영향을 미치는 요인으로는 성, 형제 간 연령 차이, 가족구조, 사회경제적 수준 등이 있다.

4) 영아기 심리정서발달과 건강증진

(1) 애착(attachment)

애착이란 영국의 아동정신분석학자 존 볼비(John Bowlby, 1907~1990)가 정의한 용어로 아동이 자신과 가장 가까운 사람, 즉 양육자에 대해서 느끼는 강한 정서적 유대관계를 말한다. 영아기에 발생하는 가장 중요한 형태의 사회적 발달이 애착이다. 영아는 태어나서 자신을 돌보는 사람과 강한 정서적 유대관계를 맺게 되며, 이것은 이후 아동의 정서적 안정성과 사회성에 중요한 기초를 마련한다.

만1~2세 된 영아가 양육자와 형성한 애착의 질을 측정하기 위해 가장 널리 사용되는 기법은 에인스워스(Ainsworth)의 '낯선 상황 실험'이다〈표 2-4〉. 낯선 상황 실험은 장난감이 있는 상황에서 자연스런 양육자와 영아의 상호작용, 양육자와의 짧은 분리와 낯선 사람과의 만남, 그리고 재결합으로 이루어지는 여덟 가지의 일화들로 구성되는데, 이때 양육자에 대한 애착은 일반적으로 네 가지 유형으로 특징지을 수 있다.

첫째, 안정애착(secure attachment) 유형의 영아는 엄마와 함께 있을 때는 엄마를 안전기지로 삼아 장난감을 가지고 놀고 낯선 사람에 대해서도 긍정적으로 상호작용한다. 엄마가 보이지 않아도 늘 자신의 곁에 있고, 필요하면 언제든지 온다는 것을 알고 있기 때문에 다소 걱정스러워도 능동적으로 다른 위안을 찾고 안정감을 유지하려고 한다. 그러다 엄마가 돌아오면 엄마에게 안기며 위로받고 만족해하거나 미소지으며, 엄마에게 말을 하거나 장난감을 보여 주는 긍정적 행동을 보인다. 이처럼 엄마를 비롯한 양육자와의 신뢰감을 통해 영아는 긍정적이고 건강한 상호관계를 형성하게 된다. 약 65% 정도의 영아가 이 유형에 해당된다.

둘째, 불안정 회피애착(insecure avoidant attachment) 유형의 영아는 엄마를 안전기지로 여기지 못한다. 영아는 엄마와 낯선 사람에게 유사하게 행동하여 엄마가 떠나가도 별로 심하게 울지 않으며 엄마가 돌아와도 다가서려 하지 않고 상호작용을 거부한다.

셋째, 불안정 저항애착(insecure resistant attachment) 유형의 영아는 엄마가 곁에 있어도 새로운 것을 별로 탐색하지 않고 낯선 사람을 경계한다. 엄마가 떠나면 심하게 울고 엄마가 돌아와도 쉽게 달래지지 않는다.

넷째, 비조직화된/혼란한 애착(disorganized attachment) 유형의 영아는 낯선 상황에서 가장 큰 스트레스를 받고 가장 불안정한 특징을 나타낸다. 뚜렷하고 일관된 전략을 나타내지 못하며 저항적 패턴과 회피적 패턴이 함께 나타난다. 아기들은 엄마와 분리되는 경우 전혀 반응이 없거나 아주 심한 불안을 보이며, 엄마와 다시 만났을 때는 무표정한 얼굴로 엄마를 맞이한다. 심지어 엄마가 다가가거나 안아줘도 먼 곳을 쳐다보며 별 반응을 나타내지 않는다.

> 에인스워스는 낯선 상황 실험을 통해 애착의 유형을 안정애착, 불안정 회피애착, 불안정 저항애착, 비조직화된/혼란한 애착으로 구분했다. 안정애착을 형성하기 위해서 부모는 영아의 신호를 신속하게 알아차리고, 올바르게 해석하며, 적절하고 신속하게 반응해 주는 것이 필요한데, 이러한 부모를 민감성 있는 부모라고 한다.

표 2-4 에인스워스의 낯선 상황 실험

장면	등장인물	시간	행동기술
1	엄마, 아기, 관찰자	30초	관찰자가 엄마와 아기를 실험실로 안내한 후 방을 나간다.
2	엄마, 아기	3분	아기가 장난감을 가지고 노는 동안 엄마는 의자에 앉아 있는다.
3	낯선 사람, 엄마	3분	낯선 사람이 들어와 1분간 침묵하고 있다가 1분간 엄마와 이야기를 한다. 그러고 나서 낯선 사람은 1분 동안 아기에게 접근한다. 엄마가 슬그머니 방을 나간다.

장면	등장인물	시간	행동기술
4	낯선 사람, 아기	3분 이하	아기와 엄마가 헤어져 있다.
5	엄마, 아기	3분 이상	아기와 엄마가 만난다. 낯선 사람은 나가고 엄마는 아기를 달래준다. 또다시 엄마는 방을 나간다.
6	아기	3분 이하	아기와 엄마가 헤어져 있다.
7	낯선 사람, 아기	3분 이하	낯선 사람이 돌아와 아기의 행동에 맞추어 행동한다.
8	엄마, 아기	3분	아기와 엄마가 만난다. 엄마는 아기를 반기며 안아준다. 낯선 사람은 조용히 방을 나간다.

출처: 곽노의 외(2007). 영유아발달. 양서원.

영아가 부모와 애착을 형성하게 되면 낯선 사람에 대해서 불안을 보이게 되는데, 생후 5~8개월에 낯선 사람이 다가오거나 만지려고 하면 영아는 불안해하고 당황한다. 이것은 만1세경에 최고조에 달했다가 이후로 서서히 감소된다. 또한 영아가 애착을 형성한 대상과 분리되는 것에 대해 불안해하는데, 이러한 분리불안(separation anxiety)은 생후 13~18개월경에 나타났다가 만3~4세가 되면 안정을 찾게 된다.

애착과 관련된 두 가지 정서로 낯가림과 분리불안을 들 수 있다. 낯가림은 영아가 자라면서 친숙한 사람에게는 애착을 형성하는 것에 비해 낯선 사람에게는 불안해하며 두려워하여 우는 반응을 보이는 것을 말하고, 분리불안은 영아가 애착대상자와 떨어질 때 불안해져서 큰 소리로 우는 반응을 말한다.

영아와 부모 간의 신체 접촉은 애착형성에 대단히 중요하며, 그 경험은 성장 후 대인관계까지 영향을 미친다. 미국의 심리학자 해리 할로우(Harry Harlow)는 초기 접촉의 중요성을 알아보기 위해 인간과 매우 유사한 북인도산 원숭이를 대상으로 실험을 했다. 할로우 이전에는 배고픔이나 갈증을 해소시켜 주는 사람과 애착을 형성한다는 데 연구가 집중되었으나 할로우는 이러한 일차적 욕구를 충족시켜 주는 것 외에 부드러운 접촉에 대한 욕구에 초점을 두었다. 실험결과 원숭이들은 우유병을 매달아 놓은 철사 엄마원숭이보다는, 젖이 나오지는 않지만 부드러운 천으로 된 엄마

원숭이와 함께 있으려 했다. 또한 불안하고 공포를 주는 상황에서도 부드러운 천으로 된 엄마원숭이에게서 안정을 찾으려 했다. 이러한 연구결과는 영아의 정상적인 성장과 성격형성에 양육자의 신체접촉이 얼마나 중요한가를 알게 해준다.

(2) 기질(temperament)

영아는 출생 직후부터 각기 다른 기질적 특성을 보이는데, 기질이란 환경적 자극에 대한 정서반응의 질과 강도에서 안정적으로 나타나는 개인차를 의미한다(Goldsmith, 1987). 기질로 인해 사람들은 각자 환경에 다르게 반응하는데, 이러한 차이는 생후 1년이 지나면 뚜렷하게 나타난다. 기질은 타고난 것으로 유전적 영향을 많이 받으며, 기질을 형성하는 성격적 특성은 성인기 성격의 모체가 된다. 형제자매보다는 이란성 쌍생아가, 이란성 쌍생아보다는 일란성 쌍생아가 더욱 비슷한 기질 특성을 갖는다.

토마스와 체스(Thomas & Chess, 1977)는 뉴욕종단연구(New York Longitudinal Study)를 통해 활동성, 규칙성, 산만성, 접근/회피, 적응성, 주의력과 지속력, 반응강도, 반응역치, 기분의 아홉 가지 구성요인을 토대로 영아의 기질을 순한 기질(40%), 까다로운 기질(10%), 반응이 느린 기질(15%)의 세 가지 유형으로 구분하였다. 그러나 모든 영아가 세 가지 기질에 속하는 것이 아니라 35%의 영아는 어느 기질에도 속하지 않았다. 순한 기질의 영아는 수유 시간이나 수면주기가 규칙적이고 환경 변화에 대한 적응력이 높다. 새로운 사건이나 자극에 쉽게 적응하며 좌절에 순응한다. 까다로운 기질의 영아는 눈을 뜨기 전부터 울고 수유 시간이나 수면 시간이 불규칙적이며 조그마한 좌절에도 강한 반응을 보인다. 새로운 경험에 적응이 어렵고 낯선 사람을 보면 피하고 운다. 반응이 느린 영아는 수동적이고 환경 변화에 대한 적응이 늦다. 새로운 것이나 새로운 사람에 대해 부정적으로 반응하지 않으나 수동적으로 저항한다. 일상생활습관은 순한 기질의 영아보다는 불규칙하지만, 까다로운 기질의 영아보다는 규칙적이다.

표 2-5 토마스와 체스의 기질 구성요소

구성요소	행동특성
활동성	일상생활에서의 신체활동의 양
규칙성	수유, 배설, 수면 등의 규칙성
산만성	외부 자극으로 인해 현재 하고 있는 활동이 방해받는 정도
접근/회피	새로운 사람이나 사건을 수용하고 회피하는 정도
적응성	환경 변화에 대한 적응의 용이성
주의력과 지속력	장애물이 있거나 산만한 활동에 집중하는 시간
반응강도	자극에 대한 반응강도
반응역치	새로운 반응을 유발하는 데 필요한 자극강도
기분	즐거운 행동이나 불쾌한 행동의 균형

출처: 조성연 외(2010). 아동발달. 신정.

토마스와 체스는 영아의 기질과 환경 간의 상호작용을 설명하기 위하여 조화의 적합성 모델을 제시했다. 즉, 영아의 이상적 발달은 영아가 어떤 기질을 가지고 있는가 하는 것보다는 영아의 기질과 부모의 기질이 얼마나 조화를 이루는가에 달려 있다.

(3) 정서

출생 후 2년 동안 나타나는 여러 가지 정서를 살펴보면, 신생아는 몇 가지 제한된 정서만을 표현한다. 생후 3개월경 쾌 · 불쾌의 정서가 나타나고 5개월에는 불쾌에서 분노와 혐오가 분화되며 7개월에는 공포가 분화된다. 10~12개월에는 쾌에서 애정과 기쁨이 분화되고 만2세경에는 성인에게서 볼 수 있는 감정이 거의 모두 분화된다.

영아는 미소와 웃음으로 자신의 정서를 표현하는데, 이것은 영아와 부모의 관계를 촉진시키는 중요한 수단이 된다. 영아의 미소는 3단계로 발달하는데, 첫 번째 단계는 반사적 미소(reflex smiling)로 이것은 영아의 중추신경계가 발달하는 과정에서 자동적으로 나타난다. 두 번째 단계는 사회적 미소(social smiling)로 출생 후 4주가 되면 영아 자신이 직접 보거나 듣는 사람에게 반응하면서 미소 짓는다. 세 번째 단계는 선택적 미소(selective smiling)로 출생 후 3.5개월이면 영아는 자신이 아는 사람과 소리에 대한 반응으로 미소 짓는다. 웃음은 4개월에 시작된다.

생후 6개월경에 영아는 얼굴표정을 구분하기 시작하고 다른 사람의 정서를 이해할 수 있게 된다. 또한 성인과 마찬가지로 사회적 참조(social referencing)현상에 의해 모호한 상황에서 부모의 얼굴표정을 단서로 어떻게 반응해야 할지 판단한다. 연령이 증가하면서 사회적 참조는 부모가 아닌 다른 사람들에게로 범위가 확대된다.

2. 걸음마기(2세) 발달과 건강증진

2세 아이의 발달적 특징은 〈표 2-6〉과 같다.

표 2-6 **2세의 발달적 특징**

- 주변 환경에서 나타나는 다양한 소리와 모양, 움직임 등을 탐색한다.
- 도구를 사용하여 스스로 먹을 수 있다.
- 질병의 위험을 안다.
- 걷기, 계단 오르기 등의 이동운동을 할 수 있으며 간단한 기구를 이용한 신체활동이 가능하다.

출처: 보건복지부(2013); 오승아(2017). 아동기 장애와 아동건강교육. 교육아카데미.

1) 신체 · 운동발달과 건강증진

걸음마기 유아들은 한시도 제자리에 가만히 있지 않고 움직이는데, 아직 위험이나 안전에 대한 인식이 발달하지 않았으므로, 유아교육기관 환경이나 놀잇감 등을 안전하게 제공하여야 한다. 소근육이 발달하므로 손끝을 다룰 수 있는 놀잇감을 제공하며, 유아가 편안하게 배변훈련을 성공할 수 있도록 돕는다. 이 시기 유아들은 자아에 대한 인식이 증가하면서 식사하기, 옷 입기, 달리기, 매달리기, 계단 오르기, 공차기 등을 혼자서 하겠다고 주장하는 일이 많아진다. 걸음마기 신체 · 운동발달특징을 살펴보면 〈표 2-7〉, 〈표 2-8〉과 같다.

표 2-7 걸음마기 신체 · 운동발달

영역		연령	발달특징
신체 발달	체중	24개월부터	매년 2kg 증가
	신장	24개월부터	매년 7cm 증가
	대소변	13~15개월	대변을 가림
		20개월	소변을 가림
운동 발달	걷기	2~3세	율동적으로 잘 걸음
	달리기	2~3세	몸을 뻣뻣하게 세우고 달림 방향을 바꾸거나 갑자기 멈추는 것이 어려움
	뛰기	2~3세	두 발로 깡충 뜀
	페달 밟기	2~3세	장난감 자동차에 올라타고 두 발로 민다.
	오르기	2~3세	계단을 오를 때 한쪽 발을 먼저 올려놓고 그 다음 다른 쪽 발을 그 옆에 놓음. 높은 곳에 올라갈 수 있지만 내려오지는 못함
	던지기	2~3세	목표물을 향해서 공을 던지는 데 두 팔을 사용함. 발이나 몸은 움직이지 못함

출처: 도미향 외(2019). 보육학개론. 신정.

표 2-8 걸음마기 아동의 연령별 신체발달

연령	발달 내용
1~2세	• 신체기술의 습득을 위해 끊임없이 움직이며 연습한다. • 도움을 받아 계단을 오르내린다. • 몸을 잡아주면 물장구를 친다. • 큰 공을 두 손으로 잡고 미숙하게 던진다. • 관심이 있는 물체를 질질 끌고 다닌다. • 봉투에 물건을 넣고 꺼낸다. • 복잡한 작은 물체를 자세히 본다. • 2~3개의 블록을 쌓을 수 있다. • 세 개의 손가락을 이용하여 물체를 잡는다. • 조작이 간단한 뚜껑을 여닫는다. • 두꺼운 책장을 순서 없이 2~3장씩 넘길 수 있다. • 크레파스나 매직을 움켜쥐고 낙서한다.

연령	발달 내용
2~3세	• 신체기술의 습득을 위해 끊임없이 움직이며 연습한다. • 계단을 오르내린다. • 한 걸음에 한 계단씩 오른다. • 발끝으로 서고 걷는다. • 몇 초간 한 발로 서 있을 수 있다. • 능숙하게 뛴다. • 음악, 리듬에 맞춰 무릎을 굽히고 흔든다.
	• 미끄럼틀을 탈 수 있다. • 뛰어오르고 땅에 내릴 때 양발을 따로 사용한다. • 숟가락, 컵을 능숙하게 사용한다. • 혼자서 음식을 먹을 수 있다. • 미숙하나 칫솔질이 가능하다. • 간단한 옷이나 모자를 혼자서 입고 쓴다.

출처: 최지영(2007). 아동건강교육. 동문사. pp. 43-44.

2) 인지 · 언어발달과 건강증진

걸음마기 유아는 직접적 행위를 통한 시행착오의 힘든 과정 없이 머릿속으로 상상해 보고 문제를 해결하며, 인과관계에 대해서는 눈앞에서 모방 대상이 사라진 후에도 그 행위를 모방할 수 있다.

한편, 이 시기의 유아는 전보식 언어를 구사하므로, 유아와 상호작용할 때는 유아가 처한 상황을 고려하여 유아의 의도를 파악하여 반응하는 것이 중요하다. 그림책을 보거나 이야기 듣는 것을 즐기기 시작하므로 적절한 그림책을 제공하고, 많이 읽어 주는 것이 필요하다. 걸음마기 인지 · 언어발달특징을 살펴보면 〈표 2-9〉와 같다.

표 2-9 걸음마기 인지 · 언어발달

영역	연령	발달특징
인지발달	18개월~3세	• 정신적 기능이 발달하여 원시적 · 상징적 수준으로 발달-지각이나 행위 없이 구체적 사건을 생각할 수 없음 • 탈중심화 · 탈맥락화 현상 • 대상영속성 개념의 획득으로 보이지 않는 대상을 찾아냄 • 사물과 자신 간에 존재하는 공간적 관계를 표상할 수 있음
언어발달	2~3세	• 언어발달이 빠른 경우 간단한 문장을 구사함 • 단어를 조합하여 문장을 만드는 데, 주로 명사와 동사의 내용어만을 결합한 주요 단어로 이루어지고, 형용사 등 기능어가 빠진 '전보식 언어(tele-graphic speech)' 형태를 구사함 • 자율감의 발달로 '싫어', '아니야', '안해' 등의 반응과 '이거 뭐야'처럼 사물의 명칭을 묻는 말을 자주 사용함, 200~300단어 구사

출처: 도미향 외(2019). 보육학개론. 신정.

3) 정서 · 사회성발달과 건강증진

유아들이 2세가 되면 질투의 감정을 갖기 시작하고 낯선 곳, 어두운 곳 등 불안이나 공포를 느끼며 피로하거나 배고플 때, 하고 싶은 것을 못하게 할 때 분노의 감정이 폭발한다. 한편, 2세경에 유아는 자아에 대한 인식이 생기면서 '안돼', '싫어'라는 말을 사용한다. 이러한 과정에서 유아는 자신이 원하는 행동이 계속 방해를 받거나 실패하게 되면 탐색의 욕구가 위축되고 수동적이며 소심한 성격으로 발전할 수 있다. 걸음마기 정서 · 사회성발달특징을 살펴보면 〈표 2-10〉과 같다.

표 2-10 걸음마기 정서 · 사회성발달

영역	연령	발달특징
정서발달	18개월	• 질투의 감정을 표현함. 특히, 동생이 생겼을 때 절정에 달하며 공격성이 퇴행행동으로 나타남 • 당황, 죄책감이 나타남
	18~24개월	• 고통을 일으키지 않는 대상에 관심을 돌림으로써 정서를 조절함
	2~3세	• 공포의 대상이 넓어져서 혼자 남겨지거나 천둥소리, 어두운 곳, 동물 등을 무서워함

영역	연령	발달특징
	3세	• 애정표현이 뚜렷이 나타남 • 주름살이 많은 노인, 가면이나 피부색 등 시각적 자극에 민감해짐
사회성 발달	18개월 이후	• 거울에 비친 자신의 모습을 알아볼 수 있음 • 여러 가지 사진 중에서 자신을 훨씬 오랫동안 바라보며 자신의 모습을 찾아낼 수 있음 • '나'에 대한 개념이 발달하기 시작하므로 독립된 존재로 행동하고자 함

출처: 도미향 외(2019). 보육학개론. 신정.

3. 유아기(3~5세) 발달과 건강증진

3세 이상의 유아기 발달적 특징은 〈표 2-11〉과 같다.

표 2-11 3세 이상의 발달적 특징

- 영아기에 비해 발달이 매우 성숙되며 협응력 및 균형감각, 신체조절능력이 향상되므로 또래와의 활동이 유능하게 이루어질 수 있는 시기
- 위험한 상황과 사물에 대한 판단능력 또한 향상되는 시기
- 할 수 있는 것이 많아짐으로 인해 도전하고 시도하려는 욕구가 증대되므로 안전에 대한 고려 없이 충동적으로 실행하는 경우가 많아지는 시기
- 복잡한 기구 사용능력과 기회의 증가로 자전거나 모형 자동차, 바퀴가 달린 신발이나 기구 등을 사용하는 경우도 빈번하고 이를 이용한 또래놀이가 이루어지는 경우도 발생하게 되는 시기
- 베란다에서 추락하거나 작은 부품을 삼키는 사고, 에스컬레이터나 엘리베이터 이동 시 끼이는 사고 등의 발생 확률도 높아지는 시기
- 유아들에게 위험한 상황에 관한 이야기 나누기를 자주 실시하고 사고를 예방하고 스스로 자신의 몸을 보호할 수 있는 태도를 기를 수 있도록 지도하여야 하는 시기
- 위험한 물건이나 딛고 올라갈 수 있는 가구 등은 재배치하여 호기심에 의한 안전사고가 이루어지지 않도록 안전한 환경을 조성해야 하는 시기

출처: 보건복지부(2013); 오승아(2017). 아동기 장애와 아동건강교육. 교육아카데미.

유아기는 만2세부터 취학 전까지의 연령으로 이때는 끊임없이 움직이며 놀이를 통해 세상을 탐색하는 시기이다. 유아기의 신체발달은 영아기에 비해 급격한 성장보다는 완만한 발달을 보인다. 신체의 선장속도가 빠르지는 않지만 신체 크기나 모습에는 현저한 변화가 나타나며, 뇌와 신경계의 변화로 인해 운동 및 인지기능에서의 발달이 이루어진다. 운동기능이 발달하면서 활동영역이 확대되고 신체에 대한 자기통제가 가능하게 된다. 또한 유아기에는 소근육이 발달하여 보다 정교하고 세밀한 활동들이 가능해진다.

1) 유아기 신체발달과 건강증진

(1) 유아기 신체발달의 특징

❶ 신체 성장

유아기로 접어드는 만3세부터 6세까지의 신체적 특징으로는 신장과 체중의 빠른 성장을 들 수 있다. 물론 빠른 성장이라고 해도 영아기 때만큼의 속도가 아니며 유아 개별마다의 차이가 나타날 수 있다.

생후 첫 6개월 동안 3kg에서 8.5kg까지 늘던 몸무게는 두 돌 이후부터는 건강한 유아의 경우 해마다 약 1.5~2.5kg씩 늘어난다. 그러나 유아기의 키와 몸무게의 성장은 개인차가 크다. 따라서 다른 아이들보다 작거나 크다고 해서 비정상적인 것이 아니므로 걱정할 필요는 없다(곽노의 외, 2007).

유아기에 접어들면 신체적 발달이 영아기만큼 급격한 변화를 보이는 것은 아니지만 조금씩 계속해서 성장을 한다. 이 시기의 신체발달의 속도는 어느 정도 예측 가능하지만 개인차가 있어서 아동마다 발육의 정도가 조금씩 다르다. 개인차를 보이는 이유는 유전이나, 유아의 전반적인 건강상태, 과거의 병력, 정서적 안정 여부, 신체운동의 기회 등 환경적 요인들에서 비롯된다.

❷ 골격 및 근육의 변화

유아기에는 몸의 뼈의 길이나 넓이, 구성 등이 계속해서 변한다. 유아의 뼈 조직은 부드럽고 유연하기 때문에 상처나 충격에는 비교적 회복이 빠르지만 너무 심한 타격이나 관절에 과도한 중량을 일시에 가하는 일은 피해야 한다. 유아기에는 몸의 자세가 불안정한데, 걷기 시작하면서부터 안쪽으로 굽은 다리가 곧게 펴지기 시작하고 무릎과 팔의 자세도 만6~7세경에 이르러서야 곧게 된다.

유아기의 골격발달은 개인차가 있다. 일반적으로 여아가 남아보다 빠른 발달을 보이고, 근육발달은 몸무게의 발달과 거의 같은 속도로 이루어지며, 근육조직보다 지방조직이 먼저 발달하게 된다. 지방조직은 생후 8개월까지 급격히 증가하게 된다. 만7세 이후에는 근육 넓이와 두께 등의 발달이 더욱 진행되며, 특히 어깨나 엉덩이 등의 근육에서는 서서히 성차가 나타나기 시작한다. 그러나 전반적으로 아동기까지는 근육발달이 키의 발달을 따르지 못하며, 사춘기 이후에야 지방조직이나 근육조직이 급격히 증가하게 된다(곽노의 외, 2007).

❸ 치아의 변화

유아가 6세경이면 젖니가 한두 개씩 빠지기 시작해 아동기 동안 젖니는 계속 빠지는데, 1년에 약 네 개씩 젖니가 영구치로 대체된다. 첫 번째 어금니는 만6세경에 나고, 두 번째 어금니는 만13세경, 세 번째 어금니, 즉 사랑니는 만20세경에 나온다.

(2) 뇌의 발달

유아기 동안 가장 중요한 발달 중 하나는 뇌의 발달이다. 이 시기의 뇌발달은 유아가 신체적·인지적·정서적 발달의 기초가 되는데, 발달의 특징을 보면 신체적 협응, 지각, 주의, 기억, 언어, 논리적 사고와 상상 등이 나타난다. 만3세 정도가 되면 유아의 뇌는 성인과 거의 흡사한 무게를 가지며 크기도 만6세경에 대부분 발달이 완성되지만 뇌의 기능은 어른이 될 때까지 계속 진행된다. 전두엽은 두뇌의 기능 중 종합적인 사고를 하도록 하는 역할을 맡고 있는데, 만3~6세에 전두엽은 빠른 속도로 집중적으로 발달하여 이 시기 전두엽의 성장률은 60~80%에 달한다.

1998년 뉴스위크 한국판 기사에 따르면, 신생아는 태어날 때 약 1,000억 개의 신경세포와 이들 신경세포의 결합으로 형성되는 50조 개 이상의 시냅스를 가지고 있다. 이때 두뇌의 기본적인 신경회로는 부모에게서 물려받은 유전자에 의해 결정된다.

출생 초기 몇 달 동안 시냅스의 수는 20배로 늘어나 1,000조 개 이상이 된다. 시냅스의 형성은 생후 2개월에 운동피질에서 시작되는데, 이때 영아들은 모로반사와 찾기반사를 중단하고 의도적인 동작을 배우기 시작한다. 특히, 어휘가 폭발적으로 증가하는 생후 16~24개월에 시냅스의 연결이 폭발적으로 증가하는 것을 확인할 수 있다(권민균 외, 2005).

뉴런은 세포의 일종으로서 신경계를 구성하는 주된 세포이다. 뉴런은 일반적인 세포의 기능을 가지고 있으면서 정보전달이라는 독특한 기능을 맡고 있다. 즉, 정보를 받아들이고 어떤 방식이든지 처리하고, 그 처리된 정보를 다른 뉴런, 분비선, 근육으로 전달한다.

이처럼 유아기의 두뇌발달은 오히려 태어나기 이전에 가장 활발하게 이루어지고 영아기를 지나 유아기에 이르면서 그 속도가 느려진다. 유아기에는 뇌의 신경세포(뉴런)의 크기가 커지고, 지주세포의 수도 증가한다. 하지만 두뇌가 항상 성장만 하는 것은 아니다. 과도한 뉴런과 사용하지 않는 연결은 사라지기도 한다.

앤더슨(Anderson)과 동료들에 따르면(2001), 대뇌피질은 대뇌의 바깥층을 이루면서 지각, 언어, 학습, 사고와 같은 지적인 기능에 결정적인 역할을 담당한다. 또한 대뇌피질은 엽(lobe)이라고 하는 네 가지 주요 영역으로 나누어지는데, 전두엽은 자발적인 운동과 사고와 관련되어 있고, 후두엽은 시각과 관련되어 있으며, 측두엽은 청각과 관련이 있고, 두정엽은 신체 감각에 대한 정보처리와 관련이 있다. 대뇌피질의 네 가지 엽은 신생아기에는 미숙한 상태이다. 그러나 전두엽의 뉴런이 수초화되고 생후 1년 동안 시냅스가 증가하면서 영아는 생리적 상태를 조절하는 능력이 발달하고 반사를 보다 잘 통제할 수 있게 된다(최경숙, 2006).

> **시냅스의 소멸**
> 경험이 축적된 경우 정교화해지는 것과 동시에 사용하지 않는 필요 없는 부분은 사라지는 것이 효율적이라는 것을 의미하는 것이다. 실제로 시냅스의 소멸은 뇌가 작은 동물일수록 적게 일어나서 쥐는 전체 시냅스의 10%, 고양이는 30%가 사라지고, 사람의 뇌는 전체 시냅스의 약 42%가 소멸한다.

❶ 소뇌 발달

소뇌 발달은 유아기에 주로 이루어진다. 소뇌는 뇌 뒤쪽 아래에 있으며 신체 동작의 균형과 조절의 역할을 맡고 있다. 이 시기에는 종합적인 사고를 담당하는 전두엽과 사태를 전체적으로 처리하고 리듬, 동작, 정서를 담당하는 우반구가 주로 발달하게 된다.

❷ 뇌의 편측성

우리의 뇌는 좌반구와 우반구 두 개의 반구로 나누어져 있다. 뇌의 좌반구와 우반구가 각기 다른 기능을 맡아 하는 것을 뇌의 편측성이라고 하는데, 유아기에 뇌의 편측성이 나타나기 시작한다. 좌반구는 논리적이고 분석적이며 언어에 기초를 둔 사고를 하는 기능이 있으며, 명료하고 논리적인 사고를 선호하여 애매한 것을 단순화시키는 기능을 한다. 반면에 우반구는 시각적 · 공간적 정보를 선호하고 한 번에 전체의 사물을 보고 들어온 정보를 즉각 처리하는 기능을 한다.

(3) 운동발달

유아기에는 신장을 기준으로 머리 크기의 비율이 작아지면서 몸의 무게 중심이 아래로 내려가기 때문에 영아기 때와 달리 점차 머리가 무거워서 넘어지는 일이 적어진다. 따라서 유아는 균형감각이 생기며 대근육을 사용하는 운동기능도 발달하게 된다. 대근육기능이 발달하면서 뛰어오르거나 달리거나 구르거나 혹은 그네를 타거나 매달리거나 하는 신체활동이 발달한다. 뿐만 아니라 블록 쌓기 놀이, 옷의 단추 채우기, 크레용 색칠하기, 신발 끈 매기, 가위로 종이 자르기 등의 소근육을 사용하는 활동까지 발달하게 된다.

유아기 운동발달의 특성에 관한 관점(이기숙, 1996)으로는 첫째, 신체적 안정성으로, 유아기는 신체의 각 부분을 효율적으로 움직일 수 있고, 바른 자세를 형성할 수 있으며, 균형을 유지할 수 있는 능력을 가진다. 둘째, 운동능력으로서 유아기의 아동들은 공간적으로 다양하게 몸을 이동할 수 있게 되어 걷기, 뛰기, 뛰어오르기, 미끄러지기 등의 운동기능이 급속하게 발달한다. 셋째, 조작적 능력의 발달을 가져오는 시기로, 유아들은 그들 주변에 있는 여러 가지 사물을 접하면서 각각의 특성에 따라 다양한 조절방법을 배울 수 있게 된다. 따라서 유아기는 운동능력을 발달시키는 결정적 시기라고 할 수 있으며, 이후의 더욱 정교하고 복합적인 이동능력발달의 기초를 형성하는 시기이다.

표 2-12 유아기의 전체 운동발달과 미세 운동발달

시기	전체 운동발달	미세 운동발달
15개월	• 도움 없이 걷는다. • 계단을 기어오른다. • 공 던질 때 떨어뜨린다.	• 2개의 블록을 쌓는다. • 자발적으로 낙서를 한다. • 컵을 잘 사용한다.
18개월	• 서툴게 달릴 수 있으며 종종 넘어진다. • 한 손으로 잡고 계단을 올라간다. • 장난감을 밀고 당긴다. • 혼자서 의자에 앉는다. • 공을 떨어뜨리지 않고 머리 위로 던진다. • 제자리에서 양발로 점프한다.	• 3~4개의 블록을 쌓는다. • 책장을 한꺼번에 두세 쪽씩 넘긴다. • 선을 모방하여 그린다. • 숟가락을 잘 사용한다.
24개월	• 한 계단에 두 발을 디디면서 올라가고 내려간다. • 큰 공을 찬다. • 몸을 뻣뻣하게 세우고 달린다.	• 손잡이를 돌려 문을 연다. • 책을 한 장씩 넘긴다. • 6~7개의 블록을 쌓는다. • 원을 모방하여 그린다. • 옷을 혼자 벗는다.

시기	전체 운동발달	미세 운동발달
36개월	• 계단에서 두 발로 뛸 수 있다. • 발을 번갈아가며 계단을 내려온다. • 세발자전거를 탄다. • 방향을 바꾸거나 갑자기 멈추는 것이 어렵다. • 몇 초간 한 발로 선다.	• 블록을 여덟 개 이상 쌓는다. • 손과 손가락 협응이 잘 된다. • 크레용을 손가락으로 잡는다. • 장난감을 밀고 당긴다. • 도움을 받아 옷을 입는다.
4세	• 한 발로 깡충 뛴다. • 안정감 있게 공을 잡는다. • 머리 위로 공을 던진다. • 질주를 한다. • 한 발씩 교대로 계단을 내려간다.	• 그어진 선을 따라 가위로 종이를 자른다. • 큰 구슬을 실에 꿴다. • 사각형을 보고 그린다. • 혼자 옷을 입는다.
5세	• 두 발을 교대로 깡충깡충 뛴다. • 공을 잘 던지고 받는다. • 줄넘기를 한다. • 뒤로 걷는다. • 두발자전거를 탄다. • 눈을 감고 한 발로 선다.	• 사각형과 삼각형을 모사한다. • 단추를 채운다. • 이름을 쓸 수 있다. • 신발 끈을 맨다. • 가위나 간단한 도구를 사용한다.

출처: 강인언 외(2009). 최신아동발달. 학지사.

2) 유아기 인지발달과 건강증진

유아기 발달 중 가장 큰 특징은 영아기에 비해 인지적으로나 언어적으로 매우 많은 성장을 한다는 점이다. 이 시기의 유아들은 성인 뇌의 약 90% 정도의 인지발달을 하게 되는데, 기억력이 향상되고 다양한 놀이를 만들어 낼 수 있으며, 자신의 생각이나 느낌을 언어로 전달할 수 있는 능력을 갖게 된다. 특히, 눈앞에 보이지 않는 대상에 대해서도 표상을 통해 상징적인 사고를 할 수 있게 되는데, 이른바 상상놀이를 시작하는 단계가 바로 유아기이다.

(1) 전조작기(만2~7세)

전조작기의 유아들은 정신적 표상에 의해 보이지 않는 대상에 대한 사고가 가능하지만 아직 구체적이거나 논리적인 조작은 가능하지 않다. 또한 아직은 한 번에 여러 개의 측면을 생각하지 못하고 한 측면에만 관심을 둘 수 있기 때문에 사물을 외관상으로만 판단한다. 전조작기 유아의 특징은 상징적 사고, 자아중심성, 물활론적 사고, 보존개념의 결여 그리고 불완전한 분류능력으로 나타난다.

전조작기를 좀 더 세분화하면 전개념적 사고단계(만2~4세), 조작적 사고가 어느 정도 가능한 직관적 사고단계(만5~7세)로 나눌 수 있다.

❶ 전개념적 사고단계

이 단계의 유아는 환경 내의 대상을 상징화하고 내면화시키는 과정에서 성숙한 개념을 발달시키지 못한다. 따라서 이 단계를 전개념적 사고기라고 부른다. 이 시기의 사고특징으로는 상징적 사고, 자기중심적 사고, 물활론적 사고, 인공론적 사고 등이 있다.

가. 상징적 사고(symbolic thought)

이 시기에 나타나는 유아의 특징은 상징적 사고이다. 즉, 유아 자신이 획득한 행동 도식이 내적으로 표상됨에 따라 대신표방, 상징놀이 등과 같은 정신능력의 발달을 보인다. 즉, 유아의 사고는 외부의 단서가 없어도 어떤 대상을 표상하는 것이 가능해지는데, 특히 놀이활동에서 비언어적인 상징행동을 많이 사용한다. 예를 들어, 인형에게 우유를 먹이는 흉내를 내거나, 막대를 이용하여 총놀이를 하거나, 자기 혼자 전화 수화기를 들고 마치 상대방이 있는 것처럼 혼자서 대화를 하거나, 음식이 없는데도 있는 것처럼 먹는 흉내를 내거나 어머니처럼 식사를 준비하는 소꿉놀이를 하는 등 가상놀이를 한다. 이러한 가상놀이는 유아의 연령이 증가하면서 점점 더 다양해지고 복잡해지는데, 유아는 가상놀이를 통해 과거를 회상하거나 앞으로 있을 미래의 일도 예상할 수 있는 능력이 발달하게 된다.

나. 자기중심적 사고(egocentric thought)

이 시기의 유아들은 자기 주변의 사물이나 상황을 자기의 입장에서만 보며 다른 사람의 관점에서는 생각하지 못한다. 또한 자신과 타인을 명확하게 구분하지도 못한다. 이것을 유아의 자기중심적 사고라고 한다. 자기중심적 사고를 잘 반영하고 있는 대표적인 연구는 피아제와 인헬더(Piaget & Inhelder, 1956)가 고안한 '세 개의 산 실험'이다. 이 실험은 유아에게 크기와 모양이 다르게 배치된 세 개의 산 모형을 보여주고 사방에서 보이는 산의 모습에 친숙해지도록 그 주위를 걸어보게 한다. 그런 다음 유아와 인형을 서로 마주보게 앉힌다. 그리고 유아에게 여러 측면에서 보이는 산의 모습이 그려진 그림을 보여 주면서 인형의 입장에서 볼 수 있는 그림을 선택하게 한다. 결과적으로 대부분의 유아는 인형이 아닌 자기 자신의 입장에서 보이는 그림을 선택하였다. 즉, 유아는 타인(인형)의 관점을 이해하는 조망수용능력이 아직 획득되지 않은 것이다(강인언 외, 2009).

다. 물활론적 사고(animistic thought)

물활론적 사고란 나무나 막대기 같은 무생물이 살아 있고 사람처럼 감정이나 의도를 가지고 있다고 생각하는 것으로, 일종의 자기중심적 사고라고 볼 수 있다. 유아가 자신의 실수로 돌부리에 걸려 넘어졌는데도, 돌부리에게 "때찌"라고 말하는 것도 일부러 자신을 넘어지게 했다고 생각하기 때문이다. 물활론적 사고가 나타나는 시기는 만4~8세의 시기로, 만4~6세의 유아들은 자신의 주변에 있는 모든 것들이 다 살아 있다고 생각하지만 만6~8세의 유아들은 움직이는 것만이 살아 있는 것이라고 생각한다. 만8세 이후가 되면 살아 있는 물체와 그렇지 않은 물체를 완벽하게 구분하게 된다.

라. 인공론적 사고(artificial thought)

유아는 세상의 모든 사물이나 현상이 사람의 필요에 의해서 자신의 목적에 맞게끔 쓰려고 만들어진 것이라고 믿는다. 따라서 모든 사물에는 목적이 있다고 믿는데, 이러한 특징적인 행동은 이 시기의 유아들이 "이게 뭐야?", "왜?"라는 질문을 반복적으로 하는 것이다.

❷ 직관적 사고단계

직관적 사고(intuitive thought)란 사물의 여러 속성 중 가장 두드러진 지각적 속성에 의해 그 대상이나 사물의 성격을 판단하는 것을 말한다. 직관적 사고는 보존개념, 유목화, 서열화 등에 잘 반영되어 있다.

가. 보존개념(conservation)

보존개념을 가졌다고 하는 것은 사물의 겉모습이 변한다 할지라도 그 내부의 속성은 변하지 않는다는 것을 이해할 수 있는 사고능력이다. 피아제에 의하면 전조작기 아동들은 보존개념을 갖지 못하는데, 그 이유는 하나의 특성에만 초점을 맞추는 중심화 경향 때문이다. 유아의 보존개념의 특징을 살펴보면 〈표 2-13〉과 같다(강문희 외, 2006).

표 2-13 보존개념

구분	내용
중심화 : 탈중심화의 결여	중심화란 어떤 사건이나 사물을 볼 때 아동의 관심이 한 가지 차원에서만 집중되어 있는 것을 의미하며, 탈중심화는 상황을 판단하는 데 있어 한 가지 이상의 차원에서 동시에 초점을 둘 수 있는 능력을 말한다.
비가역성 : 가역성의 결여	가역성이란 조작이 양방향으로 일어날 수 있음을 이해하는 것으로, 사고과정에서 원상태와 변화된 상태를 되돌려 추론할 수 있는 능력을 말한다. 그러나 비가역적인 사고를 하는 유아들은 변화된 상태만을 고려할 뿐 변화하는 과정이나 원래의 상태로의 추론을 이해하기 어려워한다. 즉, 유아들은 지각적으로 우세한 한 가지 차원에 지나치게 주의를 기울여 현재의 정적인 상태에 관심을 두다 보니 변화하는 동적인 과정을 고려하거나 이해하기 어렵게 된다.

보존개념 실험의 예: 양의 보존개념 실험
유아가 보는 앞에서 모양이 같은 두 개의 컵에 동일한 양의 우유를 넣었을 때 유아들은 이것이 같은 양의 우유라는 것을 이해한다. 그러나 그중 하나를 길고 좁은 모양의 컵으로 옮겨 담았을 때 유아들은 길고 좁은 컵에 담긴 우유의 양이 더 많다고 생각한다. 즉, 컵의 모양이 다르지만 우유의 양이 같다는 속성을 아직 이해하지 못하는데, 이것은 바로 보존개념이 형성되지 못했기 때문이다.

(2) 기억의 발달

유아기에는 영아기에 비해 기억능력이 매우 현저하게 성장한다. 기억력이 성장한다는 것은 유아가 기억할 수 있는 용량이 증가하고 '재인[1]'과 '회상능력'이 발달함을 의미한다. 그러나 모든 일을 회상한다기보다는 생일파티나 친한 친구의 전학과 같이 자기에게 특별하게 의미가 있었거나 실생활과 관련된 일들을 잘 기억하며 사건보다는 사람을 좀 더 잘 기억한다.

유아기는 영아기에 비해 기억능력이 크게 발달하는데, 그 이유는 다음의 네 가지 요인으로 정리할 수 있다(곽노의 외, 2007).

❶ 기억용량의 증가

기억용량(memory capacity)의 증가란 정보를 저장할 수 있는 공간이 증가하였음을 말한다. 기억공간은 감각기억, 단기기억, 장기기억으로 나눌 수 있는데, 감각기억과 장기기억의 용량은 연령에 따른 변화가 거의 없다. 결국 기억용량의 증가는 단기기억의 증가를 의미한다(Bjorklund, 1995).

❷ 기억책략의 증가

기억책략(memory strategy)이란 장기기억 속에 정보를 저장하고, 필요할 때 다시 인출을 용이하게 해주는 의도적인 활동을 말한다. 기억책략에는 기억할 것을 반복연습하는 시연(rehearsal), 기억할 정보를 관련 있는 것끼리 묶어 유목화하는 조직화(organization), 기억할 정보에 다른 것을 연결시켜 정보가 갖는 의미를 확장시키는 정교화(elaboration), 그리고 저장된 정보 중에서 필요한 정보를 인출하기 위해 도움이 될 수 있는 단서를 사용하는 인출(retrieval)책략 등이 있다.

1) 재인이란 심리학에서 전에 경험한 적이 있는 어떤 것과 다시 마주쳤을 때 느끼는 친근감을 특징으로 하는 기억의 한 형태를 말한다.

❸ 상위기억의 발달

상위기억(metamemory)은 상위인지(metacognition)의 일부로, 자신의 기억과 기억과정에 관한 지식을 말한다. 즉, 자신의 기억능력을 알고, 긴 내용이 짧은 내용보다 더 기억하기 어려움을 알고, 어떤 기억책략을 사용하는 것이 효과적인지를 아는 것 등이 포함된다.

❹ 지식기반의 확대

이미 알고 있는 주제에 관해 학습을 한다면, 그 학습은 기억 속에 저장되어 있는 기존의 지식과 빠르게 연결되기 때문에 쉽게 기억할 수 있다. 어떤 주제에 대해 많이 알면 알수록 그 주제에 대한 학습과 기억이 더 쉬워지는 것이다.

3) 유아기 정서발달과 건강증진

(1) 유아기 정서표현의 특징

유아가 정서를 표현하는 것은 생후 2~3개월 무렵부터 시작되는데, 대개 2세 정도가 되면 성인과 거의 비슷한 정도로 자신의 감정상태를 표현하는 능력이 생긴다. 그러나 유아기 정서의 특징은 아직 그 능력이 미숙하고 표현하는 상태가 짧으며 감정의 기복이 심하다는 것이다. 즉, 배가 고파서 울다가도 우유를 입에 대주면 다시 금방 입가에 웃음을 띠는 것이다. 이 시기의 유아들은 자신의 정서상태를 표현하는 것 이외에 타인의 정서표현도 이해할 수 있게 된다. 즉, 슬픔, 기쁨의 정서를 이해하고 표현할 줄 알게 되는데, 보통 5세 정도에 이르면 거의 성인과 유사한 정서상태를 이해하고 표현할 수 있게 된다.

유아들은 긍정적인 정서를 이해하는 것에 비해 부정적인 정서를 이해하는 것이 미숙하지만, 나이가 들어가면서 정서표현의 방법이나 다른 사람의 정서를 이해하는 능력이 점차 세련되고 성숙해진다. 즉, 초기에는 화가 나는 표현을 큰소리로 울면서 다리를 버둥거리는 등 온몸을 사용하지만 유아가 성장하면서는 직접적인 표현보다는 주먹으로 때리는 흉내를 낸다거나 놀리거나 하는 식의 간접적인 표현을 사용한다. 즉, 언어를 사용해서 자신의 감정상태를 표현하는 능력이 생기게 된다.

❶ 정서의 인지와 해석능력

유아기 정서의 특징으로는 유아가 자신의 감정상태를 분명하게 인식할 뿐만 아니라 다른 사람의 정서를 이해하는 능력이 생긴다는 것이다. 이러한 능력은 유아가 대인관계를 할 수 있게 만들어 주는데, 상대방의 행동을 예측할 수 있게 하여 자신이 어떻게 행동해야 하는지를 알게 한다. 즉, 엄마와 아빠의 웃는 모습을 보고 자신도 웃어 준다거나, 화난 목소리로 "요녀석~"이라는 말에 울음을 터뜨리거나 슬픈 표정으로 반응하는 것이다.

이처럼 유아기 동안에는 다른 사람의 정서표현을 인지하고 해석하는 능력이 꾸준히 향상되어 친구들의 얼굴표정이나 상황적인 단서를 이용하여 정서상태를 정확하게 이해할 수 있다. 뿐만 아니라 동화 속 주인공이 행복하거나 슬프거나 화가 나거나 하는 상황도 완벽하게 이해할 수 있다. 그러나 아직은 외적인 상황이나 얼굴표정만 가지고 이해할 뿐 보여지지 않는 내적인 요소들은 이해하지 못한다.

❷ 정서조절능력

정서조절은 자신의 내적 감정상태와 관련된 생리학적 과정의 발생, 강도, 지속기간 등을 조정하는 것을 의미하는데, 정서조절과 관련하여 각각의 사회마다 표현방법에 있어서 나름의 규칙을 만들어 용인되는 방법을 제한하고 있다. 따라서 유아들은 성장하면서 자신의 감정상태를 표현하는 방법을 사회가 용인하는 범위 안에서 연습하게 된다.

톰슨(Thompson, 1994)에 의하면, 만12~24개월 영아는 노여움이나 슬픔을 억제시키려 할 때 눈살을 찌푸리거나 입술을 굳게 다물거나 깨물기 시작한다. 유아기 동안 나타나는 인지와 언어능력의 성장은 정서적 조절을 위한 새로운 방법을 사용한다. 만2~6세 유아들은 불쾌한 자극으로부터 관심을 돌리거나 불쾌한 생각 대신에 즐거운 생각을 함으로써 또 재해석을 통해 부적 정서유발에 대처하는 능력을 점차 발달시킨다(최경숙, 1997).

(2) 자아개념의 발달

유아기에는 자아개념이 형성되는데, 유아의 초기 자아개념은 자신에 대해 아주 제한된 인식이라고 볼 수 있으나 성정하면서 자아개념도 확장되어 좀 더 세분화되고 복잡해진다. 다시 말해 영아기에 형성된 자신의 신체에 대한 자아개념이 좀 더 분명하게 확립되는 것으로, 자신의 성별, 나이 등을 인지하여 자신이 어디에 속하는지를 알게 된다. 따라서 이 시기의 유아들은 주로 외모상의 특징을 중심으로 자아인식을 갖게 되며 자신과 비슷한 외모를 가진 사람을 같은 범주의 사람으로 분류해서 구별하는 능력을 갖게 된다. 특히, 언어능력이 급속하게 발달하는 시기이므로 자신과 타인의 특징에 대해 매우 구체적으로 표현하는 능력이 생긴다.

셀만(Selman, 1976)의 연구에 의하면, 만4세 유아의 자아인지는 내재적 특성을 고려하지 못하는 한계가 있다. 이 시기 아이들에게는 "나는 행복해", "나는 사람을 좋아해"라는 자신의 심리적 특성에 대한 진술을 듣기 어렵다. 이러한 현상은 자아인지 발달이 외현적인 물리적 자아(physical self)에서 내재적인 심리적 자아(psychological self)로 발달해 가는 과정을 밟고 있음을 보여 준다. 자아개념은 유아기에 고정되어 있는 것이 아니라 발달단계에 따라 지속적으로 변화해 가며, 유아의 성장과정에서 어떤 사회적 경험을 하는지에 따라 자아개념 형성에 지속적인 영향을 받는다(곽노의 외, 2007).

(3) 자아존중감의 발달

자아존중감(self-esteem)이란 자신을 유능하고 중요하며 성공적이고 가치롭다고 생각하는 것으로, 자신에게 주는 값어치이다. 다시 말해 자신이 생각하는 자신에 대한 평가라고 할 수 있는데, 유아기는 자아존중감이 형성되는 중요한 시기이다. 자아존중감은 주변인들이나 환경과의 상호작용의 결과에 의해, 그리고 삶의 경험에 의해 형성되기도 한다. 부모와 지지적이며 따뜻하고 안정된 애착관계를 맺은 유아들이 높은 수준의 자아존중감을 나타내는 것은 바로 이 때문이다. 자아존중감이 높은 유아일수록 또래관계에서 긍정적인 관계를 맺을 수 있다. 즉, 생애 초기에 어머니와 얼마나 안정적인 애착관계를 형성하느냐가 아동의 긍정적 자아개념을 형성하는 데 매우 중요한 부분이며 건강한 발달의 근간을 이룬다는 것을 알 수 있다. 건강한 자아존중감 형성은 유아기부터 시작되는 중요한 과제라고 볼 수 있는데, 건강한 자아존중감을 확립해야만 성장하면서 자신이 발견하게 되는 스스로의 약점이나 능력에 대해 긍정적으로 받아들이고 약점은 극복하고 강화하여 건강한 자아상을 형성해 나갈 수 있다.

4. 아동기(6~12세) 발달과 건강증진

아동기는 만6세부터 12세까지의 연령으로 초등학교에 다니는 시기이다. 이 시기에는 영아기나 유아기에 비해 다소 느리긴 하지만 지속적으로 신체발달이 이루어지며, 청소년기로 접어들기 바로 전 단계로서 큰 성장보다는 뼈의 발달, 근육의 발달, 운동신경의 발달 등 좀 더 복잡하고 중요한 변화들을 겪게 되는 기간이다. 또한 아동의 생활범위가 가정을 넘어 학교라는 넓은 공간으로 확대됨에 따라 학교와 또래집단과의 상호작용이 중요한 부분을 차지하게 된다. 새로 시작한 학교에서의 사회생활을 통해 필요한 여러 가지 사회기술과 규칙 등을 익혀야 할 과업이 놓여져 있다. 뿐만 아니라 언어능력이 발달함으로써 자신의 욕구를 잘 표현하고 조절할 수 있게 되며 그러한 표현능력은 개개인의 특성으로 구분되어 발달하게 된다.

1) 아동기 신체 및 운동발달과 건강증진

(1) 신체적 성장

아동기의 신체적 성장은 영아기나 유아기에 비해 속도가 다소 느리지만 꾸준하게 계속 성장하고 있다. 크레이그(Craig, 1992)에 따르면, 아동기의 성장속도가 둔화되는 경향은 유아기에 이어 아동기까지 계속된다. 이 시기의 완만한 신체발달 덕분에 운동기능발달이 더 용이해진다. 그 이유는 아동이 신체 크기나 비율의 급속한 발달에 적응할 필요가 없기 때문이다(곽노의 외, 2007).

이 시기의 아동들은 매년 5~8cm 정도씩 신장이 자라며 몸통이 가늘어지고 팔과 다리가 길어지면서 점차 성인과 비슷한 외모를 갖추게 된다. 머리 크기는 1/7~1/8 정도의 비율로 성인의 외모와 유사한 비율을 이루며 얼굴 모양도 아기 때의 동그란 모습에서 길쭉한 모습으로 변하여 전체적인 외모가 유아기 때와 많이 달라진다. 일반적으로 남아에 비해 여아의 성장이 빠른 편이므로 여아가 사춘기에 먼저 도달하지만, 그 이후에는 남아의 성장이 더 빨라진다.

최근에는 아동들의 성장속도가 매우 빨라졌기 때문에 사춘기가 매우 일찍 시작되어, 2차 성징 또한 빠르게 나타나 남성과 여성의 신체적 변화가 눈에 띄게 달라진다. 신체적 변화와 더불어 심리적 변화도 함께 수반되어 자아의식도 높아지고 부모에 대한 반항심이 생기는 등 주변과의 갈등을 일으키기도 하는데, 이는 개인에 따라 발달의 차이를 보인다.

(2) 운동기능의 발달

아동기 초기의 아동들은 대근육과 소근육의 기본적인 운동기능은 거의 발달해 있기 때문에 기존의 운동능력이 더 빠르고 정교하게 발달하는 특징을 보인다. 유아와 달리 이 시기의 아동들은 대근육발달이 이미 갖춰져 있기 때문에 유아기에는 하지 못했던 자전거 타기나 스키, 수영, 구기종목 등 스케일이 큰 운동을 할 수 있는 기능 상태에 이른다. 또한 소근육 운동기능도 상당히 빠른 발달상태를 보이는데, 글씨를 쓰는 속도도 빨라지고 악기 연주를 하거나 수공예품을 만들거나 하는 등의 능력을 나타낼 수 있다.

이러한 운동기능의 발달에서는 유전적 요인 및 환경적인 영향으로 개인차와 성차가 크게 나타난다. 개인차의 경우, 스포츠와 관련된 운동기술은 학습에 의해 배워서 습득하지만 힘, 스피드, 유연성 등의 운동능력은 선천적으로 타고나는 특성이 강해서 개인차가 크게 존재한다. 개인차를 결정하는 신체조정능력은, 특히 유아기 신경발달과 밀접하게 관련되므로 유아기 동안 신체운동을 얼마나 다양하고 지속적으로 경험하느냐에 따라 아동기의 신체조정능력과 운동능력이 영향을 받는다(박대근, 2004). 성차의 경우, 남아가 여아에 비해 근육이 더 잘 발달하고 순환계도 더 효율적으로 발달하는데, 이는 남아는 17세까지 운동능력이 계속 발달하는 반면, 여아의 경우 대부분 13세를 기점으로 운동능력이 쇠퇴하는 발달적 차이를 보이기 때문으로 보인다.

❶ 전체 운동발달

아동기의 운동발달은 유아기에 비해 훨씬 더 부드러워지고 전체적으로 잘 통합된 특징을 보인다. 대근육과 소근육기능이 모두 발달하여 빠르고 정교한 발달을 보인다. 따라서 이 시기의 아동들은 규칙적인 운동은 물론 다양한 종류의 운동을 접해 볼 수 있는 기회를 갖는 것이 필요하다. 특히, 유아기보다 집중력이 크게 늘어나는 시기이므로 평형감각이나 지구력을 높이는 운동을 통해 적극적이고 능동적인 신체활동을 하는 것이 중요하다. 이러한 운동을 통해 아동의 신체 근육량이 증가하고 조절능력이 발달할 수 있다.

❷ 미세 운동발달

아동기에는 중추신경계의 수초화가 증가되면서 미세 운동기능이 증가하게 되어 복잡한 예술적 기술 또한 발달한다. 손기술은 학령기가 시작되면서 잘 발달되고,

아동기가 되면 쓰기와 그리기에 빠른 발전을 보인다. 또한 이 시기에는 취미생활의 창조적 활동인 도예나 수예, 목공예, 구슬공예, 악기연주 등을 통해 자신의 능력을 발휘하기도 한다(강인언 외, 2009). 따라서 이 시기의 아동들은 글씨의 크기도 점점 작아지고 크기도 일정해지며 미세한 작품을 만드는 데 필요한 손놀림 능력도 충분히 갖추게 된다. 대근육에는 남아가 강세를 보이는 반면, 미세 운동기능인 소근육발달은 영아가 더 우수한 편이다.

2) 아동기 인지발달과 건강증진

인지능력이란 인지의 상태(knowing)로 이르게 하는 내적인 능력으로서, 인간이 생각하고 기억하고 추론하고 문제를 해결하고 창조하는 모든 정신활동을 포함하는 능력이다. 아동기는 이러한 인지능력의 발달이 현저히 증가하는 시기로서, 피아제의 인지발달단계 중 세 번째 단계인 구체적 조작기에 해당한다.

(1) 구체적 조작기(만7~12세)

구체적 조작기의 아동은 사물에 대해 좀 더 구체적인 사고를 할 수 있는 능력을 가진다. 다시 말해 자신이 관찰한 사물에 대한 표현능력이 훨씬 더 논리적으로 발달하는 것으로, 전조작기 아동들에 비해 가역성(reversibility)이라는 특성을 갖추어 보다 더 성숙한 인지구조를 형성한다.

구체적 조작기는 약 만6, 7세에 시작하여 만11, 12세 정도까지 지속된다. 구체적 조작기의 아동은 논리적 조작이 가능하고, 사물들 간의 관계성을 이해할 수 있으며, 보존개념을 획득한다. 보존개념이란 수, 길이, 넓이, 부피 등을 그 차례나 형태를 바꾸어 여러 가지 다른 방법으로 제시한다 할지라도 그것이 변하지 않는다는 것을 아는 것이다. 또한 구체적 조작기의 아동은 사물들 간의 관계성을 고려할 수 있기 때문에 사물을 분류할 수도 있고, 순서대로 나열할 수도 있다. 그러나 이 시기의 아동들은 구체적 사물과 관련되어 있는 문제는 잘 해결할 수 있지만, 추상적 개념에 대한 가설을 만들어 내는 데는 아직 미숙하다(이영 외, 2009).

> 가역성은 사고를 원래대로 되돌릴 수 있는 것을 의미하는 것으로 사고의 흐름을 앞뒤로 자유롭게 전환시킬 수 있는 것을 말한다. 한번 변형되었던 사물이 처음에 가했던 조작을 반대로 하면 본래의 형태로 되돌아올 수 있다는 것을 이해하는 것이다. 즉, 길게 늘어뜨린 진흙은 다시 뭉치면 진흙 공으로 되돌아갈 수 있는 가역성의 성질로 두 개의 양이 동일하다는 것을 알게 되는 것이다.

❶ 탈중심화

전조작기의 아동이 자기중심적 사고를 한다면 구체적 조작기의 아동은 한 가지 이상의 측면을 동시에 고려할 수 있는 탈중심화 능력이 생긴다. 이 능력은 사물을 보는 것뿐만 아니라 사회적 관계에서도 나타난다.

이 시기의 아동은 언어 사용에 있어서 눈에 띄게 큰 변화를 보이는데, 보다 완성도 높은 언어구사능력을 가지고 주변 사람들과의 상호관계에서 언어를 점점 더 많이 사용하여 자신의 의견을 말하거나 상대방의 생각을 알게 된다. 이러한 경험을 통해 아동은 자기중심적 사고에서 벗어나 사고의 영역을 넓히게 된다.

❷ 논리적 조작

피아제(1966)는 구체적 조작기가 되면 아동의 사고능력이 논리적으로 조절 가능해진다고 보았다. 피아제는 논리적 조작에서 특히 가역성을 강조하였는데, 전조작기에 보존개념이 어려운 것은 가역성이 없기 때문이라고 보았다.

가. 분류능력

구체적 조작기의 아동은 가역성의 논리적 사고가 형성되어 자신의 주변에 있는 사물이나 발생하는 사건에 대해 자신이 선택한 기준에 따라 일관성 있게 분류할 수 있다. 이 시기의 아동은 대상물이 가지고 있는 공통 속성에 따라 분류하거나 하나의 속성을 기준으로 분류하는 단순 유목화, 두 가지 이상의 속성을 기준으로 분류하는 다중 유목화를 할 수 있는 능력을 나타낸다. 이러한 능력은 만7~8세가 되면

드러나는데, 분류화는 가역성과 관련이 있다. 즉, 물체나 사건을 분류하는 데 한 가지 이상의 방법을 사용할 수 있는 능력을 갖추게 된다.

나. 보존개념의 습득

보존개념이란 사물의 외형이 변한다고 할지라도 그것의 속성은 변하지 않는다는 것을 이해하는 능력이다. 구체적 조작기 동안 아동은 길이, 부피, 무게 등 여러 가지 형태의 보존개념을 획득하는데, 구체적 조작기의 아동들은 눈에 보이는 지각적 특성에 의해서가 아니라 논리적 조작에 근거하여 보존문제를 쉽게 풀 수 있다(최경숙, 1997). 예를 들어, 모양이 변화했더라도 변화하기 이전과 같은 대상이기 때문에 질량이 변화하지 않는다는 것(동일성)을 알고, 머릿속에서 거꾸로 조작할 수 있어 양의 변화가 없다는 것(가역성)을 발견할 수 있다. 또한 한 차원, 즉 높이나 넓이로 인해 잃어버린 것은 다른 차원에 의해 보상될 수 있다는 것(보상)을 인식하게 된다. 즉, 구체적 조작기의 아동은 자신에게 놓인 문제를 해결하기 위해 지금까지 사용해 왔던 직관 대신 논리적 조작을 적용하는데, 그러한 논리적 조작능력을 보여 주는 것 중의 하나가 보존개념의 습득이다.

보존개념을 습득하는 데는 순서가 있는데, 먼저 수와 길이, 양에 대한 보존개념이 형성되고 나서 무게와 부피에 대한 개념이 형성된다. 피아제(1973)는 대부분의 아동들이 이 시기에 보존개념을 획득한다고 말하는데, 길이, 크기, 양, 수의 보존개념은 만6~7세에, 무게에 대한 보존개념은 만8~9세에, 그리고 넓이와 부피의 보존개념은 만11~12세에 획득한다고 보았다.

다. 서열화

구체적 조작기의 또 다른 특성은 사물을 차례대로 배열할 수 있는 능력을 획득하게 된다는 점이다. 유아기에는 길이가 다른 여러 개의 막대기를 놓고 이를 상호관계에 따라 순서대로 나열해 보라고 지시하면 많은 오류를 보인다. 그러나 아동기에는 특정한 속성에 따라 유목으로 나누는 동시에 거의 실수하지 않고 상호관계에 따라 막대기를 순서대로 배열할 수 있게 된다(정옥분, 2003). 즉, 사물을 서열화할 수 있는 능력을 습득하게 되는데, 이 시기의 아동은 사물을 길이나 크기에 따라 큰 것부터 작은 것으로, 또는 그 반대의 순서대로 배열할 수 있는 능력을 나타낸다. 또한 한 가지 속성뿐만 아니라 두 가지 혹은 세 가지 속성에 따라 동시에 대상을 비교하면서 순서대로 배열하는 다중 서열화도 가능해지는데, 바로 수 개념을 확대하는 것이다.

(2) 형식적 조작기(만12세 이후)

형식적 조작기는 피아제의 발달단계 중 마지막 단계에 해당하는 시기로 만12세부터 청년기까지를 말하는데, 이 시기에는 세부적이며 구체적인 사상뿐만 아니라 추상적인 문제나 과제에 대해서도 논리적인 사고를 할 수 있다. 즉, 구체적 사물에 대한 의존 없이도 가설을 설정하고 모든 해결책을 논리적으로 궁리함으로써 결국 바람직한 문제해결에 이르게 되는 조합적 사고(combinational thought)가 가능하다. 뿐만 아니라 이 시기에는 문제해결을 하는 데 시간을 초월하여 과거, 현재, 미래를 모두 이용할 수 있는 추상적인 사고가 가능하여 효율적으로 지적인 과업을 성취할 수 있다.

가장 중요한 형식적 조작능력은 조합적 사고로서 하나의 문제를 해결하기 위해 모든 가능한 해결책을 논리적으로 검토할 수 있다는 것이다. 만일 아동에게 다섯 개의 시험관에 들어 있는 무색무취의 액체를 보여 주고, 이 다섯 가지 액체를 조합하여 노란색의 혼합액을 만들어 보라고 하면 구체적 조작기의 아동은 시행착오를 거쳐 해결하지만, 형식적 조작기의 청소년은 체계적인 방법을 통해 해결한다. 즉, 한 번에 두 시험관의 액체를 논리적인 순서로 혼합시키고, 그 후에는 세 개, 다음에는 네 개 그 다음은 다섯 개를 조합시키는 등의 방법을 사용하여 문제를 해결한다(이영 외, 2009).

(3) 지능

아동기 발달의 가장 큰 변화 중 하나는 지능의 발달이다. 지능이란 개념은 우리가 자주 사용하지만 명확하게 정의내리기 어려운 개념이기도 하다. 지능을 연구하는 학자들마다 그 개념을 설명하고 있지만 주장하는 바에 따라 약간의 차이를 발견할 수 있다. 지능에 관한 다양한 정의의 공통적인 속성들을 가지고 분류해 보면 대체로 요인분석적 관점, 정보처리적 접근, 통합적 접근의 세 가지 관점으로 나누어 볼 수 있다.

❶ 요인분석적 관점

요인분석적 관점은 개인 간에는 정신능력에 차이가 있으며, 그 차이를 발생시키는 어떤 원인이 존재한다는 과학적 신념을 바탕으로 지능의 구성요인을 분석하고, 이들 요인에 기초하여 지적 능력을 양적으로 수량화하고 비교하여 개인차를 진단하는 데 주된 관심이 있다. 대표적 이론으로는 2요인 이론, 다요인 이론, 위계 이론이 있다.

가. 2요인 이론

스피어만(Spearman, 1927)은 지능을 대부분의 검사에서 공통적으로 발견되는 일반요인(General factor: G요인)과 한 가지 또는 그 이상에서 발견되는 특수요인(Specific factor: S요인)으로 구별하였다. 일반요인은 인간이 수행하는 대부분의 인지과제에 영향을 미치는 요인이며, 특수요인은 어떤 특별한 과제를 수행하기 위해 필요한 요인을 의미한다.

나. 다요인 이론

서스톤(Thurstone, 1938)은 요인분석을 통해 인간의 지능을 구성하는 일곱 가지의 요인을 밝혀 내고 이를 인간의 기본정신능력(Primary Mental Abilities: PMA)이라고 설명하였다. 그에 따르면, 인간의 기본정신능력은 언어이해요인(Verval comprehension factor, V), 단어유창성요인(Word fluency factor, W), 수요인(Numerical factor, N), 공간시간요인(Spatial visualization, S), 추리요인(Reasoning, R), 지각속도요인(Perceptual speed factor, P), 기억요인(Memory factor, M)의 7개 영역으로 구성되어 있다. 이러한 능력은 독립적이지만 통합되어 개인의 일반적인 지능으로 구성된다(강인언 외, 2009).

후에 길퍼드(Guilford)가 이를 확장 · 발전시켜 지능구조모형(structure od Intellect model: SOI)을 개발하게 되었다. 이 모형을 살펴보면, 인간의 지능은 정신작용의 내용(content), 정신내용의 작동(operation), 정신작동의 산출(product)의 세 가지 차원으로 구성되는데, 이 세 가지 차원을 다시 5개의 내용 차원, 6개의 조작 차원 그리고 6개의 결과 차원으로 나누어 다양한 방식으로 결합된 180가지의 지적 능력이 나타난다고 보았다. 길퍼드의 지능구조모형은 너무 복잡하기 때문에 실제로 활용하는 것이 쉽지 않지만 그동안 단면적으로 설명되어 왔던 지능의 개념을 다양한 요인으로 확대시켰다는 점에서 매우 의미 있는 모델로 꼽힌다.

다. 위계 이론

인간의 지능을 구성하는 요인들 간에 위치가 다르다고 주장하는 학자들이 있다. 즉, 요인의 위계를 강조하는 것인데, 대표적인 학자는 커텔(Cattel, 1971)이다. 커텔은 지능의 위계구조를 스피어만의 일반요인이 맨 위에 있고, 그 아래에 유동적 지능(fluid intelligence)과 결정적 지능(crystallized intelligence)이 있다고 보았다.

유동적 지능은 유전적 · 신경생리적 요인에 좌우되는 것으로 문화적 영향을 받지 않은 능력인 반면, 결정적 지능은 타고나는 것이 아니라 자신이 태어나고 성장한 문화에서 경험하고 학습하면서 획득된 능력이다. 즉, 결정적 지능은 근본적으로는 유동적 지능을 근거로 생겨나는 것이지만 경제수준, 교육, 직업 등과 같은 문화적 영향에 의해 발달하는 지능이다.

❷ 통합적 접근: 다중지능이론

통합적 접근은 지능을 설명하는 데 있어 맥락의 중요성, 문화의 중요성을 강조하는 것이다. 가드너(Gardner, 1983)는 지금까지 우리가 습관적으로 행해 왔던 지능검사에 대해 정면으로 도전하여 생활에서의 다양한 측면을 고려한 지능을 주장하였다.

가드너는 인간의 인지영역을 적합하게 다루기 위해서는 다양한 문화들 속에서 가치 있게 여겨 온 광범위한 영역의 목표상태에 대하여 우선 생각해보아야 한다고 역설하였다. 사냥꾼, 어부, 농부, 군대지도자, 민중지도자, 미술가, 음악가, 시인, 종교지도자, 무당, 정신과의사, 과학자, 부모, 운동선수 등 인간 역사를 통해 다양한 사회 속에서 가치 있게 여겨지는 직업적이거나 비직업적인 모든 역할에서 나타나는 능력의 범위를 설명하고 사정하는 것이 지능연구가 되어야 한다고 주장하였다(신예덕, 1998, 재인용). 즉, 가드너는 지금까지 지능을 정의하는 시각들이 문화적 측면을 전혀 고려하지 않은 단선적인 해석뿐임을 비판하며, 모든 사람들이 개인마다 지능상태가 다르지만 각자 나름대로 우수한 하나 이상의 지능을 가지고 있으며, 그 지능은 주변 환경이나 훈련을 통해 일정 수준까지 발달할 수 있다고 보았다.

가드너(1999)는 인간은 아홉 가지 종류의 서로 다른 지능을 가지고 있으며, 각 지능은 독립적이고 뇌의 특정부위와 연결되어 있고, 가치와 중요성이 동등하며 각기 다른 발달과정을 거친다고 주장하였다. 다중지능이론에서 구분하고 있는 아홉 가지 지능은 〈표 2-14〉와 같다(최경숙, 2006).

표 2-14 다중지능이론의 아홉 가지 지능

- 언어지능: 단어의 의미를 이해하는 능력, 새로운 개념을 이해하기 위해 어려운 단어를 사용하는 능력, 의미를 전달하기 위해 언어를 사용하는 능력
- 논리-수학지능: 사물 · 행동 · 개념 간의 관계를 이해하는 능력, 수학적 조작을 하는 능력
- 신체운동지능: 대상을 지각하는 능력, 신체적으로 숙련되는 능력, 신체를 고도로 분화된 방식으로 사용하는 능력
- 음악지능: 음의 고저, 멜로디, 리듬, 음색의 다양성을 이해하고 만들어 내는 능력
- 대인 간 지능: 다른 사람을 이해하고, 감정, 기분, 동기, 의도를 식별하는 능력, 다른 사람과 효과적으로 상호작용하는 능력
- 개인 내 능력: 자신을 이해하고 자신의 삶을 효과적으로 감독하는 능력, 다른 사람과 효과적으로 상호작용하는 능력
- 자연주의자 능력: 자연 속의 유기체들의 체계와 관련 요인들에 대한 예민성
- 영적 지능: 삶의 의미, 죽음과 인간존재와 관련된 문제에 대한 예민성

3) 아동기 정서발달과 건강증진

(1) 아동기 정서의 특징

아동기 정서의 특징은 아동이 학교라는 사회생활을 시작하면서 유아기 때 가지고 있던 정서적 특징에 학교생활이 주는 자극에 의해 형성된 새로운 정서가 발달하게 된다. 아동은 자신의 정서를 보다 효과적으로 다루는 것에 점차 익숙해지는데, 예를 들어 자신이 시험에서 1등을 하여 기분이 좋더라도 친구가 시험을 못 봐서 슬퍼하면 자신의 기쁨을 감춘다든가, 좋아하는 이성친구 앞에서 샐쭉하게 토라지는 모습을 보이면서 자신의 감정을 숨긴다든가 하는 등 상황에 맞게 자신의 정서를 조절할 수 있게 된다. 헐록(Hurlock)은 아동기의 정서발달특징을 〈표 2-15〉와 같이 제시하였다(손홍숙, 재인용, 2008)

표 2-15 헐록의 아동기 정서발달특징

- 아동기 정서는 경과시간이 짧다. 아동기 정서는 보통 4~5분간 지속되다가 갑자기 종식된다. 그러나 성장해감에 따라 정서의 외적 동작에 대한 표출에 사회적 제약이 가해지므로 정서는 기분으로 바뀌어 원만하게 표출된다.
- 아동의 정서는 강렬하다. 이 정서적 반응에는 일반적으로 강도의 차이가 없다. 그러므로 이따금 어른들을 놀라게 하는 일이 있다.
- 아동의 정서는 변하기 쉽다. 웃다가도 어느 사이에 울고, 질투하다가도 애정으로 바뀌며, 화냈다가도 이내 미소로 급속하게 변해 가는 것이다. 이와 같이 변하기 쉬운 것은 정서를 보유하는 일이 없이 표출함으로써 나타난다. 이것은 미약한 인지적 발달과 적은 경험 때문이다.
- 아동의 정서는 성인보다 자주 나타나며 그것은 성장함에 따라 아동이 여러 장면에 적응하는 능력을 더하여 가기 때문이다.

아동기 정서의 또 다른 특징은 영아기에 비해 표현능력과 조절능력에 있어서 현저한 변화를 보인다는 것이다. 특히, 타인의 정서를 이해하는 능력과 자신의 정서를 조절하는 능력이 탁월해지는데, 다른 사람의 정서를 설명할 때 서로 상반되는 두 가지 이상의 단서를 고려하는 능력이 아동기에 발달하는 정서의 특징이다. 앞에서 아동기에는 보존개념이나 서열화 등 다면화된 인지능력이 발달하게 됨을 언급했는데, 정서발달에서도 아동은 두 가지 이상의 혼합정서를 경험할 수 있다는 사실을 깨닫게 된다. 예를 들어, 부모님이 시험을 잘 보면 원하는 선물을 주겠다고 약속했을 때, 선물을 받을 생각을 하면 매우 기쁘지만 동시에 시험을 잘못 볼까 봐 걱정스럽기도 한, 두 가지 정서상태를 이해하게 된다.

혼합정서의 발달을 5단계로 나누어 설명하는 연구(Harter & Brassard, 1987)는 〈표 2-9〉와 같으며 우리나라 아동을 대상으로 한 연구(유경, 2000)에서도 아동의 연령별 혼합정서에 따른 이해수준의 발달단계가 보고되었다(김미영 외, 2010). 아동이 만7~8세 정도가 되면 정서조절능력이 급속도로 발달하여 부정적 정서를 조절하는 것을 배우게 된다. 즉, 질투, 자랑, 죄의식, 걱정과 같은 정서에 대한 인지능력이 발달하게 되며, 만10세가 지나면 우울, 안도, 실망, 수치심 같은 좀 더 복잡한 정서를 이해할 수 있게 된다.

표 2-16 하터와 브라사드(Harter & Brassard, 1987)의 혼합정서발달 5단계

단계	연령	특성	반응
0	5.2세	두 가지 정서가 유발되어 공존할 수 있다는 사실을 완전히 부정한다.	"두 가지 기분을 한 번에 느낄 수 없어요. 왜냐하면 마음은 하나밖에 없으니까"
1	7.3세	두 가지 정서가 동시에 유발된다는 것을 이해하지만, 하나의 대상에 대해 동일한 정서가(same valence)의 혼합 정서들이 유발되는 조합에 국한된다. 이 수준의 아동들은 두 가지 정서가 각기 다른 대상을 향하는 것도 불가능하고 상반된 정서가의 정서들이 동시에 발생한다는 것도 불가능하다고 생각한다.	"형이 나를 때리면 나는 화가 나기도 하고, 슬프기도 해요" "나는 크리스마스에 예쁜 강아지를 선물 받아서 신나고 좋았어요"
2	8.7세	두 가지 정서가의 정서들이 각각 상이한 대상들에 대해 동시에 유발될 수 있다는 것을 이해한다. 그러나 이러한 아동들은 상반된 정서가를 갖는 정서들이 동시에 발생할 수 있다는 것을 부정한다. 아동들은 동일 정서가의 정서 세트 내의 상이한 정서들의 차이를 이해하고 적절히 적용할 수 있지만 정적 정서와 부적 정서의 세트를 동시에 통합하지 못하므로 정적 정서와 부적 정서가 동시에 유발될 수 있다는 것을 이해하지 못한다.	"나는 멕시코에 갔을 때 즐겁기도 했고, 할아버지를 만나서 기쁘기도 했어요" "나는 동시에 기쁘거나 무서워할 수 없어요. 그렇게 되려면 아마 나는 한 번에 두 사람이 되어야 할 거예요"

단계	연령	특성	반응
3	10.1세	아동들은 주요한 개념의 이해가 향상되었다는 것을 보여 주는데, 동시에 유발된 상반되는 정서가의 혼합 정서들을 이해하게 된다. 그러나 이러한 정서들은 각기 상이한 대상에 대해서만 유발되는 것으로 이해된다. 따라서 부적 정서는 사건의 부적인 측면만을 향하게 되고 정적 정서는 사건의 정적인 측면에만 향하게 된다.	"난 형이 날 때려서 화가 났어요(부적 정서). 그러나 동시에 나는 아빠가 형을 나중에 혼내준다고 하셔서 정말 기뻤어요(정적 정서)"
4	11.3세	동일한 대상에 대해 상반된 정서가의 정서들이 동시에 유발될 수 있다는 것을 이해하고 그에 대한 적절한 예를 들 수 있다. 이 수준에서는 아동들은 이전 단계에서의 제한들을 모두 극복하게 되며 표상적 체계를 완성한다. 이러한 인지적 발달은 한 사건을 정적 차원과 부적 차원으로 변별할 수 있고 통합할 수 있게 해준다.	"나는 선물을 받아서 기뻤지만 내가 원하던 것이 아니어서 화가 났어요" "나는 새로운 모임에 들어가게 되어 기뻤지만 아는 사람이 없어서 조금 걱정되었어요"

출처: 권민균(2005). 아동발달. 창지사.

(2) 정서지능

❶ 정서지능의 개념

정서지능(emotional intelligence)에 대한 개념은 1990년 예일 대학의 심리학자 셀로비(Salovey)와 뉴햄프셔 대학의 심리학자 메이어(Mayer)가 처음으로 사용하였다.

정서지능이란 개념에는 정서와 지능의 개념이 결합되어 있는데, 정서지능을 연구했던 학자들(Mayer, DiPaolo & Salovey, 1990; Salovey & Mayer, 1997; Salovey & Mayer, 1990)에 의하면, 정서란 한 개인이 사회 속에서 맺는 관계를 반영하는 내적인 경험이다. 이러한 관계는 개인과 다른 사람과의 관계뿐만 아니라 가족과 사회와의 관계 그리고 한 개인 내부의 기억과의 관계 또한 포함된다. 정서지능은 그러한 정서적인 양상의 의미를 파악하고, 그것을 기초로 문제를 풀고 추론하는 능력이다. 정서지능이란 정서를 정확히 평가하고 표현하는 능력, 감정에 접근하고 사고를 촉진시킬 수 있는 정서를 발생시킬 수 있는 능력, 정서 및 정서와 관련된 지식을 이해하는 능력, 그리고 정서적-지적 성장을 도모하기 위하여 정서를 조절하는 능력 등을 포함한다(신재은, 1997, 재인용). 결국 인간의 정서적인 능력을 지능의 범주에 포함시킨 것으로서, 인간의 능력을 평가하는 데 있어서 단지 지적 능력만이 아닌 정서적 측면을 고려하여 인간행동을 다차원적으로 이해할 수 있는 개념이다. 메이어와 셀로비(Mayer & Salovey, 1997)는 수정된 정서지능의 정의에 따라 4영역 4수준 16요소로 구분하여 〈표 2-17〉과 같이 정리하였다.

표 2-17 정서지능의 4영역 4수준 16요소

영역	구성요소
영역 I 정서의 인식과 표현	수준1: 자신의 정서를 정확하게 인식하기 수준2: 타인의 정서를 정확하게 인식하기 수준3: 정서를 정확히 표현할 수 있고 그 정서와 관련된 욕구를 표현하기 수준4: 표현된 정서를 구별하기
영역 II 정서의 사고 촉진	수준1: 정서를 사용하여 중요한 정보에 주의 집중함으로써 사고의 우선순위를 결정하기 수준2: 생생한 정서를 불러일으킴으로써 정서와 관련된 판단이나 기억하기 수준3: 정서를 좀 더 효율적이고 세련된 사고에 도움을 줄 수 있도록 수용하기 수준4: 정서상태에 따라 다른 문제 해결 접근을 하기
영역 III 정서지식의 활용	수준1: 정서 간의 관계를 이해하고 명명하기 수준2: 정서가 전달하는 의미를 이해하기 수준3: 복잡하고 복합적인 정서를 이해하여 활용하기 수준4: 정서 간의 전환에 대한 양상을 추론하기
영역IV 정서의 반영적 조절	수준1: 정서에 대해 개방적으로 수용하기 수준2: 정서의 유익성과 실용성을 반영하여 정서를 지속시키거나 벗어나기 수준3: 자신과 타인과의 관계 속에서 정서를 반영적으로 점검하기 수준4: 정서가 전달하는 정보를 축소, 과장, 왜곡하지 않고 자신과 타인에 대한 정서를 관리 · 조절하기

출처: Mayer & Salovey(1997).

정서지능이 높은 사람은 인성적으로 훌륭하고 자기주장이 확실하며 스트레스 상황에서도 잘 견딘다. 이러한 사람은 퇴행적 행동이나 위축된 행동이 매우 적으며 어려운 상황에 부딪혔을 때 피하거나 절망하고 포기하기보다는 적극적으로 어려움을 극복하기 위해 최선을 다해 노력한다. 자신이 세운 목표를 향해 열정을 가지고 자신이 할 수 있는 모든 방법을 동원하여 적극적으로 추구한다. 즉, 정서지능은 아동이 성장하면서 타인과의 관계를 잘 맺기 위한 방법을 터득하는 데 있어서 필요한 조절능력으로 볼 수 있다. 자신이나 타인의 정서를 인식하고 조절하는 데 어려움을 겪는 사람들은 대인관계 또한 원활하지 못하며, 문제상황에 직면할 때 그에 대한 대처능력도 떨어진다. 따라서 정서지능의 발달은 아동의 건강한 발달을 위해 중요한 부분이라 할 수 있다.

아동의 신체적 건강관리

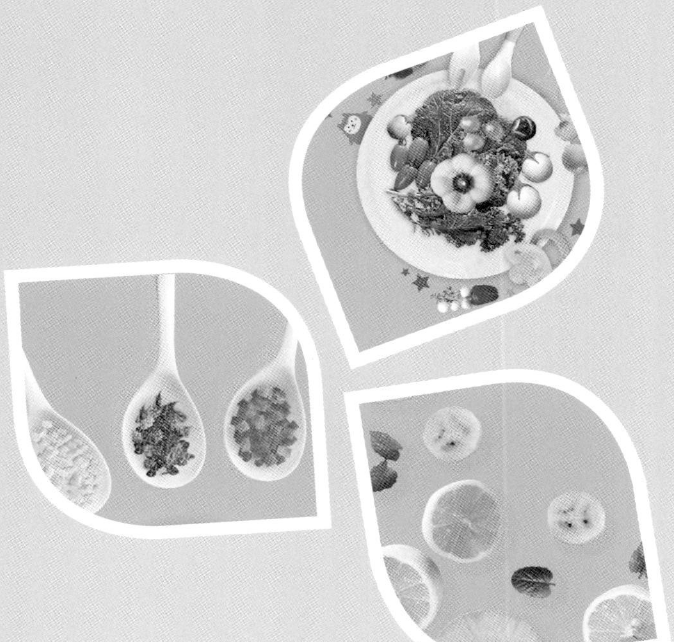

Chapter 3

배울 내용

1. 아동의 신체건강문제
2. 아동의 영양건강문제
3. 아동의 신체 및 영양관리증진

학습목표

1. 아동의 구체적인 신체건강문제들을 익힌다.
2. 아동의 영양건강문제들을 익힌다.
3. 아동의 신체건강증진방안들을 이해하고 숙지한다.

1. 아동의 신체건강문제

아이는 태어나면서 신체운동능력의 발달을 기초로 해서 다양한 영역, 즉 인지, 언어, 사회성 및 정서발달을 경험하게 된다. 이처럼 신체적 건강은 인간의 삶에 있어 가장 중요한 핵심 중의 하나이다. 신체적으로 건강하다는 것은 인체가 스스로 균형을 유지하고 환경에 적절하게 대처하고 잘 적응할 수 있는 상태를 의미한다. 그러나 신체적으로 건강하지 못해 병이 발생하면 몸의 균형이 깨지고 몸의 조절능력이 상실되어 항상성이 깨지게 된다. 특히, 아동의 신체건강문제는 아이에게 평생 부정적인 영향을 미치게 되는 요인이 되기도 한다. 그러므로 아이에게 발생할 수 있는 다양한 신체건강문제의 종류를 알고 적절하게 예방하고 치료하는 것이 무엇보다도 중요하다고 할 수 있다. 아동에게 발생할 수 있는 대표적인 신체건강문제를 구체적으로 살펴보면 다음과 같다.

1) 기저귀 피부염

기저귀 피부염은 여러 가지 원인으로 기저귀를 차는 부위에 나타나는 다양한 염증반응을 의미한다. 즉, 기저귀의 직물 자체에 의한 마찰이나 기저귀 차는 부위의 수분에 의해 침연(피부가 물러져서 벗겨짐)이 일어나서 피부의 일차 방어기능이 감소됨으로써 외부의 다양한 자극물질에 의해 피부염이 발생되는 경우이다. 따라서 기저귀 피부염은 기저귀가 닿는 돌출부위, 즉 둔부, 성기부, 하복부 및 치골부위와 상부대퇴부에 흔히 발생하고, 처음에는 붉은색의 피부 발적(홍반)이 나타나지만 증상이 심한 경우 작은 물집이 생기고, 피부가 얇게 벗겨지며, 진물이 나오는 경우도 있다.

기저기 피부염의 경우 장기간 기저귀를 사용하지 않으면 기저귀 피부염은 저절로 좋아지는 것으로 알려져 있다. 하지만 영아의 경우 기저귀를 사용하지 않고 생활하기는 불가능하기 때문에 예방이 중요하다. 기저귀 피부염을 예방하기 위해서는 첫째, 청결과 건조가 중요하다. 즉, 자극요인을 제거하는 것이 필요하다. 둘째, 기저귀의 종류, 기저귀를 갈아주는 빈도, 기저귀의 흡수성, 기저귀 세탁 시의 세제 등에 신경을 쓰는 것이 좋다. 기저귀의 종류와 갈아주는 횟수는 〈표 3-1〉과 같다.

표 3-1 기저귀의 종류 및 교체 횟수

구분	내용
기저귀의 종류	기저귀는 일회용 기저귀와 빨아서 반복 사용하는 면기저귀가 있다. 최근의 일회용 기저귀는 흡습성이 좋은 것으로 알려져 자주 갈아주기만 하면 면기저귀와 차이가 없을 것으로 생각하기 쉽지만 흡습성만 믿고 외출 시 오랫동안 일회용 기저귀를 채워 두면 기저귀 피부염이 생기거나 그 증상이 악화될 가능성이 높다. 그리고 면기저귀를 세탁할 때는 기저귀에서 세제 같은 자극물질들이 완전히 제거되도록 해야 한다.
기저귀를 갈아주는 횟수	기저귀를 갈아주는 횟수는 소변을 보는 횟수에 따라서 결정된다. 신생아의 경우, 하루 최소 10회 이상 소변을 보게 되며, 돌 무렵이 되면 7~8회로 그 횟수가 줄게 된다. 따라서 양육자는(교사 혹은 부모) 약 1시간 간격으로, 소변을 보았는지 규칙적으로 기저귀를 확인하는 것이 필요하다. 기저귀를 확인한 후 기저귀가 젖었을 때에는 기저귀를 갈아주는 것이 좋다. 그리고 기저귀를 갈아줄 때마다 기저귀가 닿는 부위를 깨끗이 물로 씻어주고, 습기가 남지 않도록 건조시켜 주는 것이 필요하다. 그리고 여러 종류의 연화제를 피부에 발라 줌으로써 기저귀 피부염이 발생하지 않도록 해야 한다.

2) 영아돌연사증후군

영아돌연사증후군(Sudden Infant Death Syndrome: SIDS)은 아이가 생후 1년 이내에 뚜렷한 원인 없이 갑작스럽게 사망하는 것을 의미한다. 즉, 돌 전의 건강한 아기가 갑자기 사망하는 경우로 부검이나 사망 당시의 상황이나 사후검사, 병력 검토를 해 보아도 사망의 원인을 찾을 수 없는 갑작스런 죽음을 말한다. 대부분 생후 1~5개월 영아에게 가장 많이 발생하고 우리나라에서는 1년에 70~80건 정도 발생하는 것으로 알려져 있다. 영아돌연사증후군의 대표적인 위험인자는 〈표 3-2〉와 같다.

표 3-2 영아돌연사증후군의 위험인자

시기	위험인자
모체 및 출생 전	자궁 내 저산소증, 태아의 성장지연, 임신 중 흡연, 요로 감염, 빈혈, 임신 중 약물복용, 영양부족, 낮은 사회 · 경제적 수준, 어머니 연령이 어리고 수준이 낮음, 태반 무게의 증가, 임신 간격이 짧음
신생아기	성장장애, 질식, 미숙아(재태기간 37주 이내), 저체중아(몸무게 2,500g 이하)
출생 후(영아기)	엎드려 자는 자세, 양육자의 흡연, 이부자리가 너무 푹신함, 바닥면이 물침대나 소파, 영아 외에 다른 사람과 침대에서 같이 잠, 너무 덥게 감싸 줌, 최근의 발열성 질환, 남아, 연령(1~5개월)
기타	추운 계절, 인종(흑인, 미국원주민, 마오리족 등)

영아돌연사증후군의 원인은 아직 정확하게 밝혀지지는 않았지만, 일반적으로 삼중위험이론(Triple risk model)으로 설명하고 있다[그림 3-1].

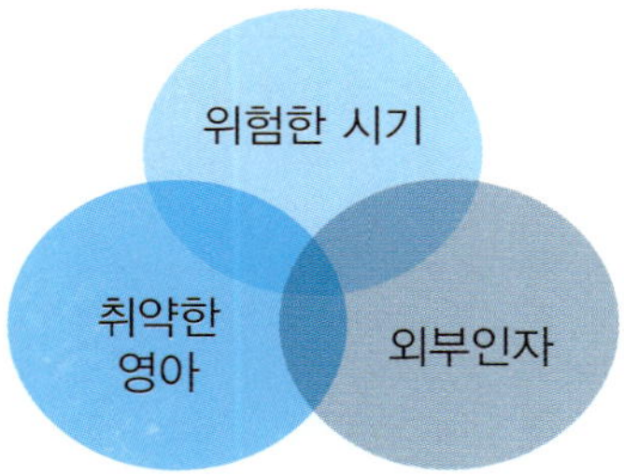

그림 3-1 삼중위험이론

이 이론은 취약한 영아와 위험한 시기 및 외부인자의 상호작용에 의해 영아돌연사증후군이 발생한다고 보는 이론이다. 즉, 취약한 영아는 6:4의 비율로 남아에서 많이 발생하고, 위험한 시기로는 1~5개월 사이의 연령에서 가장 많이 발생하며, 95%가 생후 6개월 전에 발생하고 있다. 외부인자로는 과도한 난방, 봉제인형이나 베개 등에 덮이거나 조임, 모체의 흡연이나 약물 복용, 출산 연령이 낮거나, 영양부족, 임신간격이 짧을 경우에 발생할 확률이 높다고 주장하는 이론이다.

영아돌연사증후군을 완벽하게 예방할 수 있는 방법은 없지만 위험을 낮출 수 있는 방법은 아기를 재울 때는 엄마와 같은 방에 재우되, 별도의 아기 침대나 요에 천장을 향해 똑바로 눕혀서 재우는 것이 가장 안전하다. 왜냐하면 영아가 엎드려 숨을 쉬면서 나오는 이산화탄소가 영아 주변 이부자리에 정체되어 있다가 영아가 숨을 들이쉴 때 다시 영아의 호흡기를 통해 들어가는 현상이 반복되고 영아의 뇌에 점점 산소가 부족해지게 되고 결국 잠에서 깨어나는 데 실패하게 되어 사망에 이르게 되기 때문이다. 또한 임신 중 또는 출산 후 엄마가 담배를 피울 경우 아기의 영아돌연사증후군 위험이 높아지게 된다. 엄마가 직접 흡연을 하지 않더라도 임신 중이나 출생 후 간접흡연도 주의를 해야 한다. 아기가 있는 곳의 온도는 따뜻하게 유지해야 하지만, 지나치게 더울 경우에는 영아돌연사증후군의 위험이 높아지므로 아기가 자는 방의 실내 온도를 적정 온도로 맞춰주는 것이 좋다. 그리고 푹신한 침구 위에 아기를 재우는 것은 위험하고 아기를 눕힐 때는 평평하고 단단한 매트리스나 요 위에 눕혀주는 것이 좋다. 영아돌연사증후군 예방방법을 종합하면 〈표 3-3〉과 같다.

표 3-3 **영아돌연사증후군 예방법**

- 영아가 엎드려 자려 해도 등을 대고 눕혀 재우도록 한다. 엎드려 자는 영아는 등을 대고 누워 자는 영아보다 영아돌연사증후군 빈도가 뚜렷하게 높다.
- 아기 침대는 안전성이 입증된 것을 사용하며 단단한 매트리스 위에 영아를 재우도록 하고 침대에 아무것도 두지 않는다. 침대커버, 베개, 충격흡수 패드, 장난감 등 부드러운 매트리스와 무거운 침대커버가 영아돌연사증후군의 위험과 관련이 매우 높다.
- 아기의 잠자는 모습을 지켜볼 수 있도록 거울이나 모니터, 폐쇄회로 TV 등을 이용한다. 6개월 이전의 아기는 5분마다, 6개월 이후의 아기는 10분마다 잠자는 모습을 점검하는 것이 좋다.
- 아기는 싸개를 사용하여 따뜻하게 하지 말고 충분한 옷을 입히도록 한다.
- 과도한 난방은 영아돌연사증후군의 위험을 높이므로 적절한 실내 온도를 유지한다.
- 영아를 흡연에 노출시키지 않도록 한다.
- 모유수유를 권장한다. 모유수유는 호흡기와 위장관계 감염 발생을 줄여주어 영아돌연사증후군 발생 빈도를 낮춘다.
- 영아를 호흡기 감염자에 노출시키지 않도록 하고 보호자는 손을 자주 씻는다.
- 공갈젖꼭지 사용이 영아돌연사증후군을 낮춰줄 수 있다는 연구결과가 있다.
- 아이가 숨을 쉬지 않거나 축 처져 있거나 몸이 파래지면, 즉각 CPR을 실시하고 119에 신고한다.

3) 아구창

아구창은 칸디다 알비칸스(Candida Albicans)라는 곰팡이로 인해 입 안에 하얀 반점이 생기는 병이다. 일반적으로 미숙아나 몸이 허약하거나 면역기능이 저하된 아이에게 생기는데, 신생아의 경우 입 안이 깨끗하지 못하거나 젖꼭지와 젖병 소독이 불량한 경우에 생길 수 있다. 증상은 입 안에 우유 찌꺼기 같은 하얀 반점이 잔뜩 깔려 있어 아파하고, 이것이 떨어질 때 피가 나기도 한다. 입 안의 곰팡이가 장으로 넘어가 설사를 일으키기도 한다.

그림 3-2 **칸디다 알비칸스(Candida Albicans) 곰팡이**

출처: https://thenaturalife.tistory.com/267.

아구창의 예방을 위해서는 신생아를 목욕시킬 때마다 부드러운 거즈에 깨끗한 물을 적셔 입 안을 잘 닦아준다. 평소 젖병과 젖꼭지 소독을 철저히 하고 보호자의 손도 늘 깨끗이 씻어야 한다.

4) 감기

감기는 호흡기 질환의 대표적인 질병으로 비인두염이라고도 하는데, 주로 바이러스 때문에 코와 인두(목구멍 근처)에 염증이 생기는 병이다. 대체로 감기에 걸리면 열이 나면서 목이 붓고 콧물이 나거나 기침을 동반하는 등 다양한 증상을 동시에 또는 차례로 경험한다. 또한 중이염, 기관지염, 축농증 및 폐렴 등의 합병증으로 발전할 수 있다.

어린아이들의 감기는 구토나 설사, 복통 같은 소화기 증상도 동반한다. 수백 종의 감기 바이러스가 있기 때문에 한 달에 2~3회 이상 각기 다른 감기에 연속적으로 걸리기도 한다. 감기는 예방이 최선이다. 따라서 얇은 옷을 여러 겹 입혀 체온을 조절하고, 외출했다 돌아오면 손발을 깨끗이 씻기고 양치질을 해준다. 실내 공기를 자주 환기시켜 깨끗하고 쾌적한 환경을 만들어 주는 것도 중요하다. 실내 온도는 20~24℃, 습도는 50~60% 정도가 적당하다.

감기로 인해 체온이 38℃가 넘으면 수건에 미지근한 물을 적셔 마사지를 해 열을 떨어뜨리고, 더 심해지면 해열제를 사용한다. 코 막힘이 심하면 가습기로 실내 습도를 50~60%로 맞춰 콧물이 잘 나오도록 도와준다. 면봉이나 코 흡입기로 무리해서 코를 빼내면 코 점막을 다칠 위험이 있으므로 삼가는 것이 좋다. 또 기침은 몸속의 나쁜 균을 내보내는 신호이므로 무조건 기침을 진정시키는 종류의 약을 먹이는 것은 좋지 않다. 기침을 많이 하다 보면 수분이 부족해지기 쉬우므로 보리차나 따뜻한 물로 수분을 충분히 보충해준다. 설사나 구토 같은 소화기 증상이 함께 나타날 때는 죽처럼 소화가 잘되는 음식을 먹이고, 역시 수분을 충분히 보충해준다. 땀이 많이 나 속옷이 축축하면 땀을 닦아주고 수시로 옷을 갈아입힌다.

5) 폐렴

폐렴은 폐에 염증이 생기는 병으로 호흡기 질환 중에서 비교적 중증질환에 속한다. 감기의 2차 감염으로 발생하는 경우가 많으며, 발열과 기침은 물론 호흡 곤란을 일으킬 수 있다. 폐렴은 주로 바이러스가 원인이지만 마이코플라즈마, 폐렴구균 등의 세균이 원인이 될 때도 있다. 폐렴은 2세 미만에서는 처음부터 폐렴으로 올 수도 있지만 2세 이후 아동은 감기, 홍역, 백일해 등을 앓은 후 2차적으로 잘 발생한다.

발열, 기침 등 폐렴의 주요 증상은 감기와 비슷하지만, 고열에 시달리며 호흡 곤란이 오는 것이 감기와 다른 점이다. 이때 호흡이 빨라지는 것이 특징인데, 호흡 수가 1분에 50회 이상이고 숨 쉴 때마다 코를 벌름거리며, 갈비뼈 아랫부분이 쑥쑥 들어간다. 또한 얼굴과 입술, 손끝, 발끝이 새파랗게 질리면서 창백해진다. 어떤 아이들은 구토와 설사, 경련이 뒤따르기도 하며 기운이 없고 식욕도 떨어진다.

6) 설사

설사는 보통 때보다 변을 보는 횟수가 증가하고 변에 물기가 많아지는 경우를 말한다. 설사 자체는 질병이 아니고 병의 증상을 의미한다. 따라서 설사를 하면 장에 나쁜 것이 있을 때 이를 내보내는 역할을 해 오히려 몸에 도움이 되는 역할을 한다. 중요한 것은 설사 자체를 빨리 멈추게 하는 것이 아니라 설사를 하는 원인을 밝혀 해결하는 것이다. 그러므로 아이가 설사를 하면 아이가 최근에 먹은 음식을 비롯해 환경적 변화 등 가능한 모든 원인을 살펴보아야 한다. 따라서 설사의 원인을 밝히기 위해서는 주의 깊은 관찰이 무엇보다 중요하다. 〈표 3-4〉와 같은 상황에서는 병원에 가서 전문가의 도움을 받는 것이 좋은데, 병원에 갈 때는 비닐봉지에 설사를 한 기저귀를 가져가거나 사진을 찍어 전문가에게 보이면 도움이 된다.

표 3-4 **병원에 가야 하는 경우**

- 설사에 코 같은 점액이나 피가 섞여 나올 때
- 자장면처럼 검은색 변을 볼 때
- 열 또는 심한 복통을 동반하는 설사
- 아이가 축 처져 있거나 힘이 없어 보일 때
- 8시간 이상 소변을 보지 않거나 소변을 보는 횟수가 현저히 줄어들 때

설사를 할 때의 대처법으로는 수분 공급이 가장 중요하다. 설사를 하면 몸에서 다량의 수분이 빠져나가 탈수 위험성이 높아진다. 따라서 설사의 원인을 찾아 치료하

는 것도 중요하지만 먼저 탈수부터 막아야 한다. 탈수를 막는 방법은 설사를 멈추게 하거나 물을 더 보충해주는 것이다.

7) 천식

천식은 만성적인 기도의 알레르기 염증질환으로 폐 속에 있는 기관지가 좁아져서 호흡곤란, 기침, 천명(음) 등 호흡기 증상이 반복적으로 그리고 갑작스럽게 발작적으로 나타나는 것을 말한다[그림 3-3].

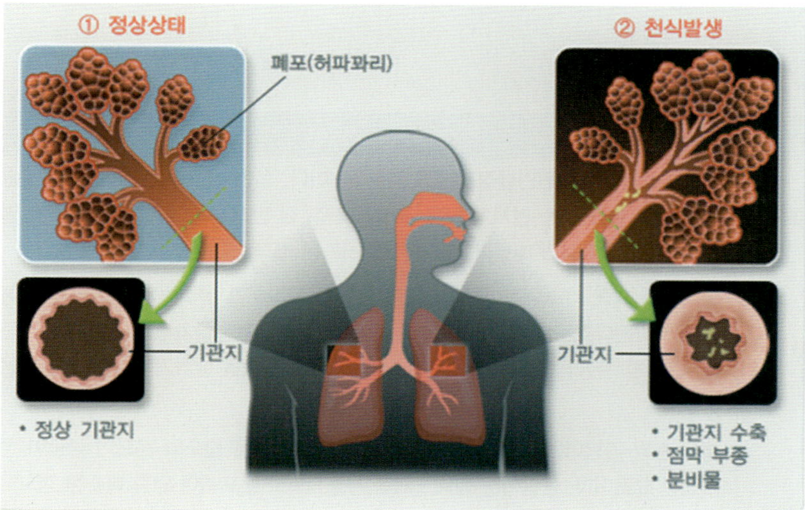

그림 3-3 천식의 발생기전

출처: 보건복지부 대한의학회

천식을 일으키거나 증상을 악화시키는 유발인자에는 천식을 발생시키는 원인이 되는 '원인인자'와 천식의 증상을 악화시키는 '악화인자'가 있다〈표 3-5〉, 〈표 3-6〉. 천식은 개인마다 다르기 때문에 아이의 천식 유발인자가 무엇인지 발견하고 그 자극인자를 제거하거나 피하는 것이 천식을 예방하는 중요한 방법 중의 하나이다.

그림 3-4 천식의 원인

출처: 보건복지부 대한의학회

표 3-5 천식의 원인인자

구분	내용
집먼지진드기	천식의 가장 흔한 원인물질은 집먼지진드기이다. 집먼지진드기는 섭씨 25℃, 습도 80%인 습하고 따뜻하며, 먼지가 많은 곳에서 가장 잘 번식한다. 사람의 피부에서 떨어진 비듬을 먹고 살며 침대 매트리스, 카펫, 천으로 된 소파, 옷, 이부자리 등에 많다.
꽃가루	꽃가루에 의해 나타나는 천식의 특징은 원인 꽃가루가 날리는 계절에만 증상이 나타나거나 악화된다. 건조하고 바람이 부는 날이면 대기 중에 꽃가루가 증가하므로 증상도 이에 따라 변화된다. 따라서 꽃가루가 날리는 때는 외출을 삼가거나 마스크를 착용하는 것이 좋다.
곰팡이	대기 중의 곰팡이는 지역에 관계없이 존재하지만 높은 습도와 온도가 곰팡이 성장에 필수적인 요소이다. 곰팡이는 실내 · 외에 공통적으로 분포하며 연중 비슷한 정도로 증상을 유발한다. 습한 지하실, 실내 화초나 목욕탕 등 실내에서 곰팡이가 자랄 수 있는 환경을 청결하게 해야 하며, 가습기를 사용할 경우 매일 깨끗이 세척해서 사용해야 한다.
애완동물	애완동물에서 가장 문제가 되는 것은 애완동물인 개와 고양이의 피부에서 떨어지는 비듬과 털이며 소변과 타액도 문제가 된다.
바퀴벌레	바퀴벌레의 허물, 몸통 가루, 배설물들이 먼지 속에 섞인 상태로 숨을 쉴 때 기관지로 들어오면 천식이 발생하게 된다.
음식물	일부 아동에서 특정 음식을 먹은 후에 천식과 비염 또는 전신적인 쇼크가 올 수 있으므로, 특정 음식을 먹은 후에 반복적으로 증상이 나타나면 음식에 의한 천식인지를 확인해야 한다. 우리나라에서는 메밀, 달걀, 꽃게, 우유, 새우, 복숭아, 밀가루, 토마토, 초콜릿, 땅콩, 사과 등이 천식을 일으키거나 악화시키는 음식물로 알려져 있다.

구분	내용
비만	비만도 천식의 위험인자로 알려져 있다. 렙틴과 같은 매개체들이 기도의 과민성과 폐기능에 영향을 주어 천식의 발병을 증가시킬 수 있다.

출처: https://100.daum.net/encyclopedia.

표 3-6 천식의 악화인자

구분	내용
기후 변화	갑자기 찬 공기에 노출되면 천식발작이 일어날 수 있으며, 날씨가 흐리거나 저기압일 때 천식 환자들은 가슴이 답답해짐을 느낄 수 있다. 그러므로 특히 겨울철 외출 시 마스크와 스카프를 착용하고 여름이나 겨울철에 실내 · 외 온도가 많이 차이 나지 않도록 실내온도를 유지해야 한다.
대기오염	봄철 황사현상에 의해서도 천식이 악화될 수 있으므로 주의해야 한다. 대기오염이나 황사가 심한 경우에는 야외에서의 운동이나 활동을 피해야 하며, 오존 주의보가 있을 때에도 가급적 외출을 삼가야 한다.
담배 연기, 화학물질, 강한 냄새	담배 연기는 강한 자극효과로 기관지 수축을 일으키며, 옆에서 담배연기를 맡게 되더라도 이런 증세가 유발되므로 아동들이 간접흡연에 노출되지 않도록 해야 한다. 이 외에도 집안에서 사용하는 자극적인 각종 스프레이, 페인트, 니스, 아세톤, 향수 등에 의해서 천식 발작이 일어날 수 있다.
상기도 감염(감기)	감기나 독감에 걸리게 되면 천식 발작이 일어날 수 있다. 따라서 천식환자는 겨울철에 독감 예방접종을 받는 것이 좋다. 독감 예방접종을 하였더라도 감기를 예방할 수 없으므로 감기가 유행하는 시기에는 감기 예방을 위한 개인위생, 즉 사람이 많은 곳은 피하고 손을 자주 씻고 안정을 취하고 몸을 보온하는 것이 무엇보다 중요하다.
식품 첨가물	아황산염들은 음식이 상하고 색깔이 변하는 것을 막기 위해 보존제, 산화방지제로 널리 사용되고 있으며 약제에도 이용되는데, 정상인에는 해가 없는 것으로 밝혀져 있다. 그러나 일부 천식 환자는 식품 첨가물에 대한 과민반응으로 천식증상이 악화될 수 있다. 아황산염은 말린 과일, 채소류, 과일 농축액, 포도주, 맥주, 과즙 등에 과량으로 들어 있으며, 특히 음식점에서 먹는 음식 중 아보카도 소스, 감자, 새우 등에 많이 들어 있어 아황산염에 예민한 천식환자는 이를 피하는 것이 좋다. 그 밖의 식품 첨가물인 황색 색소 등에 의해서도 천식 발작이 올 수 있다.
스트레스	심리적인 상태가 천식 증상 발작에 많은 영향을 미친다. 실제 시험이나 야단을 맞거나 부모의 이혼 등 정신적인 스트레스가 있을 때 천식 증상이 악화된다. 이는 심리적 긴장 시 부교감신경이 자극되어 기관지 수축이 심해지기 때문이다.

출처: https://100.daum.net/encyclopedia.

8) 중이염

귀의 고막 안의 공간을 중이(중간귀)라고 하고[그림 3-5], 중이염은 이곳이 감염되어 급성 염증이 발생한 것을 말한다. 대부분의 경우 감기의 합병증으로 발생하며 아동에게 나타나는 감염 질환 중 가장 흔한 질병 중의 하나이다.

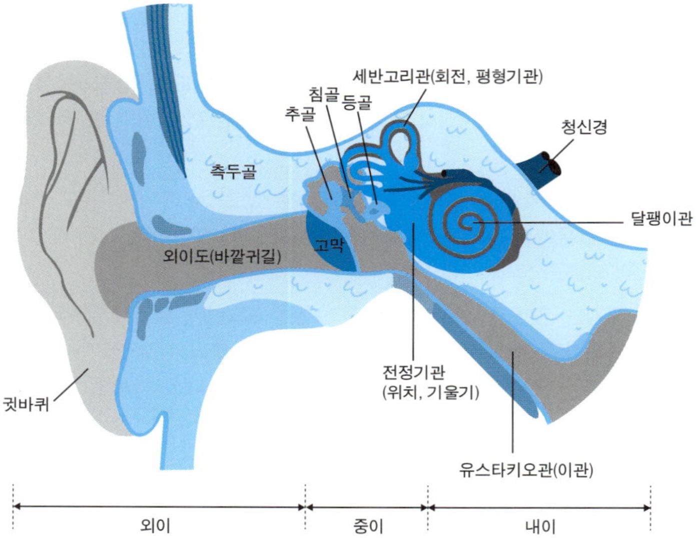

그림 3-5 귀의 구조

통계에 따르면, 3세까지 중이염을 앓은 경험이 있는 아이가 80%에 이를 정도로 많고, 다른 합병증에 비해 발생 횟수도 늘어나고 있는 추세이다. 이처럼 중이염이 많은 이유는, 아이들의 경우 귀 내부에 있는 이관(유스타키오관)이 어른에 비해 짧고 넓은 반면 각이 지지 않아 감염이 잘되기 때문이다. 감기, 알레르기, 담배 연기 같은 자극으로 이관이 부어오르면 고막 주위에 염증이 생기는 중이염이 발생한다.

중이염에 걸리면 39℃ 이상의 고열이 나고, 밤에 유난히 보채며, 젖을 먹으면 토하기도 한다. 또 귀를 만지면 자지러지게 운다. 대부분의 중이염은 감기의 합병증으로 생기지만, 알레르기성 비염이나 주위의 여러 가지 오염물질도 원인이 될 수 있다. 열이나 귀의 통증이 없는 중이염도 있는데, 대개 감기가 오래된 상태에서 발견된다. 고막이 파열되었거나 중이염이 만성화되면 귀에서 고름이 나오고, 잘 못 듣는 난청 증상을 보이기도 한다.

9) 편도선염

감기의 합병증으로 편도에 염증이 생겨 열이 나고 목이 부어 음식물을 삼키기 어렵게 되는 증상을 의미한다. 급성 편도선염의 경우 감기로 인한 2차 감염이나 세균을 통한 직접 감염이 원인이다. 급성 편도선염에 걸리면 목이 붓고 통증이 심해 음식물을 삼키기 힘들며, 온몸이 쑤시고 열이 난다. 선천적으로 편도가 비대한 아이들은 편도선염에 자주 걸릴 수 있다. 왜냐하면 편도가 비대하면 코가 막혀 입으로 숨을 쉬기 때문에 수면 무호흡증이 동반되어, 숙면을 취하지 못해 낮에는 피곤해하고 산만해지며, 심할 경우 또래 아이들에 비해 성장이 지연되기도 한다. 편도선염에 걸렸을 때는 일반적으로 안정을 취하며 충분한 수분 섭취와 함께 부드러운 음식을 먹이는 것이 좋다. 열이 나고 근육통이 있을 경우에는 항생제 치료를 받아야 한다.

10) 변비

보통 신생아들은 하루에 여러 번 묽은 변을 보지만, 3~4일에 한 번씩 몰아서 보는 경우도 있다. 아이가 잘 먹고 잘 논다면 일주일에 한 번 변을 보는 것도 정상이라고 할 수 있다. 이렇게 며칠 만에 몰아서 배변을 하는 경우 딱딱한 변은 드물고 대부분 죽처럼 퍼지는 양상을 보인다. 이런 상태는 변비라고 하지는 않는다. 하지만 생후 1~2개월 된 아이가 지속적으로 대변을 잘 보지 못하거나 복부 팽만, 체중 증가 지연을 보일 때는 갑상선 기능 저하증, 선천성 거대 결장 등이 원인일 수 있으므로 전문가의 도움을 받는 것이 좋다. 변비의 원인을 구체적으로 살펴보면 〈표 3-7〉과 같다.

표 3-7 변비의 원인

구분	내용
섬유질이 부족한 음식을 많이 먹을 때	대변은 기본적으로 먹는 것이 많으면 저절로 밀려나오기 마련이다. 하지만 무조건 많이 먹는다고 변이 만들어지는 것은 아니다. 즉, 변은 덩어리를 만들어 주는 음식을 먹어야 잘 만들어지는데, 그 덩어리를 만드는 음식이 바로 섬유질이 풍부한 음식이다. 섬유질이 많은 음식으로는 채소, 과일, 곡류가 대표적이다. 돌이 지난 아이에게 흔한 변비의 원인은 생우유를 많이 먹는 것인데, 우유에는 섬유질이 거의 없기 때문이다.
수분 섭취가 부족할 때	변비는 변이 딱딱할 때 생긴다. 우리 몸은 수분이 부족하면 대변으로 나가는 수분을 줄이기 위해 물기를 많이 흡수해 딱딱한 변을 내보낸다. 어린아이들은 목이 말라도 스스로 물을 찾아 마시지 못하기 때문에 수분 부족으로 변비가 생길 수 있다.
운동이 부족할 때	아이의 신체활동이 부족하면 장운동이 원활하지 못해 장에 변이 머무르는 시간이 길어져 변비가 생길 수도 있다. 특히, 아이가 감기 등에 걸려 아플 때, 먹는 양이 줄고 활동을 적게 하면 변비가 잘 생긴다.
아이가 변을 참는 습관이 있을 때	간혹 환경이 바뀌거나 스트레스를 받으면 대변을 보지 않고 참는 아이들이 있다. 집에서 편안할 때는 잘 보다가 낯선 장소나 유아교육기관에 가면 변을 보지 못하고 참는 일이 반복되면서 변비가 생길 수 있다. 이런 아이들은 참다가 배변할 때 항문이 찢어져 피가 나거나 통증이 심한 경험을 몇 번 하면 두려움 때문에 변을 더 참게 된다. 변을 참는 시간이 오래될수록 변이 더 딱딱해지고 커지기 때문에 악순환이 반복되는 것이다.
대소변 가리기를 너무 무리하게 시킬 때	아이가 아직 준비되지 않은 상태에서 대소변 가리기를 강요하면, 아이가 정신적 스트레스를 받아 대변보는 것 자체를 힘들어할 수 있다. 이럴 때 변비가 생기기도 한다.

출처: https://100.daum.net/encyclopedia.

11) 아토피성 피부염

아토피는 만성적으로 재발하는 심한 가려움증이 동반되는 피부 습진 질환이다. 아토피 피부염은 천식, 알레르기 비염, 만성 두드러기와 함께 대표되는 알레르기 질환의 하나라고 볼 수 있으며, 보통 태열이라고 부르는 영아기 습진도 아토피 피부염의 시작으로 볼 수 있고, 나이가 들면서 점점 빈도는 줄어들지만 소아, 청소년, 성인에 이르기까지 호전과 악화를 보이며 만성적인 경과를 보이기도 한다. 1970

년대까지는 6세 이하 유아의 3%에서만 앓고 있다고 보고되었지만 최근에는 유아 20%, 성인에서도 1~3% 발생하는 것으로 나타나 아토피성 피부염은 최근 증가 추세에 있다.

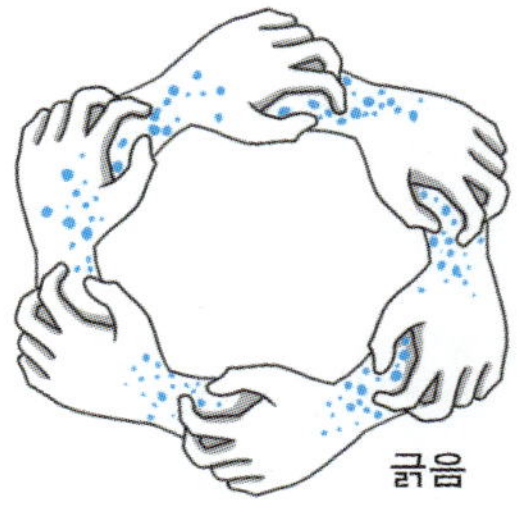

그림 3-6 아토피의 특징

아토피성 피부염의 가장 큰 특징은 심한 가려움증과 외부의 자극 혹은 알레르기 유발물질에 매우 민감하게 반응한다는 점이다. 가려움증은 보통 저녁에 심해지고, 이 때 피부를 긁음으로써 피부의 습진성 변화가 발생하는 것이 특징이다. 그리고 습진이 심해지면 다시 가려움증이 더욱 심해지는 악순환을 반복하게 된다. 아토피성 피부염은 연령에 따라 특징적으로 나타나는 부위가 다르다. 생후 2세까지의 영아에게는 주로 머리, 얼굴, 몸통, 팔다리가 펴지는 부위에 붉고, 습하고 기름지고 딱지를 형성하는 급성기 습진으로 나타나지만 사춘기 이전까지의 아동기에서는 이마, 눈 주위, 귀 주위, 사지 접히는 부위의 피부가 두꺼워지고 건조해지는 습진이 나타나는 것을 볼 수 있다.

12) 열성경련

열성경련이란 중추신경계의 감염이나 대사 질환 없이, 감기나 기타 열이 나는 병에 걸려 열이 날 때 경련하는 것을 말한다. 대부분의 열성경련은 6개월에서 3세에 나타나고 5세 이후에는 드물게 발생하며, 남아가 여아에 비해 2배의 발생률을 보이고, 가족력을 가지고 있는 것이 특징이다. 대개 열이 갑자기 오를 때 의식이 없어지면서 눈이 한쪽으로 돌아가고 팔다리가 뻣뻣해지거나 까딱까딱 움직이는 모습을 보인다. 열이 나면서 경련하면 대부분 열성경련이며, 이는 별다른 문제 없이 좋아진다. 보통 몇 분 이내에 멈추며 길어야 15분 정도 하는데, 열성경련 때문에 머리가 나빠지거나 간질을 보이지는 않는다. 단순 열성경련은 아이가 어릴 때 일시적으로 하는 것뿐이다.

표 3-8 단순 열성경련이 아닐 가능성이 높은 경우

- 15분 이상 경련할 때
- 하루 동안 2회 이상 경련할 때
- 몸의 한쪽 부분만 비대칭적으로 경련할 때
- 호흡을 15초 이상 멈출 때

〈표 3-8〉과 같이 단순 열성경련이 아닐 가능성이 높은 경우에는 문제가 생길 가능성이 있고, 경련의 원인에 대한 검사가 필요하므로 바로 병원에 가는 것이 좋다. 열이 나지 않으면서 갑자기 경련한다면 분명 무슨 문제가 있다는 의미이다. 경련성 질환, 즉 간질이나 뇌 손상, 전해질 불균형, 저혈당 등 경련을 일으킬 만한 원인을 찾아야 한다. 특히, 경련이 2분 이상 지속되거나, 15초 이상 호흡을 멈추거나, 머리의 외상 후 갑자기 경련한다면 바로 응급실로 가야 한다. 경련을 할 때 병원에 가는 경우는 〈표 3-9〉, 경련을 할 때 대처법은 〈표 3-10〉과 같다.

표 3-9 경련할 때 병원에 가야 하는 경우

- 열 없이 경련할 때
- 머리를 다친 후 경련할 때
- 열이 나면서 경련하지만 5분 이상 지속될 때
- 열이 나면서 경련하지만 15초 이상 숨을 쉬지 않을 때
- 경련이 여러 차례 반복될 때
- 몸의 한쪽 부분만 비대칭적으로 경련할 때

표 3-10 경련 시 응급처치방법

구분	내용
경련할 때는 편안한 자세로 기도를 확보한다.	아이를 눕히고 옷을 벗기거나 풀어 편안한 자세를 만들어 준다. 움직이는 손발을 억지로 잡지 말고 옆에서 지켜본다. 아이가 토하면 고개를 옆으로 돌려 토한 것이 기도로 넘어가지 않게 해준다. 아이가 혀를 깨무는 일은 거의 없으므로 입 안에 숟가락이나 손수건 등을 억지로 밀어 넣지 않는다. 특히, 열성경련일 때는 열을 잘 떨어뜨려야 하는데, 물수건으로 전신을 닦아주거나 좌약을 넣을 수 있다. 가장 중요한 것은 보호자(부모 혹은 교사)가 당황하지 않는 것이다.
경련 양상을 잘 관찰하고 필요 시 119를 부른다.	아이가 경련하면 당황하지 말고 어떤 양상을 보이는지 잘 관찰해야 한다. 열이 몇 도인지, 눈동자가 어떤지, 팔다리의 움직임은 어떤지, 몇 분간 경련이 지속되는지 등을 알고 있어야 원인을 밝히는 데 도움이 된다. 즉, 아동 발작의 양상(경련시작 증상, 경련 시 움직임), 기간 및 특징을 잘 기록해 두었다가 병원에서 진료를 받을 때 의료진에게 설명하는 것이 치료에 효과적이다. 또한 앞서 말한 병원에 바로 가야 하는 경련에 해당된다면 119를 부르거나 신속하게 응급실로 간다.
열성경련이 자주 나타난다면 체온을 자주 재고 미열에 해열제를 먹인다.	열이 나면서 경련하는 아이들은 감기나 기타 열이 나는 병에 걸렸을 때 더욱 신경 써서 체온을 자주 재고, 미열이 있을 때 해열제를 먼저 먹여 열이 나지 않게 해주어야 한다. 한번 열성경련을 한 아이는 3명 중 한 명 꼴로 재발한다. 따라서 열성경련을 한 번이라도 한 적이 있다면 보호자(부모 혹은 교사)가 미리 이에 대한 공부를 해두어 다음 번 경련에 대비해야 한다.

2. 아동의 영양건강문제

1) 모유수유

모유는 아기를 키우기 위해서 신이 내린 선물이라고 한다. 왜냐하면 모유는 아기가 성장하는 데 필요한 최고 품질의 영양이 풍부하게 들어 있기 때문이다. 특히, 모유에는 엄마 뱃속에서는 받을 수 없었던 면역성분이 풍부하게 들어 있어 병에 대한 저항력이 강한 아이로 키울 수 있다. 모유수유가 아이와 엄마에게 주는 장점은 〈표 3-11〉, 〈표 3-12〉와 같다.

표 3-11 아이의 모유수유 장점

구분	내용
감염에 대한 면역	모유는 아기의 첫 번째 예방주사라고 할 만큼 질병 예방에 아주 중요한 역할을 한다. 특히, 초유는 면역성분이 농축된 젖이기 때문에, 출생 후 첫 수일간 나오는 초유를 아기에게 먹이는 것이 매우 중요하다. 분유 수유아는 모유 수유아에 비해 장염(3배), 중이염(3배), 뇌막염(3.8배), 요로감염(2.5~5.5배), 폐렴 및 하기도 감염(1.7~5배)에 더 잘 걸리는 것으로 보고되고 있다.
알레르기 예방	분유 수유아는 모유 수유아에 비해 아토피성 피부염 및 천식을 보일 확률이 2~7배 높다.
기타 질병 예방	림프종, 백혈병, 고지혈증, 영아돌연사증후군(2배), 1형 당뇨(2.4배)뿐만 아니라 2형 당뇨도 분유를 먹은 아이가 더 많이 걸린다.
과체중과 비만 예방	모유를 먹여서 키운 아기는 만3~4개월까지는 분유를 먹여 키운 아기와 몸무게 차이가 별로 없지만 만4~12개월 사이에 분유를 먹는 아이는 모유를 먹는 아기에 비해서 키는 같지만 몸무게가 더 많이 늘어난다. 즉, 모유를 먹인 아기가 분유를 먹인 아기에 비해서 비만이 될 가능성이 적다.
정서적인 이득	출산으로 낯선 환경에서 불안하고 힘든 아이에게 엄마의 젖가슴은 엄마의 자궁 안보다는 못하지만 그에 버금가는 편안한 안식처가 된다. 즉, 힘들 때 엄마 젖을 빨고 엄마 얼굴을 쳐다보면서 위안을 삼을 수 있다.

표 3-12 엄마의 모유수유 장점

구분	내용
젖을 먹이면 지속적인 호르몬 변화 때문에 산후 회복이 빨라진다.	젖을 먹이면 힘들어서 산후조리가 되지 않을 것이라고 생각하는 경우가 있지만 사실은 그렇지 않다. 아이가 젖을 빨면 옥시토신이라는 호르몬이 분비되어 자궁 수축이 촉진되기 때문에 출생 후 출혈을 줄여주어 산후 회복을 촉진시키고 합병증을 감소시키는 효과가 있다.
젖을 먹이면 더 빨리 쉽게 엄마다움을 체득할 수 있다.	내 품에 아기를 안고 젖을 먹이고 재우다보면 사랑의 호르몬이라는 옥시토신과 프로락틴이 계속 왕성하게 분비되어 자연스럽게 모성애라는 감정을 가지게 된다. 옥시토신은 또한 통증을 줄이는 역할도 하며, 젖을 먹이는 여성은 스트레스 호르몬인 스테로이드 수치도 낮다. 그 결과 아기를 보살피고 아기와 교감을 나누는 것이 쉽게 이루어지게 된다.
산후우울증이 적다.	모유수유를 하는 엄마들은 젖을 먹이지 않거나 일찍 젖을 뗀 엄마들보다 산후우울증이 적은 것으로 알려져 있다. 또한 연구에 의하면 젖을 먹였던 엄마들은 아이를 학대하거나 방치하는 경우가 모유수유를 하지 않은 엄마에 비해 적다.

구분	내용
젖을 먹이면 아기 키우기도 쉽다.	모유는 엄마가 준비하지 않아도 되고 항상 일정한 온도로 아기가 원하면 언제라도 바로 줄 수 있다. 우유병처럼 소독을 할 필요도 없다. 먹다가 남은 분유는 버려야 하지만 모유는 쉬었다가 다시 먹여도 상관이 없다.
젖을 먹이면 엄마가 날씬해진다.	모유를 먹이는 엄마는 임신 중 몸에 저장해 둔 지방을 활용하여 젖을 만들기 때문에 몸무게가 빨리 줄게 된다. 특히, 배에 쌓였던 지방이 많이 빠져나가 임신 전 몸매로 돌아가기가 쉽다.
젖을 먹이면 엄마가 여러 가지 질병에 적게 걸린다.	엄마가 젖을 오래 먹일수록 성인병(고혈압, 고지혈증, 심혈관 질환, 당뇨병)과 류마티스 관절염이 적어진다. 특히, 임신성 당뇨병을 앓지 않은 엄마들이라면 1년 더 젖을 먹일수록 2형 당뇨병이 4~12% 줄어든다. 엄마가 여러 아기에게 오래도록 젖을 먹이면 폐경 전 유방암과 난소암도 적어지는데, 특히 모유수유 기간이 1년 늘어날 때마다 유방암이 4.3%씩 감소하게 된다.

2) 이유식

생후 2년 동안의 영양은 아동의 성장과 발달뿐 아니라 성인이 되어서도 건강에 장기적으로 영향을 미친다. 영유아기의 맛 선호도는 평생 지속될 수 있으므로 처음부터 달고 짠맛에 길들여지지 않도록 주의해야 한다. 이 시기의 영양공급은 주로 양육자에게 전적으로 의존하게 되므로 올바른 보충식 관련 지식을 알고 있는 것이 중요하다.

보충식이란 영아가 어른들이 먹는 음식으로 점차 바꾸어 나가기 위해 모유 또는 분유 외에 주는 음식을 의미한다. 우리나라에서는 이유식이란 용어를 흔히 쓰고 있으나 모유나 분유 외에 추가로 영양을 보충하는 것이지 완전대체가 아니므로 이유기의 보충식이 더 정확한 용어이다. 즉, 이유기란 모유 또는 분유의 액상식에서 고형식으로 옮기는 시기를 의미한다. 보충식은 한 번에 한 가지 음식을 추가하고, 새로운 음식을 시작한 뒤에는 약 3~7일간 주의 깊게 관찰하여 알레르기 반응 등이 나타나는지 살펴보아야 한다. 보충식으로 주는 식품의 순서가 엄격하게 정해진 것은 아니지만 소화되기 쉽고 알레르기도 일으키지 않는 쌀미음이 권장되며, 초기부터 철분 강화 곡분이나 육류 등으로 철분을 공급해야 한다[그림 3-7].

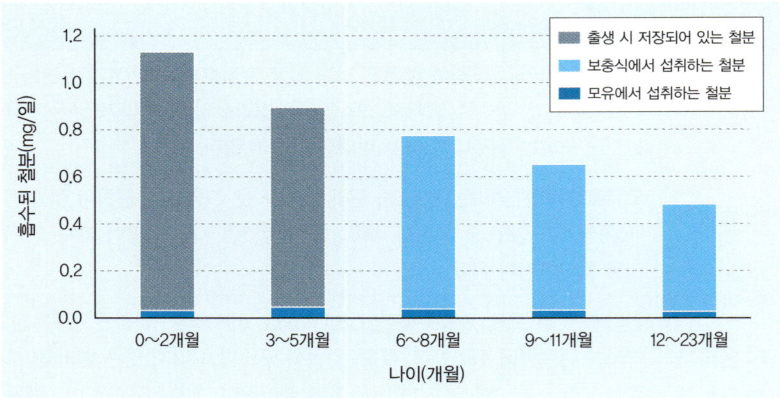

그림 3-7 연령별 필요한 철분

출처: 보건복지부 대한의학회

3) 비만

비만이란 단지 체중이 많이 나가는 것을 말하는 것이 아니라, 지방세포의 수가 증가하거나 크기가 커져 피하층과 체조직에 과도한 양의 지방이 축적되어 있는 상태를 의미한다. 그러므로 정상적으로 신체 지방의 양이 증가하는 시기인 1세 이전, 5~6세, 사춘기에 열량의 과도한 섭취와 운동 부족 등으로 인한 에너지 소비의 불균형이 초래되면 잉여 열량이 체지방으로 축적되므로 소아비만이 가장 많이 발생하게 된다.

최근 사회 경제의 발전과 함께 국민 생활이 부유해지고 생활 문화가 변화하면서 손쉽게 먹을 수 있는 과자, 스낵류, 패스트푸드, 음료수 등의 범람으로 지방이 높고 칼로리가 많은 식품 섭취가 증가하게 되었다. 그리고 뛰어 놀고 운동하면서 에너지를 소비할 기회가 줄어 운동 부족이 뚜렷해짐에 따라 최근 소아비만이 현저히 증가하고 있다.

서울시 학교 보건원의 자료(최근 18년간 비만아 증가 양상)에 따르면, 여자보다 남자가, 그리고 중 · 고등학교 연령층보다 초등학교 연령층이 더 높은 증가세를 보였다는 사실이며, 또 한 가지 중요한 사실은 비만아 중에서도 표준체중보다 50% 이상 체중이 더 나가는 고도비만아의 비율이 증가하고 있다는 것이다. 소아비만은 성인비만과 마찬가지로 고지혈증, 지방간, 고혈압과 당뇨병 같은 성인병을 조기에 보일 수 있을 뿐만 아니라, 특히 고도비만아(비만도 150% 이상)에서는 고지혈증(61%), 지방간(38%), 고혈압(7%), 당뇨병(0.3%) 등 78% 이상이 합병증 중 한 개의 합병증을 가지고 있고, 과반수 이상이 성인비만으로 이행되므로 치료하기 어려운 만성질환으로 취급하고 있다[그림 3-8].

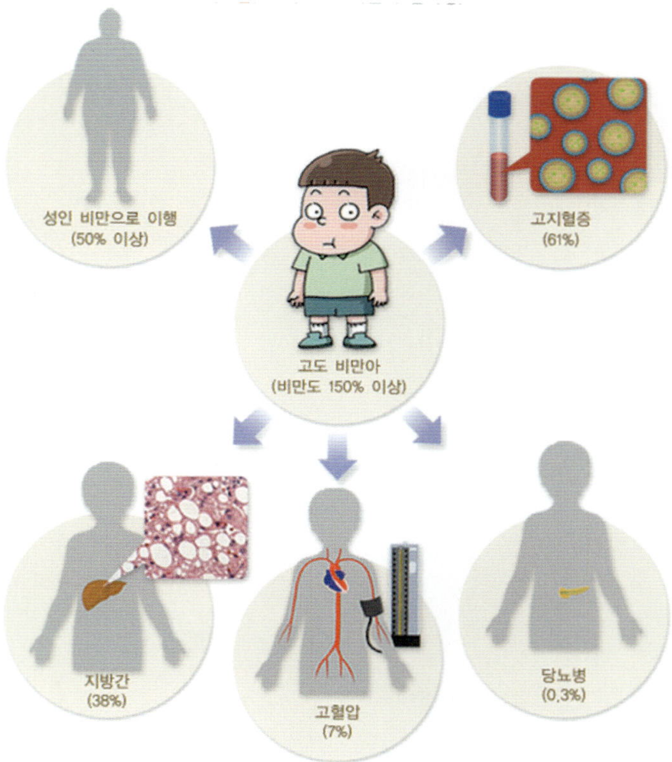

그림 3-8 소아 고도비만의 심각성

출처: 보건복지부 대한의학회

소아비만은 50% 이상이 6세 이전에 시작된다. 구체적으로 생후 1년에는 체지방률이 25~26%까지 증가하므로 토실토실하게 보여 비만해 보이나 첫돌이 지나면 대부분 정상 체형으로 된다. 그러나 너무 살찐 아이의 경우 소아비만으로 진행되기도 한다. 1~6세까지는 체중에 비해 키가 상대적으로 빠르게 성장하므로 정상 체형으로 되지만, 3세경부터는 비만에 주의해야 한다. 6세부터는 체중이 키보다 빠르게 증가함에 따라 다시 체지방이 증가하므로 4~11세 사이에 시작된 비만의 대부분이 성인비만으로 진행하여 고도비만으로 되는 경우가 많으므로 주의가 필요하다.

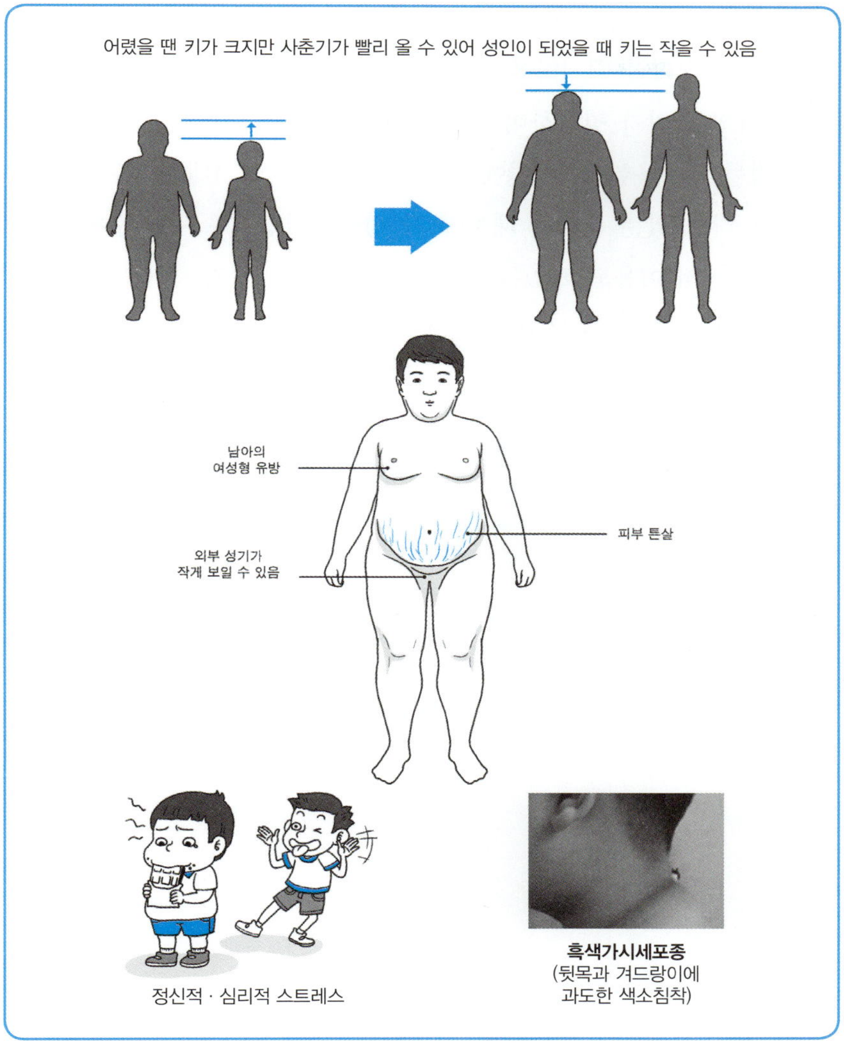

그림 3-9 소아비만의 증상

출처: 보건복지부 대한의학회

비만이란 실제로 체중이 많이 나가는 것이 아니라 체지방이 과잉 축적된 상태를 말한다. 그러므로 정확한 체지방을 측정하는 것이 좋지만, 체지방을 정확히 측정하는 방법은 고가의 장비가 필요하며 측정하는 방법 또한 어렵기 때문에 간접적으로 측정하는 방법들을 이용한다. 성인에서는 비만진단 시에 절대 수치가 있지만, 소아에서는 성장을 하고 있는 중이기 때문에 각 성별 · 연령별로 비교하여 비만을 진단하고 있다. 소아에서 이용되고 있는 방법으로는 여러 가지가 있지만 실제로 이용하기 쉬운 비만도와 체질량지수를 많이 이용하고 있다.

$$\text{비만도(\%)} = \frac{\text{실제 체중} - \text{신장별 표준체중}}{\text{신장별 표준체중}} \times 100$$

성별 · 연령별 · 신장별 표준체중(50백분위수)〈표 3-13〉을 이용하여 비만도를 계산한다. 20% 이상을 비만이라고 하는데, 20~30%를 경도비만, 30~50%를 중등도비만, 50% 이상을 고도비만으로 분류한다.

표 3-13 **성별, 연령별, 신장별 표준체중**

(단위: 체중(kg))

신장(cm)	남아	여아	신장(cm)	남아	여아	신장(cm)	남아	여아	신장(cm)	남아	여아
44~45[1]	2.64	2.47	**80~81**	11.14	10.79	**116~117**	21.40	20.99	**152~153**	45.92	45.71
45~46	2.71	2.62	**81~82**	11.37	11.03	**117~118**	21.85	21.40	**153~154**	46.80	46.64
46~47	2.81	2.80	**82~83**	11.60	11.27	**118~119**	22.31	21.83	**154~155**	47.68	47.57
47~48	2.94	2.99	**83~84**	11.83	11.51	**119~120**	22.79	22.27	**155~156**	48.57	48.50
48~49	3.10	3.19	**84~85**	12.05	11.76	**120~121**	23.28	22.72	**156~157**	49.46	49.42
49~50	3.27	3.39	**85~86**	12.28	12.00	**121~122**	23.78	23.19	**157~158**	50.36	50.33
50~51	3.46	3.60	**86~87**	12.50	12.24	**122~123**	24.30	23.67	**158~159**	51.26	51.23
51~52	3.67	3.81	**87~88**	12.73	12.48	**123~124**	24.83	24.16	**159~160**	52.16	52.12
52~53	3.89	4.03	**88~89**	12.96	12.73	**124~125**	25.38	24.68	**160~161**	53.06	52.99
53~54	4.12	4.25	**89~90**	13.18	12.97	**125~126**	25.93	25.20	**161~162**	53.97	53.85
54~55	4.37	4.48	**90~91**	13.41	13.22	**126~127**	26.51	25.75	**162~163**	54.87	54.68
55~56	4.62	4.71	**91~92**	13.64	13.46	**127~128**	27.10	26.31	**163~164**	55.77	55.48
56~57	4.87	4.94	**92~93**	13.87	13.71	**128~129**	27.70	26.89	**164~165**	56.67	56.25
57~58	5.14	5.17	**93~94**	14.10	13.96	**129~130**	28.32	27.48	**165~166**	57.57	56.98
58~59	5.40	5.41	**94~95**	14.34	14.21	**130~131**	28.95	28.09	**166~167**	58.47	57.67
59~60	5.67	5.64	**95~96**	14.58	14.46	**131~132**	29.59	28.72	**167~168**	59.36	58.32
60~61	5.95	5.88	**96~97**	14.82	14.71	**132~133**	30.25	29.37	**168~169**	60.25	58.93
61~62	6.22	6.12	**97~98**	15.07	14.97	**133~134**	30.92	30.04	**169~170**	61.14	59.47
62~63	6.50	6.36	**98~99**	15.33	15.23	**134~135**	31.61	30.72	**170~171**	62.02	59.96
63~64	6.77	6.60	**99~100**	15.59	15.49	**135~136**	32.31	31.42	**171~172**	62.90	60.39
64~65	7.05	6.85	**100~101**	15.85	15.76	**136~137**	33.02	32.14	**172~173**	63.77	60.74
65~66	7.33	7.09	**101~102**	16.13	16.03	**137~138**	33.74	32.88	**173~174**	64.63	61.02
66~67	7.60	7.34	**102~103**	16.41	16.31	**138~139**	34.48	33.63	**174~175**	65.49	
67~68	7.87	7.58	**103~104**	16.70	16.59	**139~140**	35.23	34.40	**175~176**	66.33	
68~69	8.14	7.83	**104~105**	16.99	16.88	**140~141**	35.99	35.19	**176~177**	67.18	
69~70	8.41	8.08	**105~106**	17.30	17.17	**141~142**	36.76	36.00	**177~178**	68.01	
70~71	8.67	8.33	**106~107**	17.62	17.47	**142~143**	37.55	36.82	**178~179**	68.83	
71~72	8.93	8.57	**107~108**	17.94	17.78	**143~144**	38.35	37.66	**179~180**	69.65	
72~73	9.19	8.82	**108~109**	18.28	18.10	**144~145**	39.15	38.51	**180~181**	70.45	
73~74	9.44	9.07	**109~110**	18.63	18.42	**145~146**	39.97	39.37	**181~182**	71.25	
74~75	9.70	9.31	**110~111**	18.99	18.76	**146~147**	40.79	40.25	**182~183**	72.04	
75~76	9.94	9.56	**111~112**	19.36	19.10	**147~148**	41.63	41.14	**183~184**	72.82	
76~77	10.19	9.81	**112~113**	19.74	19.46	**148~149**	42.47	42.04	**184~185**	73.59	
77~78	10.43	10.05	**113~114**	20.14	19.82	**149~150**	43.32	42.95	**185~186**	74.35	
78~79	10.67	10.30	**114~115**	20.55	20.20	**150~151**	44.18	43.86			
79~80	10.90	10.54	**115~116**	20.97	20.59	**151~152**	45.05	44.79			

1) 44~45는 신장 44cm부터 45cm 미만에 해당하며, 다른 신장구분에도 동일하게 적용됨

출처: 질병관리본부 국가건강정보포털.

체질량지수 = 체중(kg) / [신장(m)]^2 (청소년, 성인에 적용)

체질량지수는 체중을 키의 제곱으로 나눈 것으로, 85~94 백분위수이면 비만 위험군, 95 백분위수 이상이면 비만이라고 한다. 6세 이상, 특히 청소년 비만의 진단에 유용하게 이용되며, 18세 이상에서는 25kg/㎡ 이상이면 비만으로 진단한다. 체질량지수는 체지방량, 체지방률과 상관관계가 높으며, 비만의 합병증인 고혈압, 이상지질혈증, 비만으로 인한 사망률과도 의미 있는 상관관계가 있는 것으로 알려져 있다.

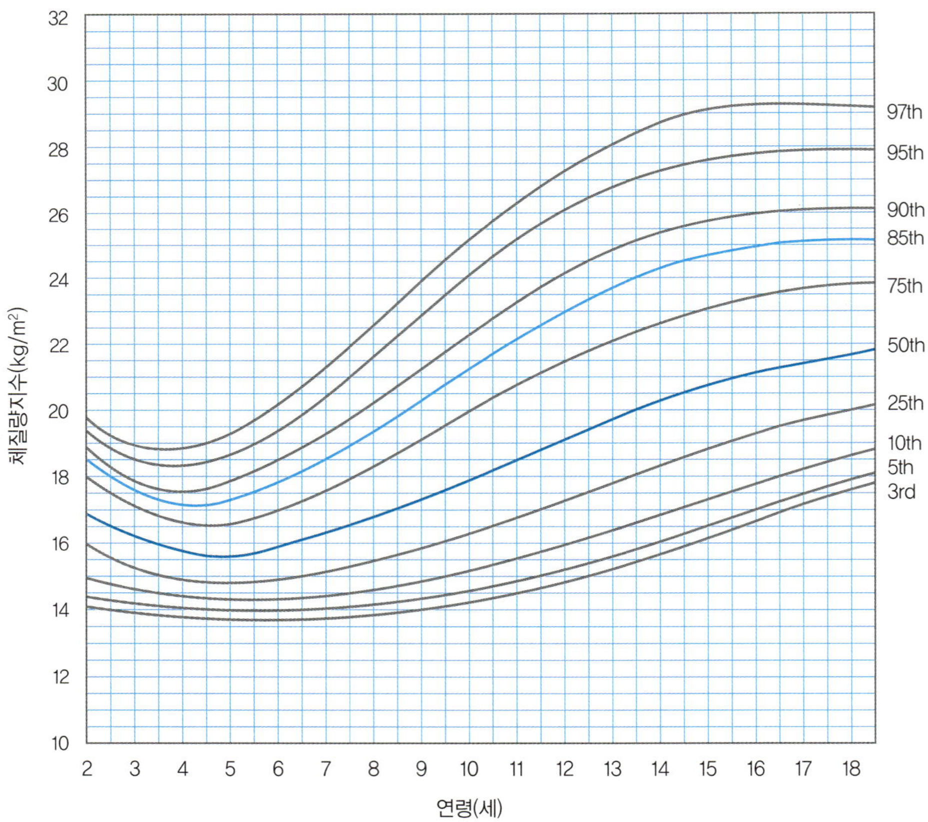

그림 3-10 **체질량지수(남아 2~18세)**

출처: 질병관리본부 국가건강정보포털.

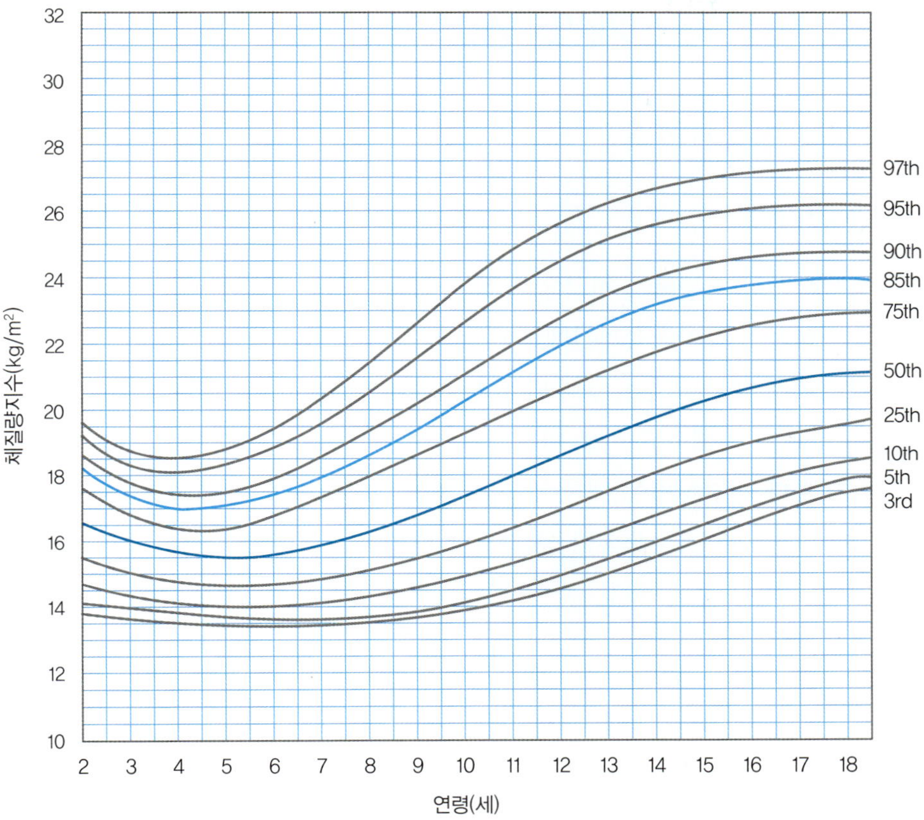

그림 3-11 **체질량지수(여아 2~18세)**

출처: 질병관리본부 국가건강정보포털.

3. 아동의 신체 및 영양관리증진

1) 신체적 건강관리

(1) 사전 건강조사

일차적으로 가정의 부모가 전적으로 맡고 있던 아동의 건강관리는 아동이 유아교육기관에 입학하여 유아교육기관에 머무는 시간이 늘어남에 따라 유아교사 또한 아동의 건강관리에 대한 책임이 증대되었다. 이에 유아교사는 영유아의 건강관리내용과 방법을 바르게 이해하고 이를 하루일과에 반영해야 한다. 아동의 건강관리를 위해서는 무엇보다 건강상태에 대한 정확한 정보를 파악하는 것이 중요하다. 이를 위해 입학 전에 아동의 몸무게와 키 등 건강에 대한 정보를 보호자로부터 받아 보관하고 필요시 참조하는 것이 좋다.

(2) 질병의 징후 발견

유아교사는 매일 등원부터 하원할 때까지 아동들을 주의 깊게 관찰하여 평상시와 다른 점이 있는지, 건강상의 어떤 문제가 있는지를 재빨리 파악하여 치료를 받게 해 주어야 한다. 이를 위해 유아교사는 일반적으로 아픈 아동에게 나타나는 징후를 알고 있어야 한다. 아동의 건강상태를 파악하기 위해 관찰할 때에 유아교사는 아동의 눈높이로 자세를 낮추고, 아동의 뒷목덜미를 쓰다듬으며 열이 있는지, 얼굴, 팔을 만져보면서 피부상태를 점검해야 한다.

질병의 징후가 발견된 아동은 민감해져 있기 쉽고 많은 관심과 보호가 필요하기 때문에 조용하고 환기가 잘 되는 방에서 휴식을 취하도록 하는 것이 좋다. 이때 교사는 아동의 곁에서 증상이 어떤지 세심하게 관찰한 뒤, 가능한 한 증상을 구체적으로 기록하여 부모와 원장에게 연락을 하는 것이 좋다. 또한 유아교사는 부모에게 구체적으로 어떤 증상을 언제부터 보이기 시작했는지, 상태가 어떻게 진행되었는지, 어떤 조치를 취했는지 등을 상세히 설명해 주어 부모가 적절한 판단과 결정을 할 수 있도록 해 주어야 한다. 그리고 부모가 아동에 대해 투약을 요청할 경우 투약 의뢰서를 참조하여 정확하게 투여하고 투약 확인서를 작성하도록 한다[그림 3-12].

투약 의뢰서

______________의 투약을 의뢰합니다.

병 명	
약의 종류 및 용량	
투약 시간	

20 년 월 일

보호자 : (인)

* 투약으로 인한 책임은 의뢰자가 집니다.

투약 확인서

______________에게
아래와 같이 투약하였습니다.

투약시간	
용 량	
투 약 자	

20 년 월 일

담임교사 : (인)

그림 3-12 **투약 의뢰서와 확인서**

2) 영양관리

아동의 식생활 실태에 관한 선행연구들을 살펴보면, 부모들은 자녀들이 편식하는 습관을 가지고 있으며, 이는 자녀의 식생활 태도에서 가장 큰 문제라고 지적한다. 아동기에는 좋아하는 음식과 싫어하는 음식에 대한 음식 기호가 뚜렷하게 나타나고 이에 따라 편식하는 습관이 형성되기 쉽다. 또한 식사의 속도와 양이 일정하지는 않지만 수저를 사용해 아동 스스로 식사를 할 수 있는 식사태도가 형성된다(김이영 외, 2019).

편식을 하거나 자주 과식을 하며, 식성이 까다로운 아이의 부모들은 걱정을 많이 하게 된다. 편식은 어느 정도 아이의 체질에 영향을 받지만 대개의 경우 환경의 영향을 많이 받는다. 아이를 편식하게 만들고, 입맛을 까다롭게 만들거나 과식을 하게 하는 원인은 〈표 3-14〉와 같다.

표 3-14 **편식의 원인**

원인	내용
가족이 편식을 하면 아이도 따라하게 된다.	편식이 심한 아이의 가족은 대개 편식을 한다. "내가 편식을 해서 좋지 않으니 우리 아이만큼은 편식하게 하고 싶지 않다"라고 말하는 부모가 있지만 부모나 가족이 함께 고치려고 노력하지 않으면 아이의 편식은 고쳐지기 어렵다.
간식을 불규칙하게 하면 입맛이 까다롭고 허약해진다.	바쁜 가정에서는 아이가 조르는 것이 싫어서, 아무 때나 과자를 주거나 아이가 멋대로 간식하는 것을 내버려 두고, 입이 까다롭다고 걱정하는 부모가 있다. 일반적으로 우리나라 가정은 식생활이 규칙적이지 못하다고 하는데, 간식시간이나 음식량을 분명히 정해서 주지 않으면 위장은 늘 활동해야 하므로 피로하게 되고 쇠약해지게 된다.
운동부족도 입맛을 까다롭게 하고 식사가 고르지 못하게 한다.	아이의 몸은 움직이면서 자라나게 된다. 너무 피로해도 안 되지만 움직이는 것은 아이에게 필요하다. 너무 책에 열중하여 밖에서 놀지 않거나 운동을 하지 않는 아이는 입맛이 까다로워지고 식사를 고르게 하지 않는 경우가 많다. 식단의 변화나 영양가 측정과 함께 밖에서 운동하고 뛰어놀게 할 필요가 있다.

편식이 심한 아이나 식사가 고르지 못한 아이는 그 가정의 아이에 대한 태도에 영향을 받는 경우가 많다. 건강하고 튼튼한 몸을 만들기 위해서는 편식이 나쁘다는 것, 불규칙한 식사가 몸에 해롭다는 것을 충분히 알면서도 아이의 비위를 맞추거나 아이의 고집을 허용하는 등 식사에 관한 나쁜 습관을 길들이는 경우가 많다. 어린아이일수록 이러한 나쁜 버릇을 고치기 쉬우므로 엄격한 습관을 길러 주는 것이 필요하다. 예를 들어, 싫다고 어떤 반찬을 먹지 않더라도 절대로 다른 것을 주지 말고, 아무리 떼를 써도 정해진 시간 이외에 간식을 주지 않으며, 정해진 양 이상의 것을 주지 않는 등 양보해서는 안 되는 사항을 실행하는 것이다. 조부모들은 손자가 귀여워서 무분별하게 과자를 주어 나쁜 버릇을 만드는 일도 있다. 이런 측면에서는 유아의 올바른 식습관을 형성하도록 가족 구성원들이 잘 협조해야 한다.

아동의 정신적 건강관리

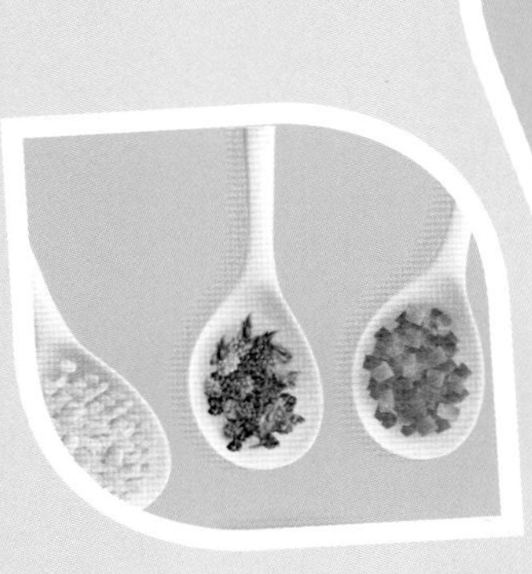

Chapter

4

배울 내용

1. 정신건강의 이해
2. 아동의 정신병리 분류
3. 아동의 정신병리 유형
4. 아동의 정신건강증진

학습목표

1. 정신건강의 의미를 이해한다.
2. 아동의 정신병리 분류체계를 익힌다.
3. 아동의 정신병리 유형을 이해하고 유형에 따른 개입방안을 모색해본다.
4. 아동의 정신건강증진방안을 이해하고 실천해본다.

1. 정신건강의 이해

1) 정신건강의 정의 및 판단기준

일반적으로 정신적으로 건강한 상태는 정신적 질병에 걸려 있지 않을 뿐만 아니라 만족스러운 인간관계와 그것을 유지해 나갈 수 있는 능력을 의미하며, 개인적·사회적 적응을 포함하여 어떠한 환경에도 대처해 나갈 수 있는 건전하고 균형 있고, 통일된 성격의 발달을 의미한다(김혜금 외, 2014). 그러나 현대사회는 급격한 사회변동에 따른 가치관의 변화와 자기중심의 이기적인 생활, 인간성 상실로 인해 더불어 살아가는 삶이 점점 파괴되면서 여러 가지 문제점들이 나타나고 있다. 이 현상은 아동에게도 마찬가지로 적용되며, 아동의 다양한 문제행동이나 정신병리와 같은 장애가 해마다 급증하고 있는 실정이다.

정신장애의 정의는 정신적 문제를 중심으로 장애가 발생하여 일정기간 이상 원만한 사회생활을 영위할 수 없는 정신적 이상 상태를 의미한다. 구체적으로 대인관계가 원만하지 못하고 기능의 상실 또는 장애를 경험하거나 심한 경우 퇴행적 행동이 나타나기도 한다. 세상에서의 자신의 위치, 자신의 성격 및 능력에 대한 불만족이 크며, 자기실현에 한계를 경험하기도 한다. 더불어 감정의 왜곡과 고갈이 나타나기도 한다.

이와 같은 아동의 정신장애에 대해 이해하기 위해서는 먼저 일반아동과 정신장애아동을 어떤 판단기준을 사용해서 정의했는지에 대해 밝히는 것이 중요하다. 왜냐하면 건강하다고 하는 것과 건강하지 않다고 하는 것은 판단하는 사람의 관점에 따라서 달라질 수 있기 때문이다. 정신적 문제행동을 판단하는 데 사용되는 일반적인 기준은 통계적 관점의 기준, 주관적 불편감의 기준, 사회적 규범의 기준, 전문적 기준이다〈표 4-1〉.

표 4-1 정신적 문제아동의 판단기준

구분	내용
통계적 관점의 기준	이 관점의 전제조건은 인간의 특성, 즉 신체적이든 정신적이든 무선적으로 선별한 집단을 대상으로 측정이 이루어진다면, 정규분포곡선을 형성할 것으로 가정한다. 대다수의 사람들은 중간 정도(평균)에 위치하고 있지만 소수의 특별한 특징을 가진 사람들은 양극단에 위치하게 되는데, 정상이라는 것은 평균에서 많이 떨어지지 않은 것을 의미하고, 이상행동이라는 것은 평균에서 많이 떨어진 것을 의미한다.
주관적 불편감의 기준	개인 자신이 자신의 심리적 고통을 얼마나 느끼느냐에 따라 정상과 이상을 구분하는 것으로 이 기준에 의하면 어떤 사람의 행동이 자신에게 심한 불행과 고통을 준다면, 그것이 이상행동이 될 수 있다는 것을 의미한다.
사회적 규범의 기준	사회가 만들어 놓은 규준을 위배하거나 혹은 위협 또는 불안하게 만드는 것을 이상행동이라고 정의하는 것이다. 즉, 어떤 사람이 그가 속한 사회규범을 어기고 엉뚱한 행동을 한다면 그는 적응을 못하는 사람이 될 것이고, 이렇게 한 사회의 규범에 적응하지 못하고 일탈된 행동을 하는 경우를 이상행동으로 정의한다.
전문적 기준	이상행동을 심리학적 평가나 정신과적 진단방법에 의해 판단하는 것을 말한다. 즉, 전문가가 각종 심리검사도구를 사용하여 검사한 결과를 바탕으로 이상과 정상을 결정하거나 의사가 정신과적 면접과 평가를 토대로 이상행동을 판단하는 것이다.

출처: 김이영 외(2019). 정신건강론(개정판). 양성원.

2) 아동기 정신건강에 대한 개입의 필요성

오늘날 급격한 산업화 · 도시화는 사회 · 문화적 환경을 크게 변화시키는 계기가 되었으며, 이로 인해 사회의 가장 기본단위인 가족구조 및 기능의 약화는 사회 구성원 모두에게 여러 가지 갈등 상황과 스트레스를 증가시키게 되었다. 이와 같은 변화는 아동의 정서와 문제행동을 유발하며, 따라서 부적응행동에 대한 개입의 필요성이 증가되고 있는 실정이다. 안동현(2005)은 아동의 정신건강에 관심을 가져야 하는 이유를 〈표 4-2〉와 같이 제시하고 있다.

표 4-2 아동의 정신건강에 관심을 가져야 하는 이유

- 아동의 정신병리와 관련된 문제행동이 비교적 흔하게 나타나고 있기 때문이다. 즉, 일반아동 인구에 비해 적게는 14%에서 많게는 22%에 이를 정도로 나타나고 있으며, 진단을 내릴 정도의 심한 형태의 문제는 약 8~10%에 이른다.
- 아동기에 나타나는 문제의 대부분은 일생 동안 지속되기 때문이다. 상당히 많은 종류의 문제가 아동기에 나타나는 형태를 유지하지 않지만, 다른 형태와 강도로 지속되면서 나타날 수 있다.
- 최근 사회의 변화와 상황은 아동의 건강한 성장발달에 위협요인으로 작용하여 아동에게 당면한 어려움을 더욱 증가시킬 수 있기 때문이다. 즉, 가족의 해체, 빈곤, 부모의 술과 약물중독, 학대와 방임 등의 양육이 위험요인으로 아동은 물론 사회적 문제로 대두되고 있기 때문이다.
- 아동 자신의 문제일 뿐만 아니라 가족과 학교가 겪게 되는 어려움으로 확산되며, 우리 사회가 이 일로 사회경제적 비용을 더욱 많이 지불하게 되기 때문이다. 즉, 돌봄에 대한 비용, 생산성 감소에 들어가는 비용, 치료비용, 사법체계에 들어가는 비용 등을 생각한다면 엄청난 대가를 지불하기 때문이다.
- 도움이 필요한 아동과 가족들 가운데 적절한 서비스와 치료를 받고 있지 못한 아동들이 많기 때문이다.

2. 아동의 정신병리 분류

아동의 정신병리에 대한 진단분류체계는 ICD-10, DSM-5, DC: 0-3체계가 있으며, 우리나라에서는 주로 국제질병분류체계(ICD-10)와 정신질환의 진단 및 통계편람(DSM-5)에 의해 진단이 내려지고 있다.

1) 국제질병분류체계(ICD-10)

우리나라에서 공식적으로 사용하고 있는 분류기준의 한 가지는 세계보건기구(WHO)에서 제정한 ICD-10(International Classification of Disease: ICD-10)이다. ICD-10은 세 개의 축(임상적 진단, 후유장애, 상황적 요인)으로 이루어져 있으며, 진단서 발급, 보험료 청구 등 법률적인 행위를 할 때 이 진단기준을 주로 사용한다. 국제질병분류체계에서는 아동과 관련된 장애를 소아기 및 청소년기에 흔히 발병하는 행동 및 감정장애로 구분하고 있다.

2) 정신질환의 진단 및 통계편람(DSM-5)

정신질환에 대한 세밀한 분류를 위해 미국정신의학회에서 제정한 것이 DSM-5이다. DSM-5에서는 정신장애를 22가지로 구분하고 있는데, 아동과 가장 관련된 분류는 신경발달장애(Neurodevelopmental Disorders)이다. 이 장애는 전형적으로 초기 발달단계의 학령전기에 발현하기 시작하여, 개인적 · 사회적 · 학업적 또는 직업적 기능에 손상을 야기하는 발달 결함이 특징적이다. 발달 결함의 범위는 학습 혹은 집행기능을 조절하는 것과 같은 매우 제한적인 손상부터 사회기술이나 지능처럼 전반적인 손상에 이르기까지 매우 다양하다. 이 장애에는 지적장애, 의사소통장애, 자폐스펙트럼장애, 주의력결핍 과잉행동장애, 특정학습장애, 운동장애(틱장애) 등이 포함된다.

3) DC: 0-3(Diagnostic Classification: 0-3)

DC: 0-3은 기존의 진단체계가 아동의 정신건강과 발달문제를 충분히 다루고 있지 못하다는 문제점을 제기하면서 이를 보완하기 위해 등장한 진단체계이다. 이 진단체계는 무엇보다 아동과 양육자 사이의 상호작용 형태, 영아나 아동발달에 가족관계가 미치는 양상, 양육태도가 아동의 부적응적인 행동에 미치는 영향을 진단의 준거로 삼고 있다. 이와 같이 DC: 0-3은 다른 분류체계와 달리 초기의 관계 문제에 대한 중요성을 강조하고 있으며, 진단적 접근과 관계적 접근을 통합할 필요성을 강조하고 있다. 즉, 아동을 둘러싼 이러한 관계문제를 양적인 기준과 질적인 기준을 함께 고려해서 적용할 것을 강조한다.

3. 아동의 정신병리 유형

ICD-10, DSM-5, DC: 0-3체계에 따른 아동의 부적응행동은 매우 다양하다. 그 중에서 대표적인 반응성 애착장애, 수면장애, 배설장애, 불안장애, 우울장애, 주의력결핍 과잉행동장애, 틱장애, 섭식장애 및 공격적 행동을 중심으로 살펴보면 다음과 같다.

1) 반응성 애착장애

반응성 애착장애란 애착형성의 실패로 인해 사회적 관계형성에 있어서 심각한 문제를 일으키는 장애이다. 애착이란 주 양육자의 관계에서 발생하는 심리적 유대감을 의미하며, 아동발달에 많은 영향을 미치는 요인으로 알려져 있는데, 반응성 애착장애 아동은 신체적 · 지적 · 정서적인 발달이 지체될 수 있고, 아무에게나 강한 애착을 보이거나 반대로 지속적으로 접촉을 거부할 수도 있다. 또한 반응성 애착장애아동은 눈 맞춤이 어렵고 혼자서만 놀려고 하며 이름을 불러도 반응이 없는 등 자폐스펙트럼장애와 유사한 행동특성을 보이지만 스펙트럼장애와는 달리 심각한 의사소통장애와 상동행동은 보이지 않는 경우가 많다. 그리고 반응성 애착장애아동의 경우는 사회성발달능력이 있기 때문에 바람직한 환경이 주어지면 정상발달이 가능하다. 반응성 애착장애의 구체적인 진단기준은 〈표 4-3〉과 같다.

표 4-3 **반응성 애착장애의 증상**

- 먹고 자고 자라는 등 기본 발달이 원만하지 못하다.
- 체중과 키가 평균에 미달하고 눈치를 보거나 기가 죽어 있는 경우가 많다.
- 조그마한 소리에도 깜짝 놀랄 정도로 불안과 긴장을 보인다.
- 심한 경우 사회성이 결여되어 대인관계를 맺지 못한다.
- 옆에 누가 있어도 무관심하고 눈을 맞추지 않으려 하며 불러도 쳐다보지 않는 경우가 많다.
- 산만해 보이기도 하고 지능과 언어발달도 떨어지게 된다.

반응성 애착장애가 있는 아이들은 발육지체, 잦은 병치레의 위험이 높고 영양실조 혹은 감염 합병으로 인해 사망에 이를 수도 있다. 비록 영양실조와 감염이 아니더라도 이러한 아동들은 지속적으로 사회적 · 정서적 · 신체적 발달에 심각한 이상이 생길 위험이 높다.

반응성 애착장애에 대한 개입으로는 양육자에게 적절한 부모-아동관계를 형성하여 적절한 양육태도가 형성되도록 용기를 주어야 하고, 아동이 자라면서 아동에게 기대되는 것이 어떻게 달라지는지에 대해 교육을 하여 아이가 필요한 것과 아이의 행동을 이해할 수 있도록 도와주어야 한다. 만약 보호자가 소외되었거나 사회적으로 고립되어 있다고 느끼면 지지적인 집단치료가 도움이 될 수 있다. 또한 보호자 자신이 우울증이 있으면 심리치료와 약물치료를 하는 것이 필요하다. 애착장애는 생명을 위협할 수도 있으므로 상태가 심각하거나 시기가 늦었다고 생각되면 입원치료가 필요할 수도 있다.

2) 수면장애

정상 수면상태에는 두 가지 다른 형태가 있다. 첫째는 수면 중 급속도로 안구가 움직이는 것이 관찰된다 해서 명명된 REM(Rapid Eye Movement, 급속안구운동) 수면으로 활동적 수면이라고 한다. 즉, 잠을 자고 있지만 뇌는 활동적이어서 대부분의 명백한 꿈들이 나타나는 시기로, 신경차단이 일어나 몸은 움직이지 않으며, 호흡과 심장박동은 불규칙적으로 나타나게 된다. 둘째는 Non-REM(비급속안구운동) 수면으로 고요한 수면이라고 한다. 즉, 깊은 단계에서는 근육으로 가는 혈액공급이 증가하고, 에너지가 재충전되며, 성장과 발달에 중요한 호르몬들이 분출된다.

아동과 성인의 수면은 서로 다른 특징이 있다. 신생아는 3~4시간에 한 번씩 깨며 하루 평균 16.5시간을 자지만 3개월이 되면 주 · 야간의 구별이 생기고, 6~9개월이 되면 야간에 충분히 잠을 잘 수 있게 된다. 2세 아이는 13시간 동안 수면을 하고, 3세가 되면 1주일에 6일, 4세가 되면 1주일에 5일, 5세가 되면 1주일에 4일 정도로 낮잠 횟수와 시간이 줄어 전체 수면 시간이 줄어들고 수면주기가 완성되어 간다. 수면과 관련된 장애는 야경증, 악몽 및 몽유병이 대표적이며, 그 특징은 〈표 4-4〉와 같다.

표 4-4 수면장애의 유형과 특징

구분	내용
야경증	수면에서 일시적으로 보이는 독특한 현상이다. 야경증에 걸린 아이는 밤에 자다가 갑자기 깨서는 소리를 지르고 땀을 흘리며 매우 겁에 질린 듯이 보이고, 이름을 불러도 대답하지 못하는 증상을 보인다. 몇 분 뒤, 멈추고 잠자는 행동도 흔히 보인다. 아침에 일어나 물어보면, 거의 기억하지 못하고 괴물에게 쫓겼다는 정도의 간단한 장면 이야기만 한다. 피곤, 불안, 스트레스, 수면부족, 고열 등이 그 원인으로 알려져 있다. 3~16세 아동 가운데 1~3.5% 정도 발생하며, 크면 저절로 좋아진다. 아이가 이러한 증상을 보일 때 깨우려고 흔들면 더 심해지므로, 안아주고 달래는 말을 해주어야 한다. 그런 다음 아이가 벽이나 창문에 부딪히지 않도록 부드럽게 잡아 침대로 가게 해준다. 평소에는 아이를 피곤하게 하지 않아야 한다. 일정시간 동안 자게 하고, 낮 시간에 너무 과격하게 움직이지 못하도록 해주는 것이 좋다.
악몽	악몽을 꾼 아이들은 새벽에 울며 잠꼬대를 하거나 깨기도 하는데, 정작 아침에 일어나면 운 것은 기억하지 못한다. 물어보면, 괴물이나 귀신이 나오는 꿈을 꾸었다고 하고 꿈의 줄거리를 이야기한다. 초등학생, 중학생 가운데 9.7% 정도에게서 나타나는 증상으로, 스트레스나 심하게 혼난 일 같은 과거의 충격적 사건이 원인인 경우가 많다. 그렇기 때문에 아이의 불안감을 해소시켜주어야 한다.
몽유병	6~16세 아동의 40% 정도에서 한 번 정도는 나타나는 것으로 알려져 있으며, 12세에 가장 흔하게 발생한다. 몽유병이 있는 아이들은 잠자리에 든 후 1~2시간 사이에 침대에서 일어나 약간 당황한 얼굴로 방 안을 걷거나 부모 방으로 걸어오기도 한다. 아침에 일어나면, 이런 일들을 기억하지 못한다.

야경증이나 악몽 등 수면장애가 있는 아이가 있으면, 우선 낮에 스트레스가 없었는지 확인해보아야 한다. 아이의 스트레스는 누군가가 괴롭힌다든가 힘들게 하는 것보다 부모의 양육부재가 원인인 경우가 많으므로 폭넓게 살펴보는 것이 필요하다.

3) 배설장애

배설장애(Elimination Disorder)는 아동이 고의든 아니든 대소변 가리기를 제대로 하지 못할 경우를 말하며, 유뇨증과 유분증이 여기에 포함된다. 배설기능의 정상적인 발달단계는 야간에 대변을 가리고, 주 · 야간에 대변을 가리며, 주 · 야간에 소변을 가리고, 야간에 소변을 가리는 순서이다. 이러한 발달은 일반적으로는 만2세부터 만 4세까지 서서히 이루어지며, 평균적으로 대소변 가리기 훈련에 걸리는 시간은 약 3개월 정도이다. 남자아이보다는 여자아이가 대체로 빨리 가리기 시작하고, 대부분 소변보다는 대변을 더 빨리 가린다. 이러한 대소변 가리기는 아이의 지적 능력, 사회성숙도, 문화적 요소 및 모자 사이의 심리적 상호교류 등의 요인에 의해 영향을 받는다.

(1) 유뇨증

유뇨증(enuresis)은 만5세가 되어도 소변을 적절히 가리지 못하는 장애로, 5세 남아의 약 7%, 여아의 약 3% 정도에서 볼 수 있다. 대개는 밤에 자다가 소변을 실수하므로 흔히 '야뇨증'이라고 하기도 한다. 유뇨증의 진단기준은 〈표 4-5〉와 같다.

표 4-5 유뇨증의 진단기준

- 반복적으로 침구나 옷에다 소변을 본다(불수의적이거나 의도적으로).
- 최소 3개월간 일주일에 2회의 유뇨증을 보이거나, 임상적으로 중대한 장애가 있거나, 사회, 학업(직업) 또는 다른 중요한 분야의 기능에 장애로 나타난다.
- 실제 연령이 최소한 5세이다(또는 동등한 발달수준).
- 증상이 약물(예: 이뇨제)의 생리적 결과나 일반적 의학상태(예: 당뇨, 이분척추, 경련성 질환)로 인한 것이 아니다.

유뇨증에 대한 정확한 원인에 대해 알려진 바는 없으나, 유전적 요인, 중추신경계의 미성숙, 방광의 부분적 기능장애, 스트레스나 심리적 갈등, 부적절한 대소변훈련 등의 영향을 받는 것으로 보고 있다. 많게는 75% 정도까지 가족력이 동반된다는 보고로 보아 유전적 요인을 추측해 볼 수 있다. 또한 몽유증, 발작성 수면 등의 다른 수면장애와 동반되어 나타난다는 연구결과로 수면장애의 일종으로 보는 견해도 있다. 소변을 잘 가리던 아이가 유뇨증을 나타내는 이차성 유뇨증의 경우 스트레스와 연관되어 있다고 보는 견해가 많다. 이때의 스트레스는 동생의 출생, 이사, 학교 입학, 가정불화, 친구 갈등, 입원 등이 원인이 될 수 있으며, 불안장애, 우울장애, 지적장애, 신체장애, 조현병 등의 복합증상 중의 하나로 나타날 수도 있다. 최근의 연구결과들에 의하면, 성숙성 또는 발달성요인이 유뇨증의 주요한 요인으로 간주된다. 즉, 유뇨증이 일반적 발달장애의 한 형태이며, 유뇨증이 없는 아이에 비해 다른 여러 가지 발달지연이 2배나 많은 것으로 보고되고 있다. 유뇨증은 복합요인으로 나타나므로 〈표 4-6〉과 같이 적절한 치료방침을 세워야 한다.

표 4-6 유뇨증의 치료방침

- 행동치료: 치료계획의 제1단계는 대소변 가리기 훈련이다. 특히, 소변을 가려본 적이 없는 유뇨증과 대소변 가리기 훈련을 해본 적이 없는 경우 효과를 볼 수 있다. 예를 들어, 소변을 가린 날은 달력에 표시를 함으로써 좋아지는 것을 부모와 아이가 볼 수 있도록 하는 방법이 있다.
- 잠자리 이불이나 기저귀에 전자식 경보장치를 하여 소변이 한 방울이라도 떨어지면 즉시 벨이 울려 아이가 깨도록 하는 조건화 이론을 응용한 치료방법이 있다. 비교적 안전하고 효과적인 방법으로, 유뇨증을 보이는 아이의 50% 정도가 효과를 본 것으로 알려져 있다.
- 방광훈련: 아이에게 일정량의 수분을 섭취하게 한 후, 가능한 오랫동안 소변을 참도록 하는 훈련방법이다.
- 약물치료: 유뇨증에 처음부터 약물을 사용하지는 않으며, 매우 드물게 사용한다. 최근에는 삼환계 항우울제가 가장 효과적인 것으로 보는데, 그중 이미프라민(imipramine)이 가장 흔하게 사용된다.
- 정신치료: 유뇨증을 보이는 아이에게서 심리적 갈등이 발병의 주요 원인일 때, 놀이치료와 부모와의 정신치료가 필요하다고 본다.

대부분의 유뇨증은 성숙과 더불어 별 후유증 없이 저절로 호전되는 경우가 많으나 약 1%는 성인기까지 계속되기도 한다.

(2) 유분증

유분증(encopresis)은 만4세가 되어도 기질적 문제가 없는 상태에서 대변을 가리지 못하는 장애이다. 5세 이후의 아동에게서 1% 정도가 나타나고 남아에게서 많이 나타난다. 변비 및 일류성 실금(방광출구 폐쇄와 배뇨근기능부전에 의해 본인의 의지와 상관없이 소변이 나오는 것)이 있는 경우와 변비 및 일류성 실금이 없는 경우로 구분한다.

아버지의 유분증 병력이 15% 정도 있다는 보고로 보아 유전적 요인이 고려되기도 하지만 유뇨증에 비하여 심리적 요인의 비중이 높다. 대소변 가리기 훈련에서 어머니의 강요나 전반적인 모자관계의 문제, 부모 간의 갈등과 가정불화 등의 영향이 크다고 본다. 또한 잘 가리다가 다시 못 가리게 되는 이차성 유분증의 경우, 유뇨증과 마찬가지로 스트레스가 주요한 원인이 될 수 있다. 대부분의 유분증에서 아동의 행동에 문제가 많은 것으로 보아 심리적으로 유분증을 분노의 표현으로 보기도 한다.

유분증은 만4세 이후, 불수의적으로 혹은 고의적으로 적절하지 못한 곳에 대변을 보는 행위가 최소 3개월 간 한 달에 1번 이상 나타날 경우 진단을 내릴 수 있다. 변비가 동반되거나 동반되지 않는 경우가 있고, 약 25% 정도 유뇨증이 동반된다. 유뇨증과 달리 낮에 나타나기 때문에 현실적인 문제가 더 심각하다. 정서적인 문제와 반항성장애, 주의력결핍 과잉행동장애 증상이 동반될 수 있으며, 일정 기간이 지나면 호전되는 것이 보통이지만 가족문제 등이 심각한 경우 예후에 영향을 준다. 유분증의 진단기준은 〈표 4-7〉과 같다.

표 4-7 유분증의 진단기준

- 대변 보기에 적절치 않은 곳(예: 옷, 마루)에 반복하여 불수의적 또는 고의로 대변을 본다.
- 최소 3개월 간 월 최소 1회의 유분증이 있다.
- 실제 연령이 최소 4세이다(또는 동등한 발달수준).
- 증상이 주로 약물(예: 하제)의 생리학적 결과나, 변비와 관련되는 기전이 제외된 일반적 의학상태로 인한 것이 아니다.

유분증은 부모를 포함한 아동 전반에 대한 평가가 이루어져야 한다. 아동 증상에 당분간 관심을 보이지 않도록 하고 교사의 도움을 받을 필요가 있다. 대개 변비가 심하므로 변비약을 정기적으로 투여해주고 하루 일정 시간 동안 배변훈련을 한다. 유뇨증에 비해 심각한 정서문제가 있는 경우가 많으므로 놀이정신치료를 병행하도록 하고, 심한 경우 입원치료를 원칙으로 한다. 일단 외부의 자극으로부터 격리를 시킨 뒤 다음 계획으로 들어가고, 세부 치료로는 정신치료, 가족치료, 사회성 훈련, 인지 · 행동치료, 약물치료 등을 고려할 수 있다.

4) 불안장애

불안장애(Anxiety Disorder)는 아동기에 가장 흔히 나타나는 장애이며, 불안경험이 생활에 지속적으로 나타날 때 발달에 부정적인 영향을 미치게 된다. 아동기에 나타날 수 있는 대표적인 불안장애는 〈표 4-8〉과 같다.

표 4-8 불안장애

구분	내용
분리불안장애	부모나 애착대상으로부터 분리되거나 집에서 떨어졌을 때 나타나는 과도한 불안이다.
일반화된 불안장애	최소한 6개월 이상 지속되는 심한 불안이나 근심, 걱정이 특징이고 걱정이 과도하여 떨림, 근육긴장, 두통, 메스꺼움 등과 같은 신체증상을 동반한다.
특정공포증	어떤 특정한 공포대상이나 상황에 노출되었을 때 유발되는 심각한 불안이 특징이고 회피적 행동이 나타난다.
사회공포증	어떤 특정한 사회적 상황이나 활동상황에 노출되었을 때 유발되는 심각한 불안이 특징이고 흔히 회피적 행동으로 대응하게 된다.
강박장애	불안을 유발하는 강박적 사고(심한 불안이나 고통을 일으키는)나 강박적 행동(불안을 중화하는 데 기여하는)이 특징적으로 나타나며, 불안을 감소시키기 위한 의식화된 행동이 나타난다.
공황장애	갑작스럽고 극심한 염려감, 두려움, 공포감이 비정기적으로 일어나는 것으로 곧 죽을 것 같은 느낌을 동반하고 이러한 발작이 있는 동안에는 숨이 가쁘고, 심계항진이 있으며, 가슴의 통증이나 답답함, 질식할 것 같은 느낌, 미칠 것 같은 두려움이나 자신을 조절할 수 없을 것 같은 두려움의 증상으로 나타난다.

구분	내용
광장공포증	즉각적으로 피하기 곤란한 장소에 있거나 상황에 처해 있을 때 공황발작이나 공황과 유사한 증상으로 일어난다면 도움받기 어려운 상황에 있게 될 것이라는 불안이나 회피가 나타난다.
외상후 스트레스 장애	극심한 충격 사건을 재경험하는 것이 특징이며, 과민한 각성 증상, 외상과 연관되는 자극에 대한 회피를 동반한다.
급성 스트레스 장애	극심한 충격적인 사건 직후, 그 후유증으로 나타나는 외상후 스트레스 장애와 유사한 증상을 지니지만 외상 후 4주 이상 지속되지는 않는다.

불안은 개인이 미래의 위험이나 불행을 미리 걱정하고 염려함으로써 초래된 긴장감, 강한 부정적 정서에 의한 감정상태로 정의된다. 불안은 부정적인 정서, 즉 슬픔, 분노, 죄의식 등을 동반하게 된다. 불안은 위험을 지각하고 자신을 안전하게 지키려는 긍정적인 측면이 있는 반면에 불안을 통제하지 못해 신체적 · 정서적 · 행동적인 반응에 부적응을 초래하게 된다. 특히, 아동에게 나타나는 과도한 불안은 발달과정을 방해하기 때문에 아동의 불안을 해소하기 위한 적절한 개입이 필요하다.

아동기에 흔히 발생할 수 있는 대표적인 불안이 분리불안장애이다. 분리불안장애(Sepatate Anxiety)는 집이나 주요 애착대상으로부터 분리되는 것에 대하여 과도한 불안을 느끼고 나이에 맞지 않게 통제하기 어려운 과잉불안을 나타내게 된다. 아동의 분리불안이 7개월에서 6세까지는 비교적 정상적인 것이기 때문에 장애로 진단받으려면 연령과 증상의 정도가 고려되어야 한다. 분리불안을 경험하는 아동은 애착대상을 갑자기 상실하게 될지도 모른다는 강한 불안을 느낀다. 즉, 사고나 재난 등으로 부모와 헤어지게 될 것이라는 비현실적이고 지속적인 두려움을 느끼며, 분리의 경험과 관련된 악몽을 반복적으로 꾸기도 한다. 이러한 증상으로 여러 가지 회피행동을 동반하기도 한다.

5) 우울장애

우울장애(Depression Disorder)는 영유아부터 성인기까지 나타날 수 있지만 아동의 우울증에 대해 간과하기 쉽다. 그러나 최근 아동의 우울증에 대한 연구가 활발해지면서 아동이 우울증을 갖게 되는 위험성에 대한 증거가 나오기 시작하였다. 아동의 우울장애에서 흔히 관찰되는 증상으로는 슬픈 모습, 신체적 호소, 정신운동 초조, 분리불안과 공포감이 나타난다. 그리고 연령이 높아질수록 무쾌감증, 절망감, 망상 및 정신운동 지체의 발현빈도가 증가된다. 모든 연령에서 우울장애는 우울감, 집중력 부족, 불면, 자살사고를 나타낸다. 아동의 우울증의 경우 감정이나 불편감을 언어로 표현하는 데 한계가 있기 때문에 신체증상으로 호소할 가능성이 높다. 때때로 현실 판단력이 부족하여 주로 부정, 무관심, 책임회피방법을 쓰고 자기중심적이어서 현실사건을 구분하여 처리하지 못한다. 이런 아동은 죄책감을 많이 느껴 나쁜 일에 대해 환경 탓을 하는 경우가 많다. 우울증이 아동의 기분, 행동, 태도 변화, 사고 및 신체적 변화에 미치는 영향은 〈표 4-9〉, 발달시기에 따른 우울증의 증상은 〈표 4-10〉과 같다.

표 4-9 다양한 우울 증상

구분	내용
기분	정상적인 슬픈 감정보다 더 과장되고 더 지속적인 슬픔의 감정을 경험하며, 자주 동반되는 감정은 흥분감, 죄책감, 수치심 등이다.
행동	초조함, 감소된 활동성, 느린 말 표현, 심한 울음을 나타낸다. 이러한 행동이 오랫동안 지속되고 일상의 기능을 방해한다. 사회적 접촉이 감소하게 되며, 부정적 행동을 통해 슬픔을 표현하기도 한다.
태도 변화	낮은 자아존중감을 경험하고 걱정과 두려움은 삶의 태도에 부정적인 영향을 미치고, 그 결과 학업수행이 낮으며, 미래에 대해 두려워하고 실패할 것이라는 확신을 가지게 된다.
사고	자기에게 집중하고 극도의 자기비판과 자기의식을 느끼며 논리적 사고는 왜곡되고 미래에 대한 염세적인 관점을 표시하고, 집중하고, 기억하고, 결정하는 데 어려움을 느낀다.
신체 변화	섭식과 수면에 어려움을 경험한다. 이들은 두통, 위통, 메스꺼움과 같은 신체질환에 대한 불편과 계속되는 통증이 나타난다.

표 4-10 발달시기에 따른 우울증의 증상

구분	내용
영아기	배변훈련, 수면, 인지발달 등 발달과업이 지연되고 무표정, 슬픈 표정, 눈길 피하기, 자기진정(흔들기, 손가락 빨기) 행동, 자해행동(물기, 부딪치기), 매달려 요구하기, 냉담함이 나타날 수 있다.
유아기	즐거움과 흥미, 성취감을 상실하고 무감동, 언어기술 상실, 사회적 위축, 분리불안, 일부 퇴행증상, 신체적 증상, 짜증, 수면문제, 악몽, 자해행동 등이 나타난다.
아동기	우울한 혹은 슬픈 기분, 짜증을 잘내고 변덕스러움, 부정적인 사건들에 대한 일반화와 부정적인 결과의 예상, 낮은 주의와 주의집중력, 사회적 접촉의 위축, 반복적인 신체적 호소, 섭식이나 수면문제를 경험한다.

6) 주의력결핍 과잉행동장애

주의력결핍 과잉행동장애(ADHD)는 아동이 자기 나이 수준에 비해 지나치게 주의가 산만하고, 심하게 나대거나 꼬무락거리거나, 참을성이 없어 매우 충동적인 행동을 하는 문제를 지속적으로 나타냄으로써 개인을 포함하여 부모나 형제관계, 또래관계, 학업성취도 등에 상당한 지장을 초래하는 경우를 말한다. 즉, ADHD는 아동기에 가장 일반적으로 나타나는 장애로서, 지속적인 주의력결핍(Inattention), 과잉활동(Hyperactivity) 그리고 충동성(Impulsivity)의 특징을 가진다〈표 4-11〉. DSM-5에서는 부주의(inattention)만 있거나, 과다활동과 충동성만 있거나 또는 둘 다 있는 경우를 모두 주의력결핍 과잉행동장애로 진단한다.

표 4-11 주의력결핍 과잉행동의 증상

주의력결핍	과잉행동 및 충동
1. 부주의로 실수를 자주한다. 2. 집중을 오래 유지하지 못한다. 3. 다른 사람의 말을 잘 경청하지 못한다. 4. 과제를 끝까지 완수하지 못한다. 5. 계획을 세워 일을 진행하는 데 어려움이 있다. 6. 공부 및 숙제 등을 하기 싫어한다. 7. 필요한 물건을 자주 잃어버린다. 8. 외부자극에 쉽게 흐트러진다. 9. 해야 할 일을 자주 잊어버린다.	1. 가만히 앉아 있지를 못한다. 2. 자리를 뜬다. 3. 지나치게 뛰거나 기어오른다. 4. 활동에 조용히 참석하지 못한다. 5. 목적이 없는 활동을 끊임없이 행한다. 6. 지나치게 말을 많이 한다. 7. 질문이 끝나기도 전에 대답을 한다. 8. 차례를 기다리지 못한다. 9. 다른 사람의 활동을 방해한다.
9가지 증상 중 최소 6가지 증상을 만족	9가지 증상 중 최소 6가지 증상을 만족

주의력결핍 과잉행동장애(ADHD)는 주로 아동기인 7세 이전부터 발생하여, 다양한 기능영역(가정, 학교, 사회)에 지장을 초래하는 것으로 알려져 있다. 주의력결핍 과잉행동장애(ADHD)는 단순히 심리적인 문제가 아닌 뇌발달의 불균형으로 일어나는 일종의 뇌질환이다. 따라서 단순히 혼내거나 책상에 오래 앉아 있으라고 명령하거나 집중력을 강화시키는 교육을 받는다고 해서 해결되는 것이 아니고, 체계적인 치료와 관리가 필요한 질환으로 인식되고 있다.

7) 틱장애

틱이란 갑작스럽고 빠르며 반복적, 비율동적, 상동적인 움직임이나 소리를 말하며, 증상이 나타나는 근육군과 양상에 따라서 단순틱과 복합틱으로 구분된다. 단순틱은 순간적인 눈 깜박임, 목 경련, 얼굴 찡그림이나 어깨 으쓱임 등으로 나타나고, 복합틱은 단순 운동틱과 달리 한 군데 이상의 근육을 침범한 얼굴 표정, 만지기, 냄새를 맡거나 뛰기, 발 구르기 혹은 욕설행동 등과 같은 좀 더 통합적이고 마치 목적을 가지고 하는 행동과 같은 양상을 보이게 된다.

음성틱은 코와 목구멍을 통하여 흐르는 공기에 의해 생기며, 헛기침, 꿀꿀하는 소리, 코로 킁킁 거리기, 코웃음 치기와 동물이 짖는 소리 같은 단순 음성틱이나 단어, 구 혹은 문맥을 벗어나는 문장, 외설증(Coprolalia: 사회적으로 용납되지 않는 단어들, 주로 외설스런 욕을 사용), 동어 반복증, 반향 언어증 등 복합성 음성틱으로 나타날 수 있다.

틱장애는 대개 7세경에 발병하는 것으로 알져져 있다[그림 4-1]. 틱양상은 대개 운동틱으로 발생하게 되며, 2년이 경과한 시점에서 음성틱을 동반하게 되는 것으로 알려져 있다. 가장 흔한 초기 증상으로는 눈을 깜박거리는 등의 안면 증상이다. 시간이 지나면서 신체의 아래쪽에서 틱증상이 발현되고, 보다 복잡한 운동으로 발전하기도 한다. 틱증상은 한 가지 틱이 없어지면 새로운 다른 틱증상이 발생하는 양상을 보이므로 각 증상이 틱증상인지에 대해서 혼란스러운 경우가 있다.

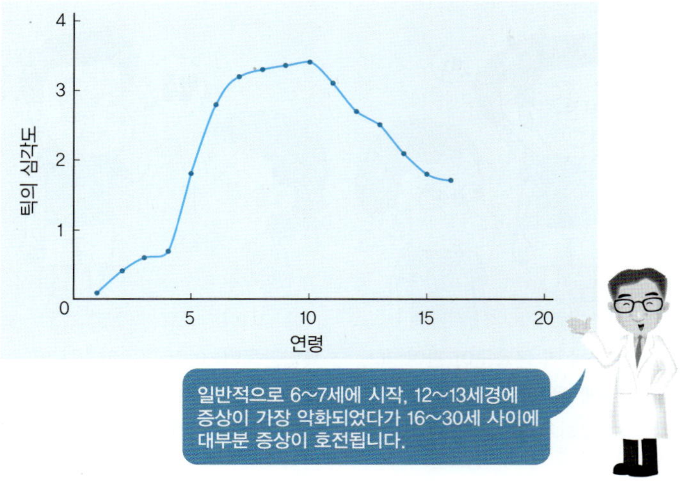

그림 4-1 **틱증상의 경과**

출처: 보건복지부 대한의학회

뚜렛장애의 특징적 증상으로는 외설증으로 전체 뚜렛장애의 10% 미만에서 나타난다. 일부 아동 중에서는 수면 중에도 틱증상이 발생하는 것으로 보고되고 있다. 약 25~50%에서 틱발생 전에 과잉행동, 산만함, 지속적인 주의력의 어려움 등이 나타나기도 한다. 10세 이상이 되면 아이들은 대개 틱증상 전에 전조 증상을 보고한다. 전조 감각 충동은 전형적으로 뭔가 죄는 느낌, 터질 것 같은 느낌, 하지 않으면 안 될 것 같은 불편감 등을 경험하는 것 등이다. 예를 들어, 기침소리 같은 음성틱을 하기 전에 목이 아파오거나 간지러운 느낌, 목을 움직이는 틱을 하기 전에 목이 뻣뻣하게 굳거나 수축하는 느낌 등을 호소하게 된다. 간혹 전신이 달아오르는 듯한 느낌을 이야기하는 아동도 있다. 각각의 틱은 1초 이상 지속되는 경우가 드물며 틱은 짧은 틱 사이의 간격을 두고 한꺼번에 삽화적으로 발생하는 경향이 있다. 틱의 분류와 대표적인 행동은 [그림 4-2]와 같다.

단순근육틱: 하나 혹은 소수의 근육군이 관여한다. 눈 깜빡거림, 눈알 빠르게 움직이기, 머리 흔들기, 코 찡긋하기, 머리 뒤로 젖히기 등

복합근육틱: 여러 근육이 동시에 수축하고 마치 의도한 행동처럼 보일 수 있다. 냄새 맡는 것처럼 콧구멍 벌렁거리기, 자신을 치는 행동, 갑자기 일어나는 행동 등

복합음성틱: 자신도 모르게 사회적 상황과 맞지 않는 관계가 없는 단어나 구, 절 등을 말하는 것이다. 에고, 웃겼어 등

단순음성틱: 빠르고 의미 없는 소리를 내는 것이다. 가래 뱉는 소리, 킁킁거리는 소리, 기침소리, 쉬 소리, 침 뱉는 소리 등

그림 4-2 틱의 분류와 대표적인 행동

출처: 보건복지부, 대한의학회

틱은 현재까지 진행되어온 연구를 살펴보면, 〈표 4-12〉와 같이 유전적 요인과 환경적 요인 간의 상호작용으로 인하여 질병이 발생하는 것으로 알려져 있다.

표 4-12 틱장애의 원인과 개입

구분	내용
신경생물학적 요인	도파민 수용체를 차단하는 약물을 사용하게 되면 일시적으로 틱의 증상을 호전시킬 수 있고, 도파민 분비를 증가시키는 약을 쓰면 틱증상이 악화되는 것으로 보아 도파민 체계의 이상이 병의 원인으로 추측된다. 또한 각종 뇌영상 연구결과를 살펴보면, 뇌의 피질–선조체–시상–피질 회로의 이상이 틱장애의 발생과 연관이 있는 것으로 보고되고 있다.
유전적 요인	가족력으로 부모가 어릴 때 틱증상을 보인 경우가 많다. 유전적 소인이 있는 경우에는, 특히 남자에서 틱장애가 많이 발견되고 여자에게 강박장애가 흔히 관찰된다. 일란성 쌍생아의 경우 뚜렛장애는 54~89%의 일치율을 보이게 되며, 만성틱장애까지 포함될 때 일치율이 94~100%에 이르는 것으로 보아 상당한 유전적 원인을 갖고 있는 것으로 생각된다.
환경적 요인	출산과정에서 뇌 손상이나 뇌의 염증, 출생 시 체중, 산모의 스트레스 등도 틱 장애와 관련이 있다는 보고가 있다.
심리적 요인	틱증상은 스트레스에 민감하므로 정서적으로 불안할 때 증상이 악화되는 경향이 있다. 따라서 틱증상에 대해 벌을 주거나 야단을 치는 경우 더 악화된다. 가정 불화, 학교 시험, 흥분되는 휴일, 친구와의 불화, 신학기 등의 시기는 증상을 악화시킬 수 있다. 그러나 틱이 악화되었다고 해서 반드시 이런 원인이 있는 것은 아니다. 지나치게 심리적인 요인을 강조하면 오히려 아동의 정상적인 발달을 저해할 수 있다. 즉, 아동이 당연히 지켜야 하는 규칙이나 책임을 스트레스를 주지 않기 위해 아이가 해야 할 일을 하지 않도록 방치할 수 있게 된다.

틱증상의 공통적인 특징은 불수의적이고, 시간에 따라서 강도나 빈도가 변할 수 있다는 것이다. 스스로 노력하면 일시적으로 억제가 가능하기도 하지만 기본적으로 불수의적인 특징을 가지고 있다. 스트레스나 불안, 피로감, 지루함 또는 흥분상태 등에서는 증상이 악화될 수 있고 휴식, 수면 중, 한 가지 일에 몰두할 때는 증상이 일시적으로 호전을 보이기도 한다. 따라서 아동이 틱증상을 보일 경우, 아동을 혼내지 말아야 하고, 현재 생활에서 스트레스의 요인이 있는지 살펴보고, 스트레스 요인을 제거 혹은 약화시키려는 노력이 우선되어야 한다.

8) 섭식장애

아동에게서 보일 수 있는 대표적인 섭식장애는 이식증이며, 이 장애는 흙, 실, 종이, 머리카락, 비누, 헝겊 등 영양이 없는 물질을 먹는 장애를 말한다. 주로 4세 미만의 어린아이에게서 나타나는데, 대개 12~24개월 사이의 걸음마기 동안에 시작된다. 영아들은 흔히 물건을 입에 넣고 빨기를 잘하는데, 만24개월이 넘은 아이가 장난감, 연필 등의 물건을 입에 넣고 계속 빠는 행동을 하면 이식증을 의심해야 한다. 아동의 약 10~20%가 이식증을 보이며 연령이 증가하면서 감소한다. 남녀의 비율은 차이가 없으며, 낮은 사회 · 경제계층에서 이식증 아동이 많다는 연구결과가 있다. 아동 이식증은 대개 6세 전에 회복되며 대부분 자연적으로 회복되는 것으로 보고되고 있다. 이식증 발생을 예방하기 위해서는 아이들을 위한 깨끗하고 따뜻한 환경을 만들어 주는 것이 필요하다.

9) 공격적 행동

성장기의 아동은 발달 지연이나 스트레스, 부모의 무관심, 환경 부적응 등으로 다양한 형태의 공격성을 보일 수 있다. 이러한 아이의 공격성은 대부분 자연 치유되거나 시간이 지나면서 공격성이 점차적으로 사라지지만 일부 아이들은 공격성을 더욱 강화시키게 된다. 공격성을 보이는 아이들은 대부분 집중력이 떨어져 있거나 경미한 자극이나 외부 요소에도 민감하게 반응하는 경향이 강하다. 또한 부모 또는 주변인이 아이에게 특정 규칙을 강요하거나 아이의 공격행위를 통제하려 든다면 아이는 신경질적으로 반응하면서 자신의 공격성을 발달시키기도 한다. 이러한 공격행동의 주요 요인으로는 아이의 욕구불만, 수면부족, 정서순환의 곤란, 아동학대, 부모에 대한 관심 끌기, 발달 지연 등을 들 수 있다.

아이의 공격성의 특성은 크게 3가지로 구분될 수 있다. 첫째, 공격행동을 보이는 아이들은 타인에 대한 신체적 공격을 가하게 되는데, 대부분 물리적인 힘을 가하여 타인에게 상해를 입히게 된다. 둘째, 언어적으로도 아이들은 타인에게 피해를 줄 수 있다. 예를 들어, 타인에게 해가 되는 말이나 욕설, 폭언, 악의적인 별명을 부르면서 타인의 명예와 자존심에 상처를 주는 것이다. 셋째, 아동은 관계적인 공격행동을 할 수 있다. 예를 들어, 아이는 특정 상대에게 공격행위를 가하기 위하여 또래 친구들을 이용하여 특정 상대를 따돌리거나 악의적인 소문을 퍼뜨려 상대를 공격하게 된다.

10) 사회적 문제행동

아동의 사회적 문제행동은 반사회적 문제행동과 비사회적 문제행동으로 구분할 수 있다. 반사회적 문제행동은 사회적인 규범이나 질서에 반하는 행동으로 범죄행동이나 비행 및 그에 유사한 행동을 의미한다. 예를 들어, 폭력, 도벽, 방화, 성범죄 등 사회규범에서 일탈하는 행동들이다. 한편, 비사회적 문제행동은 타인과의 사회적 접촉을 회피하거나 좁은 생활공간 또는 방어적인 행위에 사로잡혀 있는 행동을 말한다. 예를 들어, 선택적 함구증, 등교 거부, 자해, 자살 시도, 거식, 과식 등 여러 가지의 신경증적인 상태 등이 포함된다. 비사회적 문제행동은 반사회적 문제행동보다 발견을 하기 어렵거나 방치되는 경우가 흔하다.

비사회적인 아동의 사회성 향상을 위해서는 아동의 자발적인 반응과 참여를 격려하는 반구조적인 방법과 교사 주도의 구조적인 방법을 이용하게 된다. 반구조적인 방법은 교사가 아동과 상호작용을 하면서 아동의 행동에 대한 적절한 해석을 제공하고 도움이 꼭 필요할 때 개별 아동을 지지하고 보호하는 것이다. 즉, 칭찬과 인정, 격려를 하며, 신체적 · 언어적 강화를 통해 피드백을 하는 방법이다. 구조적 형태의 지도는 아동의 비사회적 행동에 대해 신체적 · 언어적 · 물질적인 강화제로서 칭찬과 인정, 격려, 토큰강화 등의 행동주의적 치료기법들을 적용하는 것이다.

4. 아동의 정신건강증진

아동의 정신건강증진을 위해서는 우선 아동이 적절한 좌절과 실패를 경험해 보도록 하는 것이다. 이 세상은 혼자서 살 수 있는 곳이 아니기 때문에 자신의 욕심대로 모든 것을 할 수 없으며, 운다고 모든 것이 해결되지 않는다는 것을 알도록 하는 것이다. 아동이 원하는 모든 것을 다 해주어 전혀 좌절을 경험해 보지 않게 하는 것은 오히려 아동에게 부정적인 영향을 미치게 된다(임미혜, 이혜정, 2018). 아동의 마음을 건강하게 하는 방법은 〈표 4-13〉과 같다(임미혜, 정정옥, 2014).

표 4-13 아동의 마음을 건강하게 하는 방법

구분	내용
아동에게 적절한 좌절을 경험하게 한다.	아동에게 부모의 이혼이나 필요 이상 감정적으로 때리는 매는 오히려 마음을 해칠 수 있다. 그리고 집에 장난감이 많은데도 또 장난감을 사달라고 하는 요청은 거절하는 것이 좋다.
아동이 충분히 아파할 때까지 기다려주어야 한다.	아동이 적절한 좌절을 경험했을 때 교사는 일단 거리를 두고 아동이 충분히 아파할 때까지 기다려주어야 한다. 아동이 힘들어하는 모습이 안타까워서 문제를 해결해 주려고 나서게 되는 것은 아동이 아픈 것을 대신 아파하겠다고 하는 것이나 똑같다.
아동 자신의 기분을 이해할 수 있도록 도와준다.	마음의 상처 또는 스트레스는 기분과 깊은 관련이 있다. 따라서 자신의 기분과 느낌을 정확하게 이해하면 스트레스를 조절하는 데 도움이 된다.
아동의 감정을 읽어주고, 좌절에 대해 이야기할 기회를 주어야 한다.	아동이 어떤 것으로 마음의 상처를 입었는지 빨리 알아차리려면 무엇보다 대화를 많이 하는 것이 중요하다. 지금 무엇을 필요로 하는지, 무엇을 원하는지를 아동이 조리 있게 설명하지 못하기 때문에 말 뒤에 숨겨진 의미를 파악할 줄 알아야 한다. 인내심을 가지고 아동의 이야기를 듣다 보면, 자연스럽게 무엇 때문에 힘들어 하는지를 알 수 있게 된다.
아동에게 사랑을 표현하여 자존감을 높여준다.	자존감이란 자신의 행동과 특성에 관한 표현과 평가를 나타내는, 즉 상대적으로 안정되어 있는 자신에 대한 태도를 의미한다. 자신에 대해 건강한 자존감을 가진 아동은 자기 신뢰가 높고 도전심이 강하기 때문에 자존감이 낮은 아동보다 스트레스를 잘 이겨낸다. 따라서 교사 혹은 부모는 평소에 아동에 대한 사랑과 칭찬에 인색하지 않아야 한다.

구분	내용
아동이 신체적으로 건강해지도록 도와준다.	신체가 건강하면 마음도 건강하고 자부심도 강해진다. 또한 신체적 활동은 원기를 회복시키고 뇌 속에 있는 천연 신경 안정제 분비도 촉진시키므로 균형 잡힌 운동 등을 제공한다.
아동을 독립된 인격체, 합리적인 태도로 대해준다.	아동은 끊임없이 질문하면서 호기심을 채워간다. 이럴 때 아동의 대답을 무시하거나 귀찮아하는 모습을 보여서는 안 된다. 또한 안 된다는 말을 쉽게 내뱉는 강압적인 태도도 버려야 한다. 그리고 과보호하는 태도 역시 버리는 것이 좋다.
함께 놀 수 있는 시간을 갖는다.	아동들은 스스로 스트레스를 해결하는 방법을 알고 있다. 예를 들어, 공을 던지고, 차고, 장난감 탑을 부수는 등 몸을 사용하는 활동이다. 무엇인가를 흐트러뜨리고 파괴하는 놀이는 마음속에 쌓인 화를 푸는 데 도움이 된다. 또한 애완동물이나 자기가 좋아하는 인형을 끌어안고서 자기의 마음을 안정시키기도 한다. 따라서 아동과 운동을 하거나 산책하는 등 함께 시간을 가지는 것이 좋다.
전문가의 지원을 받는다.	아동이 퇴행행동, 틱, 수면장애 등 지속적으로 정신적인 문제를 보이는 경우 놀이치료, 상담 등 전문가의 도움을 받도록 하는 것이 좋다.

교사의 건강관리

Chapter

5

배울 내용

1. 교사의 건강
2. 교사의 건강에 영향을 미치는 요인
3. 교사의 신체 및 정신건강관리

학습목표

1. 교사의 건강에 대한 개념을 이해한다.
2. 교사의 건강에 영향을 미치는 요인을 파악하고 예방법을 모색해본다.
3. 교사의 신체 및 정신건강관리의 구체적인 기법을 익힌다.

1. 교사의 건강

세계보건기구(WHO, 1970) 헌장에서는 건강하다는 것을 "신체적, 정신적, 사회적으로 완전히 양호한 상태로 있는 것"으로 정의하고 있으며, 한국의 헌법에서는 건강을 "모든 국민이 마땅히 누려야 할 권리" 라고 정의하고 있다. 이는 건강의 개념이 확대되어 의학적인 문제일 뿐 아니라 사회적인 문제라는 인식의 전환이 이루어지고 있음을 알 수 있으며, 건강이라는 개념을 사회적인 권리로서 인식하는 것이다.

교사의 건강은 좁게는 가르치는 이에게 모범이 되고 넓게는 지역사회까지 간접적으로 영향을 미친다는 점에서 매우 중요하다. 특히, 유아교사의 건강상태는 어린 유아들의 신체적 · 정신적 건강까지 영향을 미치게 된다(이기현, 이은상, 2003). 즉, 신체적으로 건강한 교사는 영유아의 요구에 민감하게 반응하고 안정적으로 유아들을 대할 수 있지만, 건강하지 못하다면 유아들의 건강과 교육 그리고 전반적인 일상생활에 있어서도 긍정적인 영향보다는 부정적인 영향과 함께 동료교사 간에도 문제를 보일 수 있다.

2013년 국가인권위원회가 전국의 보육교사를 대상으로 실시한 보육교사 인권상황 실태조사에 따르면, 보육업무를 수행하며 겪는 스트레스로 인해 일상생활에 지장을 경험하는 경우가 75.5%로 나타났으며, 업무 수행과정에서의 상해 여부를 조사한 결과, 64.7%가 보육업무를 수행하는 과정에서 아프거나 사고를 당한 경험이 있는 것으로 보고되었다. 보육업무로 인해 보육교사들이 경험하고 있는 질병에 대해 상세히 살펴보면, 정신적 스트레스 질환(40.6%), 무릎 및 관절질환(34.9%), 요통 및 디스크 질환(32.1%), 위장질환(29.6%), 근육통 및 근육질환(28.2%), 호흡기 계통 질환(24.4%), 방광염 및 비뇨기 질환(18.2%), 하지정맥 및 혈관계 질환(3.3%) 순으로 나타났다. 또한 이러한 질병으로 인해 휴직을 한 경험이 있는지 조사한 결과, 94.5%가 없는 것으로 나타났으며, 그 이유로는 휴직으로 인한 업무 공백과 원장 및 동료교사들의 시선에 부담을 느끼는 것이 주된 원인으로 나타났다. 병원 이용 시 어려움의 원인을 조사한 결과, 업무 시간과 병원 진료 시간의 일치로 인한 시간 부족이 71%, 원장 및 동료교사의 눈치로 인한 부담이 22.9%, 치료비 부담이 2.3%, 가까운 곳에 적당한 의료기관이 없음이 2%로 나타났다.

이처럼 많은 유아교사들이 유아의 교육과 보육업무를 수행하는 과정에서 정신적 · 신체적인 질병을 경험하고 있지만 이로 인한 적절한 지원을 보장받지 못한 채 대부분 불편을 감수하는 경우가 많음을 알 수 있다. 유아교사가 경험하는 신체적 건강과 정신적 건강에 대해 구체적으로 살펴보면 다음과 같다.

1) 신체적 건강

일반적으로 신체적 건강상태는 개인이 자신의 신체적 건강에 대해 지각하는 것으로 개인이 안녕을 느끼며 생활할 수 있는 상태에 대한 주관적인 평가라고 할 수 있다. 즉, 신체적인 건강이란 교사가 인식하고 있는 신체적 건강의 수준을 의미한다.

유아교사는 아이들을 대상으로 하는 특성상 기본적으로 신체적 불편함을 호소하게 된다. 왜냐하면 아이들의 눈높이에 맞춰 계속 자세를 낮추어야 하며, 행동수준에 맞추기 위해 계속적으로 신체를 민첩하게 움직여야 하기 때문이다(공인숙 외, 2000). 따라서 유아교사들의 신체적 건강이 전제되지 않는다면, 이러한 역할을 충실히 수행하는데 어려움을 경험하게 된다. 즉, 유아교사는 일과 내에서 동시적으로 많은 역할을 수행해야 하는데, 구체적으로 교사에게 있어 식사시간은 영유아들의 식습관 지도 및 도움 제공이 우선시되어야 하는 시간이며, 낮잠 시간에도 영유아들을 살피는 동시에 수업 준비, 대화 수첩 기록, 일지 정리를 병행해야 한다(민성혜 외, 2008). 이렇듯 계속적으로 신체의 움직임이 요구되는 과정에서 많은 역할을 신속히 수행하기 위해서는 신체적 건강이 필수적으로 수반되어야 한다.

하지만 유아교사는 자신의 건강상태에 대한 지각 정도가 낮은 것으로 나타났으며, 유아교사의 신체적 건강상태를 구체적으로 살펴보면 〈표 5-1〉과 같다.

표 5-1 유아교사가 지각한 신체적 건강상태

구분	항목	경험 유(%)	전체(%)
다자각증상	일어설 때 어지러운 경우가 있다.	51.6	51.13
	쉽게 피로를 느낀다.	51.4	
	머리가 아픈 경우가 있다.	49.0	
	어깨가 결리고 아픈 경우가 있다.	62.6	
	발가락이나 손가락에 저린 느낌이 있다.	36.6	
	허리와 무릎이 아픈 경우가 있다.	55.6	
눈과 피부	눈이 쉽게 피로해진다.	56.5	38.9
	여드름, 피부통증이 있다.	21.3	
호흡기	목이 쉰 듯한 경우가 있다.	46.4	40.63
	가래가 끓는 경우가 있다.	31.2	
	감기에 쉽게 걸린다.	44.3	
구강 및 자궁	입술이 부르트는 경우가 있다.	36.8	28.48
	잇몸이 붓거나 피가 나는 경우가 있다.	21.0	
	입에서 나쁜 냄새가 난다.	16.1	
	생리통이 있다.	40.0	
소화기	설사를 하는 경우가 있다.	22.5	28.66
	변비가 있는 편이다.	25.7	
	소화가 안 되는 경우가 있다.	37.8	

출처: 정희남(2008). 유아교사의 생활양식과 건강상태에 관한 연구. 부산대학교 교육대학원 석사학위논문.

〈표 5-1〉과 같이 유아교사가 지각한 신체적 건강상태는 다자각증상의 경험이 51.13%로 가장 높았으며, 호흡기 40.63%, 눈과 피부 38.9%, 소화기 28.66%, 구강 및 자궁 28.48% 순으로 나타났다. 유아교사들의 신체적 건강이 매우 중요함에도 불구하고 현장의 교사들은 이를 인지하지 못하고 있으며 관리의 어려움을 호소하고 있는 것을 알 수 있다. 또한 유아교육에 있어서 교사의 건강이 유아들에게 매우 중요하고 유아들의 성장과 발달에 영향을 미치는 반면, 교사의 건강에 대한 중요성을 인식하고 관리하는 노력이 부족하여 이를 위한 개입이 필요하다고 할 수 있다.

2) 정신적 건강

정신건강(Mental health)은 사람의 정서상태, 타인과의 관계, 사회문화적 맥락 내의 형평성에 영향을 미치는 한 개인의 정신적 상태를 의미한다. 다시 말해 정신적으로 건강한 상태란 병적 증상 및 정신병리가 없으며, 환경에 대한 적응력을 가지고 있고, 성숙한 인격을 소유한 상태를 말한다. 또한 정신건강 개념은 주관적인 안녕감, 자기효능감, 상호 간의 관계 속에서 개인의 인지적 · 정서적인 잠재능력에 대한 자기실현 등을 포함한다. 교사에게 있어서도 이러한 안녕감, 자기효능감, 정서상태 등이 모두 해당하고 매우 중요하다고 볼 수 있다.

유아교사의 신체적 건강뿐만 아니라 정신적 건강도 중요한 요소이다. 교사의 정서적 안정감, 자기조절력, 사고방식은 아동들의 성격형성과 정서발달에 영향을 미치게 된다. 즉, 감정통제에 어려움을 겪거나 부정적인 정서의 교사는 아이들의 정서를 불안정하게 하며 부정적인 영향을 미친다. 반면, 정서적으로 안정되고 긍정적인 교사는 아이들의 정서발달에 긍정적인 영향력을 발휘한다(윤애희 외, 2003). 또한 아동의 개별적인 개성과 고유한 권리를 인정하고 존중해줄 수 있는 정신적 역량을 갖춘 교사는 아동이 긍정적 사고방식과 자아존중감을 형성해 나갈 수 있도록 바람직한 영향을 준다(김경희 외, 2006).

다시 말해 유아교사가 우울 경향성을 가지고 있거나 유치원 혹은 어린이집 생활에 불만족을 느끼고 있다든지 또는 행복하지 않거나 불행하다고 느낀다면, 여기서 발생할 수 있는 부정적 결과들이 결국 아이들에게 직 · 간접적으로 영향을 미치게 된다(임규혁, 2001). '진정으로 훌륭한 교사는 정신건강이 뛰어난 사람'이라고도 하는데, 일반적으로 교사의 신경질적이고 우울한 성격이 아이의 성격에 나쁜 영향을 끼친다는 점에서도 교사의 지적인 면의 우수성보다는 인간적인 면의 건전성이 더 중요하게 요구된다고 볼 수 있다. 이와 같이 유아교사의 정신적 건강이 중요함에도 불구하고, 많은 유아교사들이 정신적 문제를 경험하고 있는데, 구체적인 정신적 건강문제는 〈표 5-2〉와 같다.

표 5-2 유아교사가 지각한 정신적 건강문제

구분	항목	경험 유(%)	전체(%)
충동성	행동하기 전에 잘 생각한다.	41.5	28.83
	하던 일이 자기 마음에 안 들면 그만둔다.	16.7	
	아는 사람 중에 싫어하는 사람이 있다.	28.3	
허구성	청중 앞에서 자연스럽게 의견을 발표할 수 있다.	28.5	26.50
	그날 할 일은 꼭 끝마친다.	24.5	
우울성	지나간 일을 생각하는 편이다.	47.0	34.90
	주위 사람들이 나를 어떻게 생각하느냐에 신경이 쓰인다.	42.4	
	하는 일이 힘들게 느껴진다.	31.7	
	다른 사람을 만나고 싶지 않을 때가 있다.	28.5	
긴장성	신경이 예민한 편이다.	33.7	26.84
	안절부절하는 경우가 있다.	17.8	
	하찮은 일도 걱정이 된다.	29.1	
	불평불만이 많은 편이다.	12.7	
	정신적으로 피곤함을 느끼는 경우가 있다.	40.9	

출처: 정희남(2008). 유아교사의 생활양식과 건강상태에 관한 연구. 부산대학교 교육대학원 석사학위논문.

〈표 5-2〉와 같이 유아교사가 지각한 정신적 건강문제는 우울성이 34.90%로 가장 높았으며, 충동성 28.83%, 긴장성 26.84%, 허구성 26.50% 순으로 나타났다.

2. 교사의 건강에 영향을 미치는 요인

1) 교사의 근무환경

유아교육환경이 아동에게 매우 중요한 요인인 것처럼 유아교사에게도 근무환경이 매우 중요하다고 볼 수 있다. 즉, 유아교사의 근무환경은 교사로서의 역할을 원활하게 수행할 수 있도록 지원하는 환경으로 교사 스스로의 자존감을 지키고 역할을 수행하면서 신체적 건강과 정신적 건강을 유지할 수 있는 매우 주요한 요인으로 볼 수 있다. 따라서 효과적인 유아교육 운영과 건강하고 우수한 능력을 갖춘 유아교사를 확보하기 위해서는 유아교사의 보수, 근무조건, 후생복지 등이 적절하게 마련될 필요가 있다. 일반적으로 근무환경은 물리적 환경이나 복지적인 환경뿐만 아니라 개인이 인지하는 동료와의 상호작용, 원장과의 상호작용, 학부모와의 관계, 개인의 근무에 영향을 주는 정책적 환경까지를 포함한다. 또한 근무시간, 교사 대 아동의 비율, 업무방침, 급여, 후생복지, 근로 및 고용조건, 교육 기회 등이 포함되는 개념이다.

이처럼 유아교사의 근무환경은 유아교사의 업무에도 영향을 미칠 뿐만 아니라 직무만족으로 연결되고, 그 결과 유아교육의 질적인 수준이 높아질 수도, 낮아질 수도 있는 요인으로 작용하게 된다.

2) 교사의 스트레스

표 5-3 자신이 지각한 스트레스의 정도

최근 1개월 동안 다음 문항의 내용들을 얼마나 자주 느꼈는지 표시를 하세요.

내용	전혀 없음	거의 없음	때때로 있음	자주 있음	매우 자주 있음
예상치 못했던 일 때문에 당황했던 적이 얼마나 있었습니까?	0	1	2	3	4
인생에서 중요한 일들을 조절할 수 없다는 느낌을 얼마나 경험하였습니까?	0	1	2	3	4
신경이 예민해지고 스트레스를 받고 있다는 느낌을 얼마나 경험하였습니까?	0	1	2	3	4
당신의 개인적 문제들을 다루는 데 있어서 얼마나 자주 자신감을 느꼈습니까?	4	3	2	1	0
일상의 일들이 당신의 생각대로 진행되고 있다는 느낌을 얼마나 경험하였습니까?	4	3	2	1	0

내용	전혀 없음	거의 없음	때때로 있음	자주 있음	매우 자주 있음
당신이 꼭 해야 하는 일을 처리할 수 없다고 생각한 적이 얼마나 있었습니까?	0	1	2	3	4
일상생활의 짜증을 얼마나 자주 잘 다스릴 수 있었습니까?	4	3	2	1	0
최상의 컨디션이라고 얼마나 자주 느끼셨습니까?	4	3	2	1	0
당신이 통제할 수 없는 일 때문에 화가 난 경험이 얼마나 있었습니까?	0	1	2	3	4
어려운 일들이 너무 많이 쌓여서 극복하지 못할 것 같은 느낌을 얼마나 자주 경험하셨습니까?	0	1	2	3	4
점수의 합					

자신이 스트레스를 받는 정도를 확인하기 위해 각 문항의 점수를 먼저 더하면 된다. 만약 점수 합계가 13점 이하인 경우는 정상적인 스트레스 상태로 스트레스 요인 자체가 심각하지 않거나 좋은 스트레스로 받아들인 경우에 해당되며, 이런 경우에는 자신이 하고 싶은 일을 제대로 할 수 있다고 판단된다. 14점 이상인 경우에는 이미 스트레스의 영향을 받기 시작한 것을 의미한다. 만약 이런 상태가 지속되면 나쁜 스트레스의 결과가 나타날 수 있다. 17점 이상인 경우는 정신질환으로 발전될 가능성이 높아진 상태이고, 19점 이상인 경우는 전문가의 도움이 필요하다.

(1) 일반적인 스트레스

셀리에(Selye, 1976)는 스트레스를 "모든 요구에 대한 신체의 보편적 반응"으로 정의하였으며, 불쾌하거나 유쾌한 자극 모두에 의해 발생한다고 주장하고 있다. 또한 역기능적 스트레스(distress)는 적응하기 힘든 요구에 의해 발생되는 불편한 감정이며, 순기능 스트레스(eustress)는 만족스러운 활동의 관여에서 비롯되는 즐거운 감정으로 보고 있다[그림 5-1]. 스트레스에 대한 일반적인 정의는 "환경으로부터 어떤 기회나 제한, 요구를 받는 한 개인이 자기의 능력이나 가용자원(예를 들어, 시간, 돈, 수단 등)으로 문제에 대처하기가 어렵다고 느끼는 한편, 그 환경의 요구를 정면 돌파할 경우(fight)와 회피할 경우(flee), 각각의 결말이 불확실하면서도 자신에게 중요하다고 인식함으로써 심리적 갈등을 경험하게 되면서 심신이 소모되는 현상"으로 정의되고 있다.

그림 5-1 스트레스의 정의

출처: 보건복지부 대한의학회

현대인의 생활에 있어 스트레스는 피할 수 없는 일부분이 되었다. 즉, 인간은 누구나 일상생활에서 일어나는 여러 가지 사건을 통하여 스트레스를 경험하고 있으며, 일정 수준 이상의 스트레스를 받게 되면 지각, 사고, 판단 등의 인지기능에 변화가 오며, 신체적 변화, 행동의 혼란, 환경에 대한 반응 등에 이상을 가져오게 된다. 스트레스의 구체적인 영향은 〈표 5-4〉와 같다.

표 5-4 스트레스의 영향

유형	구분	내용
생리적 반응	단기	심장박동, 호흡장애, 두통 등
	장기	위궤양, 혈압, 심장질환, 호흡기 질환 등
심리적 반응	단기	좌절감, 지루감, 이유 없는 불만, 불신감, 무력감, 기억감퇴, 주의력 감소, 판단력 둔화, 애매성 또는 새 것에 대한 거부, 편집증 등
	장기	사고의 경직화, 폐쇄적이고 부정적인 태도, 자신의 능력에 대한 회의, 동료와 소속집단에 대한 회의 등
행동적 반응	단기	식욕감퇴, 과음, 외형의 변화, 불규칙한 행동, 사고유발, 거친 행동, 약물복용 등
	장기	알코올 중독, 약물남용, 사회적 부적응 등

(2) 직무스트레스

직무스트레스에 대한 개념은 1930년대에 산업현장에서 발생하는 여러 소외현상과 같이 작은 스트레스가 직무행동에 미치는 영향에 대한 연구를 시작하면서 직무스트레스(job stress)라는 용어가 등장하게 되었다. 직무스트레스란 작업요구와 개인의 수행능력 간에 개인적으로 인지되는 불균형을 의미하며, 조직에서 자신이 맡은 바 직무를 수행하는 과정에서 개인의 욕구와 주어진 환경이 요구하는 상황과 불일치할 때 일어나는 반응으로 정의되고 있다(장형식, 2000).

오늘날 현대인들은 어떠한 행태든 조직의 일원으로 살아가고 있으며 그 속에서 대부분의 시간을 보내고 있고, 조직의 목표를 달성하기 위해 많은 시간을 직무와 관련된 활동을 하게 된다. 이러한 활동에는 스트레스가 작용하게 되고 알맞게 작용하는 순기능적 스트레스는 좋은 결과를 유도하지만 스트레스 정도가 조직원 능력의 한계를 느끼게 하는 역기능적인 스트레스는 자신의 건강뿐만 아니라 조직의 목표달성에도 부정적인 영향을 미치게 된다. 구체적으로 직무스트레스가 적절한 수준이면 개인이 목표를 위한 자기 동기부여나 자극, 성공적인 목표 수행 이후의 성취감과 같은 긍정적인 효과가 있지만 스트레스 경험이 개인의 정상적인 대처능력 이상으로 초과하게 되면 개인의 분열적 · 비생산적 · 위험적 행동과 같은 부정적인 영향을 미치게 된다.

교직은 그 직업의 특수성으로 인해 교육제도 및 모든 영역의 교육과정에서 스트레스를 받고 있기 때문에 과거에는 교사스트레스(teacher stress)라는 용어를 사용하였으나, 현재는 교직에서는 직무스트레스(job stress in teaching)라는 용어를 주로 사용하고 있다. 교직은 인간을 대상으로 하는 직업이므로 특히 신경을 많이 쓰는 직업이기도 하다. 왜냐하면 교육의 대상자만이 아니라 동료교사, 관리자, 학부모 모두를 대상으로 하는 직업이기 때문에 스트레스가 더욱더 가중되기 때문이다(추민아, 2008). 유아교사가 경험할 수 있는 직무스트레스의 유형과 특징은 〈표 5-5〉와 같다(최윤희 외, 2018).

표 5-5 유아교사가 경험할 수 있는 직무스트레스

구분	내용
직장 내 사회관계	직장 내 사회관계 직무스트레스는 유아교육기관에서 유아교사의 상사, 즉 원장 또는 주임교사 등이 자신의 일에 지나치게 관여하는 것으로 생각하는 것 등이 대표적인 현상이다. 또한 자신이 동료교사들에게 신뢰감을 못 느끼게 될 때 경험하는 직무스트레스이다. 예를 들어, 원장 혹은 동료와의 어려움으로 유아교사직을 그만 두고 싶을 때가 있다고 생각된다. 또한 동료교사들은 내가 충실히 직무를 수행하지 않는다고 생각하고, 동료교사들 간에 서로 경쟁이 심하여 동료교사들이 나를 따돌리는 것 같아 화가 날 때가 있으며, 동료교사와의 의견 불일치는 자신에게 문제가 있어 발생하는 것 같다고 느끼게 되는 것이다.
아동과의 관계	아동과의 관계에 관한 스트레스는 학습활동에 참여하지 않으려는 아동들의 동기를 부여하는 데 너무 힘이 든다고 느끼고, 아동들의 통제에 힘이 든다고 인지할 때 경험하게 된다. 특히, 부적응아동을 어떻게 지도해야 할지 모르고, 아동의 행동에 대해 참을 수 없이 화가 나고, 지속적으로 문제를 일으키는 아동이 있다고 인지할 때 스트레스를 경험하게 된다.
직무 프로그램 및 운영	직무 프로그램 및 운영에 관한 스트레스는 교육활동에 필요한 수업자료들이 많이 부족하고, 학습활동을 계획하고 조작하는 데 너무 광범위한 능력이 요구된다고 느낄 때 경험하게 된다. 그리고 수업준비 이외의 잡무가 많아서 수업 및 학급운영을 위하여 준비할 시간이 충분하지 않으며, 업무를 완성하기 위해 일거리를 집에 가져갈 때 나타난다. 그리고 교수-학습활동을 도와줄 보조 인력이 부족하며, 필요 이상으로 행사가 너무 많고, 자신의 불만을 주변 사람들에게 내색하지 않으려고 스스로 애쓰고, 정해진 근무시간에 맞추어서 퇴근하는 것이 눈치가 보인다고 인지할 때 스트레스를 경험하게 된다.

구분	내용
경제 및 처우조건	경제 및 처우조건에 관한 스트레스는 시간 외 수당이 주어지지 않거나 경력에 비해 보수가 낮고, 급여일의 변동이 잦을 때 경험하게 된다. 처우조건으로는 유아교사에 대한 사회적 인식이 낮아 편견을 경험하거나 혹은 일반교사들과의 차별을 인지할 때 경험하게 되는 스트레스이다.
유아교육기관 운영	유아교육기관 운영에 관한 스트레스는 자신이 담당하고 있는 반의 원아 수가 너무 많고, 원의 운영방식 자체가 일관성이 없다고 생각할 때 경험하게 된다. 또한 자신이 근무하는 유치원 혹은 어린이집이 좋은 교육과 보육에 대한 인식이 부족하고, 운영자가 너무 독단적인 운영을 한다고 믿거나 자신의 의견이 상사에게 무가치하게 받아들여질 때 나타날 수 있다. 그리고 교사회의가 너무 일방적인 지시나 명령으로 진행되거나 전인교육을 위한 교육보다는 특별활동이나 학부모를 위한 교육이 이루어진다고 느낄 때 경험하게 된다.
학부모와의 관계	학부모와의 관계에 관한 스트레스는 학부모들이 자신이 다니는 유아교육기관의 문제에 대하여 지나친 관여나 지나친 무관심을 보일 때 경험하게 된다. 특히 학부모와의 상호작용이 부담스럽고, 아동들 간의 싸움과 안전사고 등으로 유아교육기관에 항의하는 학부모가 많을 때 나타나게 된다. 또한 부모들이 교사가 그들의 자녀를 가르치는 일을 훌륭히 수행하지 못한다고 여기고, 자신 스스로 아동의 가정환경 전반에 대해서도 신경이 쓰이고 있다고 느낄 때 경험하게 된다.

유아교사의 직무스트레스는 교사가 근무하는 유아교육기관에서의 권한에 비해 너무 많은 책임을 부여하거나 교사들을 위한 행정적 지원이 부족한 경우, 의사결정 참여가 부족한 경우, 원장의 운영방식에 대한 불만들이 스트레스의 원인이 될 수 있으며, 교사가 스트레스를 받으면 이는 교사에게 정신적, 신체적으로 부정적인 영향을 미치게 된다(권혜진, 2008). 또한 장시간의 근무와 저임금, 낮은 사회적 인식 등으로 몸과 마음이 지쳐 교직에 대한 불만족, 교사로서의 자부심 감소현상을 초래하게 되고, 이는 프로그램의 질을 떨어뜨리고 아동발달에 부정적인 영향을 미치게 된다(조성연, 2005). 교사의 직무스트레스가 미치는 부정적인 영향을 구체적으로 살펴보면 〈표 5-6〉과 같다.

표 5-6 교사 직무스트레스의 부정적인 영향

- 정상적이고 건강한 교직생활을 위협한다(직장 내에서의 사기 저하, 교사의 타락, 교육의 질 저하, 정신건강 손상, 질병 유발).
- 아동의 학문적 성장에 기여 혹은 헌신하지 못하고 학생을 보호, 격려하지 못하고, 아동을 혹평함으로써 많은 아동의 자존심을 손상시킨다.
- 교사로 하여금 교직에서 생존을 위협한다(이직, 전직, 둔감성 조장).
- 교육에 대해 부정적이고 냉소적인 태도를 갖게 하고, 이것은 아동을 개인적, 사회적으로 발전하는 것을 저해한다.
- 교사의 직무스트레스는 교사에게 정신적 · 신체적 건강에 유해한 영향을 미칠뿐 아니라 아동의 학습 및 성격발달에도 부정적인 영향을 미친다.

교사가 직무스트레스에 장기간 노출되면 아동과의 상호작용이 감소하고 아동의 잘못된 행동에 대한 인내심이 적어지며, 칭찬에 인색해질 뿐만 아니라 창의적인 교수법을 적용하는 데도 제약이 따르게 된다. 이는 결국 유아교사의 직무스트레스가 발달적으로 중요한 시기에 놓여 있는 아동에게 부정적인 영향을 미치게 되는 것이다. 반면, 유아교사의 직무스트레스가 낮고, 유아교사에 대한 사회적 인식이 높을수록 권리 존중과 유아교육에 긍정적인 영향을 미치는 것으로 보고되고 있다(원영미, 2015).

(3) 교사의 스트레스 대처방식

표 5-7 교사의 스트레스 대처방식 척도

스트레스나 어려운 사건에 처했을 때 어떻게 행동하고 느끼는지를 해당하는 정도에 표시하십시오.

구분 및 내용		전혀 아니다	다소 아니다	대체로 그렇다	상당히 그렇다
대응방식 1	이것은 실제가 아니라고 스스로에게 말한다.	0	1	2	3
	이 일 외 다른 일에 대해 공상한다.	0	1	2	3
	내가 원하는 것을 얻으려는 시도를 포기한다.	0	1	2	3
	그 문제가 일어났다는 것을 믿지 않으려 한다.	0	1	2	3
	이 문제를 덜 생각하려고 영화나 TV를 본다.	0	1	2	3
스트레스 대응방식 1의 소계점수					
대응방식 2	이 경험을 통해서 인간적으로 더 성숙해지려고 한다.	0	1	2	3
	너무 서둘러 어떤 일을 처리하지 않도록 스스로 절제한다.	0	1	2	3
	지금 일어나고 있는 일에서 좋은 점을 찾는다.	0	1	2	3
	그 문제를 가장 잘 처리할 수 있는 방법을 생각한다.	0	1	2	3
	문제해결을 위한 직접적인 행동을 취한다.	0	1	2	3
스트레스 대응방식 2의 소계점수					

이 척도문항들은 원 척도에서 불안/우울 증상과 관련이 많은 것만 추출하였기 때문에 정신건강에 상당한 영향을 미친다고 할 수 있다. 자신의 스트레스 대응방식을 알기 위해서는 대응방식 1(소극적/감정해결형 대응)과 대응방식 2(적극적/문제해결형)의 합계를 따로 계산한다. 그 결과 대응방식 1의 점수가 5점 이하이고 대응방식 2의 점수가 9점 이상인 경우는 일상생활에서 스트레스를 잘 견디는 상태로 좋은 스트레스의 영향에 놓여 있는 것을 의미한다. 반대로 대응방식 1의 점수가 9점 이상이거나 대응방식 2의 점수가 5점 이하인 경우는 일상적인 생활사건조차도 나쁜 스트레스로 작용하여 질병으로 쉽게 발전할 위험이 큰 경우를 의미한다.

인간의 삶의 질적인 수준을 결정하는 요소로 자유, 행복, 경제적인 여유, 만족, 욕망의 성취욕, 의욕적인 직장활동과 사회적 활동성, 건강, 쾌적감(안락감)이라고 주장하고 있는데, 이는 모두 직무스트레스와 관련된 조건들이라고 할 수 있다. 그러나 직무스트레스 대처방식으로 소개되고 있는 내용들이 주로 순기능적 직무스트레스(eustress)보다는 역기능적 스트레스(distress)를 극복, 해소, 감소시키는 데 중점을 두고 있다. 스트레스 대처방식을 문제 중심적 대처, 정서 완화적 대처, 소망적 사고 추구, 사회적 지지 추구의 4가지로 구분하면 〈표 5-8〉과 같다.

표 5-8 스트레스 대처방식의 유형별 내용

방식	내용
문제 중심 대처	• 문제의 원인을 파악하고 대책을 세운다. • 문제의 당사자와 대화와 타협을 통해 해결한다. • 내 입장을 지키면서 바라는 바를 위해 싸운다(항의). • 문제를 해결하기 위해 더 열심히 노력하고 자기계발을 한다.
사회적 지지 추구	• 다른 사람에게 조언을 구하거나 정보를 제공받아 문제를 해결하려고 한다(지적·정보적 지지). • 다른 사람에게 일의 분담을 부탁해 문제를 해결하려고 한다(물리적 지지). • 다른 사람에게 자신이 처한 상황의 동조와 이해를 구한다(정서적 지지).
정서완화적 대처	• 어차피 감당할 업무라면 마음을 편안히 가지고 결과에 신경 쓰지 않는다. • 기분전환이 될 만한 말을 자신에게 한다(자기격려). • 문제의 대상에게 화를 낸다. • 술을 마신다. • 취미, 여가활동(산책, 영화, 쇼핑 등)을 통해 불편한 감정을 푼다. • 상황이 지금보다 더 나쁠 수도 있음을 상기한다.
소망적 사고 추구	• 그 일이 얼른 끝나고 지나가길 바란다. • 업무와 관련된 생각을 하지 않으려고 한다. • 나의 능력 부족을 탓한다. • 그 일이 잘되게 해달라고 기도한다. • 그 일을 무시해 버리고 그 다음 차선책을 받아들인다.

문제 중심 대처란 스트레스 원 자체를 변화시켜 해결하려고 노력하는 행동을 의미하고, 사회적 지지 추구는 다른 사람과 상의하고 도움을 받아서 스트레스를 해결하려는 행동을 의미한다. 그리고 정서완화적 대처는 스트레스원으로 인한 정서적 위협을 조절하려는 행동을 의미하고, 소망적 사고 추구는 현재보다 더 나은 상황을 꿈꾸는 것을 의미한다.

3. 교사의 신체 및 정신건강관리

1) 규칙적인 생활습관

평소 규칙적인 생활습관을 가지는 것이 건강관리의 출발점이다. 이를 위해 첫째, 건강한 식사습관을 가져야 한다. 음식을 먹을 때는 천천히, 편안하게, 골고루, 적당하게 먹는 것이 좋다. 또한 현대인에게 부족한 비타민, 무기질, 섬유소를 골고루 섭취하도록 해야 한다. 반면, 술, 카페인, 설탕, 소금, 인스턴트/패스트푸드 등을 과량으로 섭취하는 것은 건강에 좋지 않다. 둘째, 충분한 수면을 취해야 하는데, 일반적으로 6~8시간 정도가 적당하다. 셋째, 규칙적인 운동을 해야 한다. 일반적으로는 걷기가 좋은 운동으로 알려져 있다. 운동시간은 하루에 30~60분 정도, 일주일에 최소 세 번 이상 하는 것이 좋고, 운동을 전혀 하지 않았던 경우에는 단계적으로 횟수나 시간을 늘려가는 것도 좋은 방법이다.

2) 스트레스에 대한 적극적인 대응

스트레스를 잘 관리하거나 적절하게 대처하려면 그 실체를 정확히 아는 것이 필요하다. 이를 위한 첫 번째 단계는 현재 상황이 불편하다는 것을 인정하는 것이다. 이렇게 불편하다고 느끼기 시작한 경우는 이미 그 스트레스를 피할 수 없을 가능성이 훨씬 더 높다. 따라서 면밀히 따져 스트레스로부터 적극적으로 도망가는 것이 가능하지 않다면 두 번째 단계인 스트레스의 수용이 필요하다. 스트레스를 수용한다는 것은 '재수 없는 일이 하필이면 나한테 일어났다'는 운명론적 태도와는 다르며 단순한 포기를 의미하는 것은 아니다. 이렇게 자신에게 가해진 스트레스를 받아들이기로 마음먹었다면 마지막 단계인 적극적으로 대응하는 것이 중요하다. 문제를 해결하기 위해 자신의 능력을 확인하고 최선의 대처를 능동적으로 하는 것이 적극적 대응의 핵심이다. 이와 반대로 스트레스를 회피하거나 무기력하게 받아들이는 것은 스트레스가 불편하다는 것을 받아들인 후, 자신이 느꼈던 불편한 감정을 해결하기 위해 모든 방법을 동원하는 감정해결형의 전형이라고 할 수 있다. 감정해결형은 일시적으로는 도움이 되지만, 수렁에 빠진 사람이 허우적거리면 더 깊이 빠져드는 것과 같이 장기적으로는 문제가 더욱 꼬이고 스트레스 반응이 더욱 커질 수밖에 없다는 점을 명심해야 한다.

3) 이완요법

이완을 잘 시키기 위한 조건은 조용하고 간섭받지 않는 곳에서 편안한 자세, 근육을 이완하고 깊고 천천히 숨을 쉬는 복식호흡, 근육이완법, 바이오피드백 및 명상을 하는 것을 의미한다.

(1) 복식호흡

숨을 깊이 들이마시고 천천히 내쉬는 복식호흡을 하면 들이마셨던 공기는 폐 깊숙이 들어가 충분한 산소를 공급하고 배출된다. 호흡계는 충분한 산소를 받아들여 에너지를 생산하고 노폐물을 배출시켜 우리 몸의 대사가 잘 이루어지도록 도와준다. 자신의 호흡을 살펴보고, 천천히 깊숙이 호흡하는 훈련을 하면 마음과 몸이 이완되고 안정을 찾는 데 도움이 된다〈표 5-9〉.

표 5-9 기본적인 복식호흡법

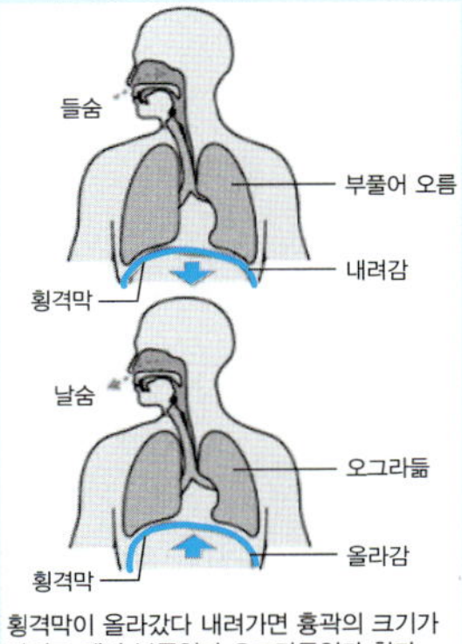

횡격막이 올라갔다 내려가면 흉곽의 크기가 바뀌고 폐가 부풀었다 오그라들었다 한다.

- 먼저 눈을 감고, 편안한 자세로 몸의 긴장을 푼다.
- 숨을 쉴 때 되도록 배만 오르내리도록 하며, 코를 통해 부드럽게 숨을 쉰다.
- 들이쉬면서 '하나', 내쉬면서 '편안하다'라고 속으로 말하면서 숨을 편안하게 쉰다.
- 하나에서 열까지 세고, 거꾸로 열에서 하나까지 센 후 눈을 뜨면 된다.

(2) 근육이완법

근육을 이완하는 방법을 체계적으로 훈련하는 것이 근육이완법이다. 근육의 긴장이 완화되면 뇌로 보내지는 자극이 감소되고 따라서 불안이 감소된다. 이러한 과정을 겪으면 신진대사율이 감소되어 산소 소모량과 이산화탄소 배출량이 적어지고, 교감신경계의 활동이 감소되어 심박동 수, 호흡 수가 안정되고, 혈압이 낮아지며, 뇌파가 변하기도 한다. 방법은 숨을 들이마시면서 긴장을 하고 숨을 내쉬면서 이완을 하는 것을 반복하는 것이다. 특히, 이완을 할 때 전신의 근육이 모두 풀려 가장 편안한 마음이 된다고 느끼는 것이 중요하다. 근육이완법은 〈표 5-10〉과 같이 실시되며, 만약 이완이 잘 되지 않는 부위가 있으면 5번까지 긴장-이완을 반복하면 효과적이다.

표 5-10 근육이완법의 실시방법

① 숨을 참으며 하나에서 다섯까지 숫자를 세면서 왼손의 주먹을 힘 있게 쥐고, 이후에 숨을 내쉬면서 주먹을 풀고 이완한다.
② 왼쪽 팔꿈치와 팔뚝을 굽힌 후에 풀어준다. 숨을 들이쉬면서 구부리고 긴장을 하며 숨을 내쉬면서 풀고 이완한다.
③ 오른손 주먹을 ①번과 같은 방법으로 긴장, 이완한다.
④ 오른쪽 팔꿈치와 팔뚝을 ②번과 같은 방법으로 긴장, 이완한다.
⑤ 양손의 주먹, 팔꿈치, 팔뚝을 숨을 들이쉬면서 긴장하고 내쉬면서 이완한다.
이제 손의 근육은 충분히 이완되었다.
⑥ 이마를 찌푸리고 눈을 조이면서 긴장을 한 후 풀어준다. 이때도 들이쉬면서 긴장, 내쉬면서 이완을 한다.
⑦ 턱과 입술을 꽉 다물며, 목에 힘을 주어 긴장을 한 후 풀어준다.
⑧ 이마, 눈, 턱, 입, 목에 한 번에 힘을 주어 긴장을 한 후 풀어준다.
이제 안면과 목의 근육이 충분히 이완되었다.
⑨ 양 어깨와 등을 앞으로 조이면서 긴장을 한 후 풀어준다.
⑩ 배 근육에 힘을 주어 긴장시킨 후 이완시킨다.
⑪ 양 어깨와 등 그리고 배의 근육을 긴장시킨 후 이완시킨다.
이제 상반신의 근육이 충분히 이완되었다.
⑫ 왼쪽 장딴지와 넓적다리를 당기면서 긴장을 한 후 펴면서 이완시킨다.
⑬ 왼쪽 발가락을 안으로 모으면서 긴장을 한 후 펴면서 이완시킨다.

⑭ 오른쪽 장딴지와 넓적다리를 ⑫번과 같은 방법으로 긴장, 이완시킨다.
⑮ 오른쪽 발가락을 ⑬번과 같은 방법으로 긴장, 이완시킨다.
⑯ 양쪽의 장딴지, 넓적다리 그리고 발가락을 전체적으로 긴장시킨 후 이완시킨다.
이제 하반신의 근육이 충분히 이완되었다.

(3) 바이오피드백

바이오피드백은 정신-생리적 반응을 기구를 이용하여 눈으로 확인하면서 능동적인 조절을 할 수 있도록 지속적으로 훈련하는 방법이다. 정신-생리적 반응은 근육의 긴장도, 피부 온도, 뇌파, 피부 저항도, 혈압, 심박동 수 등이며, 자신이 이완될 때 이들의 지표가 어떻게 변하는지 인식한다. 이러한 이완상태를 유지할 수 있도록 훈련함으로써 스스로 이완상태로 들어갈 수 있도록 하는 치료법이다.

(4) 명상

명상은 스트레스 요인(감각, 심상, 행위)에 주의를 집중하는 집중명상과 마음에서 일어나고 사라지는 모든 변화를 관찰하는 마음챙김 명상으로 구별할 수 있다. 추월명상, 선, 요가, 마인드컨트롤, 단전호흡 등이 명상의 개념에 포함된다. 명상의 효과로는 집중력, 관찰력, 자제력이 향상되고, 기혈 순환 촉진, 맥박 수 조절, 뇌파 안정, 인지능력 향상, 몸과 마음의 본질 이해, 감정조절, 긍정적 에너지 생성, 두려움, 공포, 압박감 해소, 불안지수 감소 및 스트레스 대응능력 향상이 있는 것으로 보고되고 있다.

4) 시간관리

하루는 24시간뿐이며 그 시간을 어떻게 보내느냐에 따라 그 사람의 인생은 달라진다. 무심코 버리는 조각 시간을 잘 활용한다면 효율적인 시간관리로 평소에 하고 싶었던 일을 할 수도 있다. 조각 시간이란 의미 없이 그냥 버리는 시간들로 그 조각 시간을 잘 활용하는 방법은 크게 두 가지이다. 하나는 해야 할 일에 직접 투자를 하는 것이고, 다른 하나는 다른 시간을 효율적으로 사용하기 위해 휴식을 취하는 것이다.

효율적으로 시간을 관리하기 위해서는 "가장 중요한 것이 무엇인가?"라는 질문을 통해 우선순위를 매기는 것이 첫 번째 단계이다. 이후 일을 시행하면서 효율성을 증대시키고 자투리 시간을 활용하는 등의 방법을 같이 사용하면 도움이 된다. 효율적인 시간을 관리하기 위한 구체적인 단계는 〈표 5-11〉과 같다(김은영 외, 2016).

표 5-11 효율적인 시간관리를 위한 단계

단계	내용
가치 평가하기	건강, 행복, 가족, 여가, 경력, 돈 등에서 우선순위를 정한다.
목표 세우기	우선순위를 정한 가치에 부합하는 구체적이고 현실적인 목표를 설정한다.
활동계획 정하기	목표를 이루기 위한 단계적인 작업 수행계획을 세우고 그 계획에 따른 진행상황을 확인한다.
시간 투입량 결정하기	작업 수행에 소요되는 시간 목록을 작성한다.
일의 지연/지체 막기	작업 수행을 방해하는 요소와 자신의 가치에 부합되지 않는 활동을 찾아 수정한다.
체계적인 시간 운용하기	작업 중 반드시 해야 하는 것, 하면 좋은 것, 하지 않아도 되는 것에 대한 목록을 만들고 시행한다.

5) 여가활동

20대 중반부터 일을 시작하게 되는 유아교사들은 여가활동에 대한 필요성과 높은 관심을 가지고 있으나 참여할 시간이 부족하며 기회가 적을 뿐 아니라 여가를 보낼 적정한 장소가 드물고, 수업 이외에 행정업무 및 잡무의 과다로 여가생활을 자유롭게 즐기지 못하는 장애요인을 가지고 있다(서연옥, 2003). 왜냐하면 현장에서 유아들의 교육 이외에도 유아교사에게 요구하는 일들이 많기 때문이다. 예를 들어, 차량

운행, 학부모 상담, 과다한 공문서 작성과 행정서류 작성, 원아모집, 환경구성 등 하고자 하면 끝이 없는 과다한 업무 등으로 인해 스트레스를 받으며 유아들과 함께 보내고 있다.

현대사회의 여가생활은 다양한 기능을 하고 있다. 즉, 인간에게 여가활동은 삶을 윤택하게 영위해 나가는 데 중요한 의미와 가치를 가진다. 여가활동을 어떻게 하느냐에 따라서 삶의 질과 만족도가 달라질 수 있다. 인간의 생활에 밀접하게 관계를 맺고 있는 여가의 긍정적 기능을 구분하여 설명하면 〈표 5-12〉와 같다(송숙정, 2006).

표 5-12 여가의 기능

구분	내용
신체적 기능	급속한 근대화와 관료화 속에서 인간성은 매몰되고 있으며 이와 같은 조직의 합리성에서 비인간화되는 현대인들은 여가를 통하여 생체의 리듬을 다시 찾기를 원하고 피로회복과 생리의 원활한 작용을 추구하고 있다.
심리적 기능	여가는 사회적 책임에서 오는 일상의 압력을 기분전환을 통하여 해방시켜주고 개인에게 상상의 세계를 열어주며 반복적인 노동에서 오는 권태감이나 지루함을 해소시키는 기능이 있다.
교육적 기능	여가와 교육은 인간의 삶을 풍요롭게 만들기 위한 수단이라는 점에서 그 목표의 공통점을 가진다. 즉, 여가는 노동, 학습과 상반된 것이 아니라 오히려 그것이 자연스럽게 이루어지도록 하는 윤활제의 기능을 가지고 있다.
사회적 기능	여가는 자연스러운 사회관계 속에서 각자의 위치를 자각하고 역할을 배우게 하며 인간관계의 조화적 태도와 기술을 익히게 하는 사회적 기능을 갖는다.
문화적 기능	현대사회에 있어서 여가는 개인이 시간적 · 정신적으로 자유로운 상태에서 재창조와 자아발견을 하기 위한 것이라고 전제할 때 여가시간에 이루어지는 음악, 미술, 연극, 영화 등과 같은 예술활동은 문화를 건전하게 발전시키는 수단이다.
자기실현적 기능	현대인들은 경제수준의 향상에 따른 자유시간의 증대, 소득수준의 향상, 교통통신의 발달과 고속화로 인한 행동반경의 확대, 기계문명의 발달과 도시의 과밀화에 따른 자연과 인간성의 회복 추구 등을 배경으로 인간의 정신적 가치를 중요시하게 되었고 전보다 새로운 것을 찾고 만들어 가며 자신에게 잠재되어 있는 어떤 가능성을 발휘하고 개발하여 나가고 있다.

하지만 여가생활의 다양한 장애요인으로 인해 유아교사들은 여가생활을 제대로 즐길 수 없는 환경에 처해 있다. 이것을 여가제약(leisure constraints)이라고 하는데, 여가제약은 개인이 여가를 즐기고 참여하는 데 방해가 되는 요인이며, 여가활동의 선호와 참여, 혹은 개인적 만족을 방해하는 요인을 말한다(김문희 외, 2007). 교사들은 직무스트레스를 극복하고 자신의 의미 있는 삶을 영위하며, 나아가서는 조직사회에서의 목표에 기여하는 데 하나의 능동적 대처방법으로써 여가활동에 참여하게 된다(이수완, 2000).

여가생활은 교사들에게 벅찬 교직생활과 힘든 교육으로 인해 쌓인 심신의 피로를 회복시켜 주고, 다양한 활동을 통한 즐거움과 자유, 해방감과 유익한 체험의 확대를 통해 교수-학습의 효과를 높일 뿐만 아니라 건전한 인간관계의 형성과 유쾌한 교육풍토의 조성으로 교직사회에 활력을 불러일으키는 바람직한 결과를 가져올 수 있다고 말하고 있다(윤명구, 조동섭, 2004). 여가활동이 유아교사들의 신체적 · 정신적 스트레스를 해소하고 생활만족도에 중요한 역할을 하기 때문에 성공적인 유아교육을 위한 중요한 변인으로 작용할 수 있음을 시사하고 있다.

아동건강교육의 내용

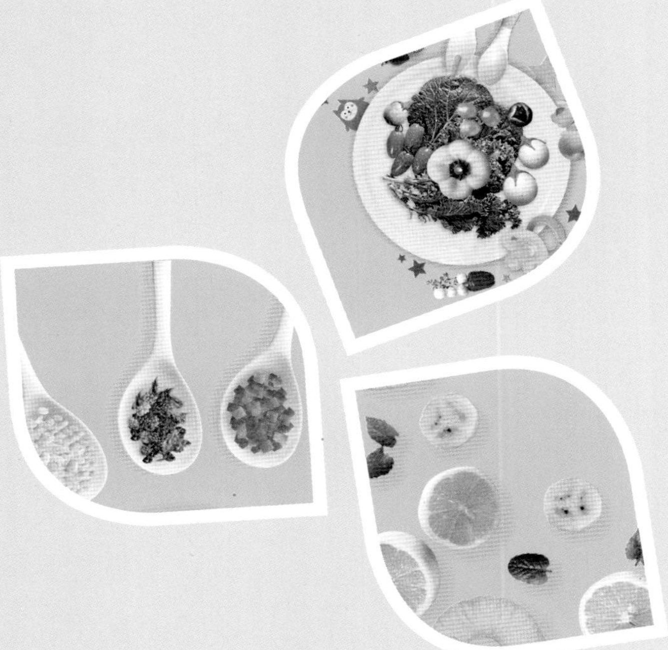

Chapter

6

배울 내용

1. 표준보육과정의 건강교육
2. 누리과정의 건강교육

학습목표

1. 표준보육과정과 누리과정에서 제시하는 아동건강교육 관련 영역의 성격 및 목표를 안다.
2. 건강교육 관련 영역의 세부내용을 파악하고 아동건강교육을 계획할 수 있다.

1. 표준보육과정의 건강교육

1) 성격

표준보육과정에서 기본생활영역은 영아기의 건강과 안전에 대한 지식과 태도를 기르는 내용으로 평생 건강의 기초가 되는 기본생활습관의 토대를 마련하는 영역이다. 기본생활영역은 영아가 스스로 건강을 관리할 수 있는 능력과 더불어 타인의 건강과 안전을 배려할 수 있는 능력을 기르는 것을 목적으로 한다. 영아기에는 일상생활에서 필요한 위생과 청결을 점진적으로 경험하도록 하고 즐겁게 식생활을 하며 건강한 생활습관의 기초를 형성하도록 해야 한다. 아울러 위험한 상황을 교사가 알려주면 영아는 이에 반응할 수 있으며 안전한 상황에서 놀이할 수 있어야 한다. 따라서 영아가 스스로 건강과 안전에 관련된 습관을 기르기 위한 기초를 형성하도록 교사는 건강하고 안전한 일상생활의 경험을 지원하는 것이 중요하다.

기본생활영역은 '건강하게 생활하기'와 '안전하게 생활하기'의 두 가지 내용범주로 구성되어 있다. 이들 내용범주는 일상생활에서 건강하고 안전한 기본생활습관에 관한 세부내용을 연령 및 수준별로 담고 있다. '건강하게 생활하기'에서는 청결한 환경에서 식사, 수면, 휴식과 같은 의 · 식 · 주에 대한 올바른 습관을 길러 균형 잡힌 발달을 촉진하고 심신을 건강하게 하는 내용으로 전개된다. '안전하게 생활하기'에서는 안전한 생활을 위한 기초를 형성하는 것으로 안전하게 놀이하는 방법과 위험한 상황에서 대처할 수 있는 안전생활 태도를 습관화하는 내용으로 전개된다.

2) 목표

(1) 0~1세 보육과정

0~1세 보육과정의 목표는 영아가 식사, 수면, 휴식, 배변, 놀이 등의 기본생활을 통해서 건강하고 안전한 일상생활을 경험하는 것을 목표로 한다. 영아기는 성장기

이후까지 지속될 기본생활습관의 기초가 마련되는 시기이므로 영아들이 건강하고 안전한 일상생활을 경험하는 것은 매우 중요하다. 따라서 기본생활영역에서는 영아들이 즐겁고 편안하게 먹고 잠자며, 건강하고 안전한 일상생활을 경험하도록 하는 데 중점을 둔다. 이상의 목표를 종합하여, 0~1세 보육과정 목표를 제시하면 〈표 6-1〉과 같다.

표 6-1 **0~1세 표준보육과정 기본생활영역의 목표**

• 안전하고 건강한 일상생활을 경험한다.

❶ 건강하고 편안한 일상생활을 경험한다

영아기의 건강은 평생 동안 누려야 할 건강의 기초가 되므로 교사는 영아가 건강한 일상생활을 경험하도록 적극 지원해야 한다. 특히, 영아는 환경에 대한 적응력과 질병에 대한 저항력이 약하기 때문에 세심하게 보살펴야 한다. 따라서 영아가 청결과 위생, 즐거운 식생활, 수면과 휴식 등의 건강한 일상생활을 통해 신체적으로나 정신적으로 건강하고 편안한 일상생활을 경험할 수 있도록 하는 데 중점을 둔다.

❷ 안전한 생활을 경험한다

영아가 자신의 안전을 위협하는 일상생활의 여러 가지 위험요인과 상황에 대해 알고 반응할 수 있도록 지도한다. 영아에게 일어나는 안전사고를 예방하기 위해서는 안전한 상황과 장소에서 놀이하도록 환경을 조성하고, 영아가 위험하다는 말을 알아듣고 주의하도록 돕는 안전교육에 중점을 둔다.

(2) 2세 보육과정

2세 보육과정은 영아가 청결, 식습관, 수면, 휴식, 배변, 놀이, 교통안전 등의 기본생활을 통하여 건강하고 안전한 생활습관의 기초를 마련하는 것이다. 영아기에 형성되는 기본생활습관은 영아기 이후의 발달과 생활습관에 중요한 영향을 미치므로, 기본생활영역에서는 영아들이 건강하고 안전한 생활습관의 기초를 마련하도록 하기 위한 목표를 가진다. 기본생활영역의 목표를 달성하기 위해서 이 영역에서는 영아들이 즐겁고 편안하고 안전하게 놀이하고 생활하는 경험을 통해 건강하고 안전한 생활습관의 기초를 마련하도록 하는 데 중점을 둔다. 이상의 목표를 종합하여, 2세 보육과정 목표를 제시하면 〈표 6-2〉와 같다.

표 6-2 2세 표준보육과정 기본생활영역의 목표

• 건강하고 안전한 생활습관의 기초를 마련한다.

❶ 건강한 생활습관의 기초를 경험한다

몸의 청결, 바른 식생활, 적당한 수면과 휴식 및 배변, 그리고 질병의 예방은 영아가 몸과 마음을 건강하게 발달시키는 데 필수적이다. 영아기의 건강은 평생 건강의 기초가 되므로 교사는 이 시기의 영아가 건강한 생활습관을 형성하기 위한 기초를 마련하도록 적극 지원해야 한다. 영아가 청결과 위생, 바른 식생활, 수면과 휴식 등 건강한 일상생활을 통해 건강한 생활습관을 가질 수 있도록 하는 데 중점을 둔다.

❷ 안전한 생활습관의 기초를 경험한다

영아는 자신의 안전을 위협하는 일상생활의 여러 가지 위험요인과 상황에 대해 알고 조심해야 하며, 위험한 상황 시 어른의 지시에 따르는 것을 익혀서 자신의 안전을 지킬 수 있어야 한다. 따라서 영아에게 일어날 수 있는 안전사고를 예방하기 위해서는 안전한 상황과 장소에서 놀이하도록 환경을 조성하고, 교통안전에 대해서 알고 조심하도록 하며, 영아가 위험한 상황에서 어른의 지시에 따르도록 돕는 안전교육에 중점을 둔다.

3) 내용

(1) 0~1세 보육과정

0~1세 표준보육과정의 기본생활영역에서는 편안한 수면, 휴식, 수유 및 건강한 식사 등 영아가 생활에 필요한 건강한 일상을 자연스럽게 경험하고, 주변의 안전한 상황에서 놀이하는 등 안전한 일상을 경험하도록 한다. 교사는 현재의 환경과 미래에 예견될 위험요소를 제거하여 영아가 안전한 일상생활을 유지할 수 있도록 한다.

내용범주는 '건강하게 생활하기'와 '안전하게 생활하기'의 두 가지 내용범주로 구성되어 있다. 이들 내용범주는 일상생활에서 건강하고 안전한 기본생활습관에 관한 세부내용을 담고 있다. '건강하게 생활하기'에서는 출생 이후, 여러 가지 청결과 위생 관련 경험을 조금씩 해 나가고, 즐겁게 식사하는 경험을 가지도록 한다. 또한 편안한 수면과 휴식, 규칙적인 배변경험 등을 통해 건강한 생애 첫 일상을 경험하도록 한다. '안전하게 생활하기'에서는 출생 후 24개월까지의 영아가 안전한 상황에서 놀이하며 위험하다고 알려주면 주의할 수 있는 안전한 생활을 위한 기초를 경험하도록 하는 데 중점을 두고 있다.

❶ 내용체계

0~1세 표준보육과정 내용체계는 〈표 6-3〉과 같다.

표 6-3 0~1세 표준보육과정 내용체계

내용범주	내용
건강하게 생활하기	• 몸을 깨끗이 하기 • 즐겁게 먹기 • 건강한 일상생활하기
안전하게 생활하기	• 안전하게 지내기 • 위험한 상황에 반응하기

❷ 내용 및 세부내용

0~1세 표준교육과정은 영아의 발달특성과 개인차를 고려하여 4수준으로 나누어 구분하고 있다. 0~1세 표준보육과정의 기본생활영역 수준별 세부내용은 〈표 6-4〉와 같다.

표 6-4 0~1세 수준별 표준보육과정의 신체운동 · 건강영역의 내용범주 및 연령별 세부내용

<table>
<tr><th>내용범주</th><th>내용</th><th>1수준</th><th>2수준</th><th>3수준</th><th>4수준</th></tr>
<tr><td rowspan="10">건강하게 생활하기</td><td rowspan="3">몸을 깨끗이 하기</td><td colspan="4">몸이 깨끗해졌을 때 기분이 좋음을 안다</td></tr>
<tr><td colspan="4">도움을 받아 손을 씻는다</td></tr>
<tr><td></td><td colspan="3">도움을 받아 이를 닦는다</td></tr>
<tr><td rowspan="3">즐겁게 먹기</td><td>편안하게 안겨서 우유(모유)를 먹는다</td><td>이유식에 적응한다</td><td>고형식에 적응한다</td><td>다양한 음식을 먹어본다</td></tr>
<tr><td colspan="2"></td><td colspan="2">도구로 음식을 먹어 본다</td></tr>
<tr><td colspan="4">즐겁게 먹는다</td></tr>
<tr><td rowspan="4">건강한 일상생활 하기</td><td colspan="4">수면을 충분히 취한다</td></tr>
<tr><td colspan="4">편안하게 쉰다</td></tr>
<tr><td colspan="4">하루일과에 편안하게 참여한다</td></tr>
<tr><td colspan="2"></td><td colspan="2">배변 의사를 표현한다</td></tr>
<tr><td rowspan="4">안전하게 생활하기</td><td rowspan="3">안전하게 지내기</td><td colspan="3">안전한 상황에서 놀이한다</td><td>놀잇감을 안전하게 사용한다</td></tr>
<tr><td colspan="4">안전한 장소에서 놀이한다</td></tr>
<tr><td colspan="4">차량 승하차 시 안전 장구를 착용한다</td></tr>
<tr><td>위험한 상황에 반응하기</td><td></td><td>위험하다는 말에 반응을 보인다</td><td colspan="2">위험하다고 알려주면 주의한다</td></tr>
</table>

출처: 보건복지부(2013). 제3차 어린이집 표준보육과정 교사용 지침서.

(2) 2세 보육과정

기본생활영역에서는 영아가 건강한 생활습관을 통해 질병에 대한 면역력을 키울 수 있도록 하며, 안전한 환경에서 놀이하고 위험한 상황을 아는 것을 통해 안전사고를 예방해서 건강하고 안전하게 생활하는 능력을 기르도록 한다. 기본생활영역은 '건강하게 생활하기'와 '안전하게 생활하기'의 두 가지 내용범주로 구성되어 있다.

'건강하게 생활하기'는 몸을 깨끗이 하기, 바르게 먹기, 건강한 일상생활하기, 질병에 대해 알기를 통해 건강한 생활습관과 태도를 형성하고 질병의 위험을 알고 조심하는 내용으로 구성되어 있다. '안전하게 생활하기'는 영아가 일상생활에서 안전하게 놀이하기, 교통안전 알기, 위험한 상황 알기를 통해 영아들이 안전하게 놀이하고 생활하는 습관을 형성하는 데 중점을 둔다.

❶ 내용체계

2세 표준보육과정 내용체계는 〈표 6-5〉와 같다.

표 6-5 2세 표준보육과정 내용체계

내용범주	내용
건강하게 생활하기	몸을 깨끗이 하기 바르게 먹기 건강한 일상생활하기 질병에 대해 알기
안전하게 생활하기	안전하게 놀이하기 교통안전 알기 위험한 상황 알기

❷ 내용 및 세부내용

2세 표준보육과정은 영아의 발달특성과 개인차를 고려하여 2수준으로 나누어 구분하고 있다. 2세 표준보육과정의 기본생활영역 수준별 세부내용은 〈표 6-6〉과 같다.

표 6-6 2세 수준별 표준보육과정의 신체운동 · 건강영역의 내용범주 및 연령별 세부내용

<table>
<tr><th>내용범주</th><th>내용</th><th>1수준</th><th>2수준</th></tr>
<tr><td rowspan="10">건강하게 생활하기</td><td rowspan="2">몸을 깨끗이 하기</td><td colspan="2">스스로 손과 몸 씻기를 시도한다</td></tr>
<tr><td colspan="2">스스로 이 닦기를 시도한다</td></tr>
<tr><td rowspan="3">바르게 먹기</td><td colspan="2">음식을 골고루 먹는다</td></tr>
<tr><td colspan="2">도구를 사용하여 스스로 먹는다</td></tr>
<tr><td colspan="2">정해진 자리에서 먹는다</td></tr>
<tr><td rowspan="4">건강한 일상 생활하기</td><td colspan="2">일과에 따라 규칙적으로 잠을 잔다</td></tr>
<tr><td colspan="2">정해진 시간에 알맞게 휴식한다</td></tr>
<tr><td colspan="2">하루일과에 즐겁게 참여한다</td></tr>
<tr><td>정해진 곳에서 배변한다</td><td>화장실에서 배변한다</td></tr>
<tr><td>질병에 대해 알기</td><td colspan="2">질병의 위험을 안다</td></tr>
<tr><td rowspan="5">안전하게 생활하기</td><td rowspan="2">안전하게 놀이하기</td><td colspan="2">놀이기구나 놀잇감을 안전하게 사용한다</td></tr>
<tr><td colspan="2">안전한 장소에서 놀이한다</td></tr>
<tr><td>교통안전 알기</td><td>교통수단의 위험을 안다</td><td>교통수단의 위험을 알고 조심한다</td></tr>
<tr><td rowspan="2">위험한 상황 알기</td><td>위험한 상황과 위험한 것을 안다</td><td>위험한 상황과 위험한 것을 알고 조심한다</td></tr>
<tr><td colspan="2">위험한 상황 시 어른의 지시에 따른다</td></tr>
</table>

출처: 보건복지부(2013). 제3차 어린이집 표준보육과정 교사용 지침서.

2. 누리과정[1]의 건강교육

2019년도에 개정된 국가수준 누리과정은 2017년 12월 '유아교육 혁신방안'에서 제시한 '유아 · 놀이 중심 교육과정 개편 방향'을 구체화한 것으로, 그 내용을 살펴보면 3~5세 유아를 대상으로 적용되는 공통 교육과정으로의 성격이 명확해졌으며, 또한 유아교육현장의 자율성을 기반으로 창의성 · 감성 · 사회성 향상에 초점을 맞추고 있다는 특징을 지닌다.

1) 성격

누리과정은 「유아교육법」 제13조[2] 제2항과 「영유아보육법」 제29조[3] 제2항에 따라

---

1) 누리과정은 교육과학기술부 소관의 유치원과 보건복지부 소관의 어린이집 관리체제를 그대로 유지하면서 이원화되어 있는 유치원 교육과정과 어린이집 3~5세 표준보육과정을 "3~5세 연령별 누리과정"으로 통합하여 모든 유치원과 어린이집의 3~5세 유아에게 동일하게 적용하는 것으로 추진되어 왔다. 2013년 3월부터 3~5세 유아 모두에게 누리과정이 적용됨에 따라 생애 초기의 공정한 출발을 보장할 수 있게 되었으며, 3~5세 유아교육과 보육의 질이 한 단계 높아지고, 학부모의 부담이 경감되는 등의 실질적 효과를 가져왔다. "3~5세 연령별 누리과정"은 2013년 제정 이래 현재까지 우리나라 유아를 위한 국가수준의 공통과정으로 기능하고 있었으나, 현장에 적용되면서 교육과정으로서의 구성체계 보완의 필요성 및 과다한 연령별 교육내용과 현장 적용의 획일성 등에 대한 문제가 제기되어 왔다. 2017년 5월 시작된 문재인 정부는 국정운영 5개년 개혁에서 국정과제 50번으로 '교실혁명을 통한 공교육 혁신'을 명시하였고, 세부과제 중 하나로 학생 중심의 교육과정 개편을 게시하였다. 학생 중심의 교육과정 개편을 위해 유아와 초등학생의 적정학습시간 및 휴식시간 보장 법제화 내용이 제안되었다. 이에 교육부는 국정과제를 구현하기 위해 2017년 12월 27일 출발선 평등을 실현하기 위한 '유아교육 혁신방안'을 발표하였으며, 주요 내용 중 하나로 유아가 중심이 되고 놀이가 살아나는 유아 중심 · 놀이 중심의 교육과정 혁신을 발표하게 되었다. 누리과정 혁신방향에는 개별 유아의 다양한 특성을 고려하며, 유아의 자유놀이 권장, 현장의 자율성 확대 등이 포함되어 있으며, 누리과정 관련 선행연구는 "3~5세 연령별 누리과정"이 제정 · 개정되는 과정에서 누락된 누리과정의 성격과 인간상 등의 내용을 보완하여 국가수준 교육과정으로서 보다 완성된 체계를 갖출 것을 제안하였다(김은영, 2019).

2) 유아교육법 제13조(교육과정 등)

① 유치원은 교육과정을 운영하여야 하며, 교육과정 운영 이후에는 방과후 과정을 운영할 수 있다.[개정 2012. 3. 21]

② 교육부장관은 제1항에 따른 교육과정 및 방과후 과정의 기준과 내용에 관한 기본적인 사항을 정하

국가수준에서 고시한 것으로, 유치원의 교육과정과 어린이집의 보육과정을 편성 · 운영하기 위한 3~5세 유아를 위한 국가수준의 공통 교육과정이다. 구체적인 누리과정의 성격은 〈표 6-7〉과 같다.

표 6-7 누리과정의 성격

- 국가수준의 공통성과 지역, 기관 및 개인수준의 다양성을 동시에 추구한다.
- 유아의 전인적 발달과 행복을 추구한다.
- 유아 중심과 놀이 중심을 추구한다.
- 유아의 자율성과 창의성 신장을 추구한다.
- 유아, 교사, 원장(감), 학부모 및 지역사회가 함께 실현해가는 것을 추구한다.

며, 교육감은 교육부장관이 정한 교육과정 및 방과후 과정의 범위에서 지역 실정에 적합한 기준과 내용을 정할 수 있다.[개정 2008. 2. 29 제8852호(정부조직법), 2010. 3. 24, 2012. 3. 21, 2013. 3. 23 제11690호(정부조직법)]

③ 교육부장관은 유치원의 교육과정 및 방과후 과정 운영을 위한 프로그램 및 교재를 개발하여 보급할 수 있다.[개정 2008. 2. 29 제8852호(정부조직법), 2012. 3. 21, 2013. 3. 23 제11690호(정부조직법)]

3) 영유아보육법 제29조(보육과정)

① 보육과정은 영유아의 신체 · 정서 · 언어 · 사회성 및 인지적 발달을 도모할 수 있는 내용을 포함하여야 한다.

② 보건복지부장관은 표준보육과정을 개발 · 보급하여야 하며 필요하면 그 내용을 검토하여 수정 · 보완하여야 한다.[개정 2008. 2. 29 제8852호(정부조직법), 2010. 1. 18. 제9932호(정부조직법)] [[시행일 2010. 3. 19]]

③ 어린이집의 원장은 제2항의 표준보육과정에 따라 영유아를 보육하도록 노력하여야 한다.[개정 2011. 6. 7][[시행일 2011. 12. 8]]

④ 어린이집의 원장은 보호자의 동의를 받아 일정 연령 이상의 영유아에게 보건복지부령으로 정하는 특정한 시간대에 한정하여 보육과정 외에 어린이집 내외에서 이루어지는 특별활동 프로그램(이하 "특별활동"이라 한다)을 실시할 수 있다. 이 경우 어린이집의 원장은 특별활동에 참여하지 아니하는 영유아를 위하여 특별활동을 대체할 수 있는 프로그램을 함께 마련하여야 한다.[신설 2013. 8. 13] [[시행일 2014. 2. 14]]

⑤ 제1항에 따른 보육과정, 제4항에 따른 특별활동 대상 영유아의 연령 및 특별활동의 내용 등에 필요한 사항은 보건복지부령으로 정한다.[개정 2008. 2. 29. 제8852호(정부조직법), 2010. 1. 18 제9932호(정부조직법), 2013. 8. 13] [[시행일 2014. 2. 14.]] [전문개정 2007. 10. 17]

2) 총론

(1) 누리과정의 구성방향

❶ 추구하는 인간상

누리과정은 우리나라의 「교육기본법」 제2조[4] 교육이념과 「영유아보육법」 제3조[5] 보육이념을 바탕으로 이루어져 있으며, 구체적으로 누리과정이 추구하는 인간상은 〈표 6-8〉과 같다.

표 6-8 누리과정이 추구하는 인간상

- 건강한 사람
- 자주적인 사람
- 창의적인 사람
- 감성이 풍부한 사람
- 더불어 사는 사람

❷ 목적과 목표

누리과정은 유치원 교육과 어린이집 보육은 유아가 놀이를 통해 심신의 건강과 조화로운 발달을 이루며 바른 인성과 민주 시민의 기초를 형성하는 것을 목적으로 한다. 이를 실현하기 위한 누리과정의 구체적인 목표는 〈표 6-9〉와 같다.

---

4) 교육기본법 제2조(교육이념)
교육은 홍익인간(弘益人間)의 이념 아래 모든 국민으로 하여금 인격을 도야(陶冶)하고 자주적 생활능력과 민주시민으로서 필요한 자질을 갖추게 함으로써 인간다운 삶을 영위하게 하고 민주국가의 발전과 인류공영(人類共榮)의 이상을 실현하는 데 이바지하게 함을 목적으로 한다.[전문개정 2007. 12. 21][본조제목개정 2007. 12. 21]

5) 영유아보육법 제3조(보육이념)
① 보육은 영유아의 이익을 최우선적으로 고려하여 제공되어야 한다.
② 보육은 영유아가 안전하고 쾌적한 환경에서 건강하게 성장할 수 있도록 하여야 한다.
③ 영유아는 자신이나 보호자의 성, 연령, 종교, 사회적 신분, 재산, 장애, 인종 및 출생지역 등에 따른 어떠한 종류의 차별도 받지 아니하고 보육되어야 한다.[개정 2011. 8. 4] [[시행일 2012. 2. 5]][전문개정 2007. 10. 17][본조제목개정 2007. 10. 17]

표 6-9 누리과정의 목적과 목표

- 자신의 소중함을 알고 건강하고 안전한 생활습관을 기른다.
- 자신의 일을 스스로 해결하는 기초능력을 기른다.
- 호기심과 탐구심을 가지고 상상력과 창의력을 기른다.
- 일상에서 아름다움을 느끼고 문화적 감수성을 기른다.
- 사람과 자연을 존중하고 배려하며 소통하는 태도를 기른다.

❸ 구성의 중점

누리과정 구성의 중점은 〈표 6-10〉과 같다.

표 6-10 누리과정 구성의 중점

- 3~5세 모든 유아에게 적용할 수 있도록 구성한다.
- 추구하는 인간상 구현을 위한 지식, 기능, 태도 및 가치를 반영하여 구성한다.
- 신체운동 · 건강, 의사소통, 사회관계, 예술경험, 자연탐구의 5개 영역을 중심으로 구성한다.
- 3~5세 유아가 경험해야 할 내용을 구성한다.
- 0~2세 보육과정 및 초등학교 교육과정과의 연계성을 고려하여 구성한다.

(2) 누리과정 편성 · 운영

❶ 기본사항

누리과정에서 유치원과 어린이집은 사항에 따라 누리과정을 편성 · 운영하도록 권장하고 있다. 누리과정의 편성 · 운영에 있어 기본사항은 〈표 6-11〉과 같다.

표 6-11 누리과정의 편성 · 운영의 기본사항

- 1일 4~5시간을 기준으로 편성한다.
- 일과 운영에 따라 확장하여 편성할 수 있다.
- 누리과정을 바탕으로 각 기관의 실정에 적합한 계획을 수립하여 운영한다.
- 하루일과에서 바깥 놀이를 포함하여 유아의 놀이가 충분히 이루어지도록 편성하여 운영한다.

- 성, 신체적 특성, 장애, 종교, 가족 및 문화적 배경 등으로 인한 차별이 없도록 편성하여 운영한다.
- 유아의 발달과 장애 정도에 따라 조정하여 운영한다.
- 가정과 지역사회와의 협력과 참여에 기반하여 운영한다.
- 교사 연수를 통해 누리과정의 운영이 개선되도록 한다.

❷ 교수–학습

누리과정에서 교사는 〈표 6–12〉와 같이 유아를 지원해야 한다고 규정하고 있다.

표 6–12 누리과정에서의 교수–학습

- 유아가 흥미와 관심에 따라 놀이에 자유롭게 참여하고 즐기도록 한다.
- 유아가 놀이를 통해 배우도록 한다.
- 유아가 다양한 놀이와 활동을 경험할 수 있도록 실내 · 외 환경을 구성한다.
- 유아와 유아, 유아와 교사, 유아와 환경 간에 능동적인 상호작용이 이루어지도록 한다.
- 5개 영역의 내용이 통합적으로 유아의 경험과 연계되도록 한다.
- 개별 유아의 요구에 따라 휴식과 일상생활이 원활히 이루어지도록 한다.
- 유아의 연령, 발달, 장애, 배경 등을 고려하여 개별 특성에 적합한 방식으로 배우도록 한다.

❸ 평가

누리과정에 대한 평가의 내용과 원리는 〈표 6–13〉과 같다.

표 6–13 누리과정의 평가

- 교육과 보육의 질을 진단하고 개선하기 위해 평가를 계획하고 실시한다.
- 유아의 특성 및 변화 정도와 누리과정의 운영을 평가한다.
- 평가의 목적에 따라 적합한 방법을 사용하여 평가한다.
- 평가의 결과는 유아에 대한 이해와 누리과정 운영 개선을 위한 자료로 활용할 수 있다.

3) 누리과정의 신체운동 · 건강영역

2015년 누리과정에서는 기본운동능력과 건강하고 안전한 생활습관을 기른다에서 첫째, 감각능력을 기르고, 자신의 신체를 긍정적으로 인식한다. 둘째, 신체를 조절하고 기본운동능력을 기른다. 셋째, 신체활동에 즐겁게 참여한다. 넷째, 건강한 생활습관을 기른다. 다섯째, 안전한 생활습관을 기른다로 제시하고 있다. 그러나 2019년 개정 누리과정에서는 실내 · 외에서 신체활동을 즐기고, 건강하고 안전한 생활을 한다고 되어 있으며 3개의 목표, 즉 첫째, 신체활동에 즐겁게 참여한다. 둘째, 건강한 생활습관을 기른다, 셋째, 안전한 생활습관을 기른다로 제시하고 있다. 누리과정의 구체적인 목표와 내용은 〈표 6-14〉, 〈표 6-15〉와 같다.

표 6-14 누리과정의 목표

- 실내 · 외에서 신체활동을 즐기고, 건강하고 안전한 생활을 한다.
- 신체활동에 즐겁게 참여한다.
- 건강한 생활습관을 기른다.
- 안전한 생활습관을 기른다.

표 6-15 누리과정의 내용

내용범주	내용
신체활동 즐기기	신체를 인식하고 움직인다.
	신체 움직임을 조절한다.
	기초적인 이동운동, 제자리 운동, 도구를 이용한 운동을 한다.
	실내 · 외 신체활동에 자발적으로 참여한다.
건강하게 생활하기	자신의 몸과 주변을 깨끗이 한다.
	몸에 좋은 음식에 관심을 가지고 바른 태도로 즐겁게 먹는다.
	하루일과에서 적당한 휴식을 취한다.
	질병을 예방하는 방법을 알고 실천한다.

내용범주	내용
안전하게 생활하기	일상에서 안전하게 놀이하고 생활한다.
	TV, 컴퓨터, 스마트폰 등을 바르게 사용한다.
	교통안전규칙을 지킨다.
	안전사고, 화재, 재난, 학대, 유괴 등에 대처하는 방법을 경험한다.

아동의 영양관리

Chapter 7

배울 내용

1. 기본영양소
2. 발달단계에 따른 영양관리

학습목표

1. 기본 영양소인 6대 영양소의 종류와 기능에 대해 안다.
2. 연령별로 필요한 영양소와 영양소별 급원식품에 대해 안다.
3. 영유아의 식사와 간식을 관리할 수 있으며, 영유아에게 제공하는 적절한 음식에 대해 안다.

1. 기본 영양소

1) 기본 영양소의 종류와 기능

영양소란 생물체가 외부로부터 물질을 섭취하여 체성분을 만들고 체내에서 에너지를 발생시켜 생명현상(생명 유지, 건강 유지 등)을 유지하는 필수적인 물질로서, 외부로부터 섭취하는 영양에 관여하는 물질을 통틀어 영양소라고 한다(오미경 외, 2016). 우리가 반드시 섭취해야 하는 영양소로는 탄수화물, 단백질, 지방의 3대 영양소와 비타민, 무기질, 물을 합한 6대 영양소가 있으며, 이들 영양소는 체내에서의 기능과 역할에 따라 〈표 7-1〉과 같이 구분할 수 있다.

표 7-1 영양소의 구분

구분	내용
몸의 구성 물질로서 영양소	우리는 매끼 먹고 있는 음식물에서 영양소를 섭취하며, 섭취한 영양소로 우리 몸을 구성한다. 몸의 구성물질로서의 영양소에는 지방, 단백질, 무기질 등이 포함된다.
에너지 공급원으로서 영양소	우리 몸속에서 서서히 연소하여 열을 발생시키는 데 사용되는 영양소로 이를 '열량소'라고도 하며 체온을 유지하고 활동에 사용되는 에너지를 만드는 영양소를 말한다. 탄수화물, 단백질, 지방 등이 포함되며 탄수화물, 단백질은 각각 1g이 4kcal, 그리고 지방은 9kcal의 에너지를 발생시킨다.
생리적 기능 조절자로서 영양소	생리적 기능 조절자로서의 영양소는 단백질, 무기질, 비타민이 있으며, 이들 영양소가 부족할 경우 영양소가 불완전 연소하게 되고, 우리 몸도 기능이 원활하지 않거나 병이 날 수 있다.

(1) 탄수화물

탄수화물은 1g당 4kcal의 에너지를 제공하며, 인간의 생명을 유지하기 위해 필수적인 중요한 에너지원으로 체내에서는 포도당으로 분해되어 흡수된다. 인체의 뇌와 적혈구는 포도당을 주요 에너지원으로 사용하므로 탄수화물은 두뇌의 기능을 돕기 위해서도 꼭 필요한 영양소이다. 탄수화물은 사람이나 동물의 몸에서는 합성되지 않으며, 식물의 광합성에 의해 만들어지므로 반드시 음식물을 통해 섭취해야 한다. 탄수화물은 녹말과 당의 형태로 존재하며, 탄수화물의 일종인 식이섬유는 장운동을 돕는 역할을 하여 변비를 예방하는 데에도 효과가 있다.

탄수화물의 섭취가 부족하게 되면 피로, 체력 저하, 다뇨, 갈증뿐만 아니라 두뇌 발달에도 부정적인 영향을 미칠 수 있으며, 과잉 시에는 당뇨병, 비만, 고지혈증의 원인이 될 수 있으므로 섭취량에 유의하여야 한다. 탄수화물의 1일 권장량은 총 섭취열량의 55~65% 정도이며, 급원식품으로는 쌀, 보리, 밀가루, 빵, 감자, 고구마, 케이크 초콜릿, 과자, 설탕 등이 있다.

(2) 단백질

단백질은 1g당 4kcal의 에너지를 제공하며, 탄수화물이나 지방이 부족할 때 에너지원으로 사용된다. 단백질은 근육, 혈액, 내장, 머리카락 등의 신체조직을 구성하는 주요한 요소이며, 호르몬이나 효소, 면역체를 생성하는 데에도 중요한 역할을 한다. 영유아의 경우 새로운 체조직의 합성 및 증식, 체내 단백질과 효소, 호르몬의 합성 등이 활발하게 일어나기 때문에 단백질 필요량이 성인에 비해 더 높다.

단백질의 섭취가 부족하게 되면 정상적인 발육 지연, 근육 강도 저하, 피로, 빈혈, 면역력 약화 등이 나타나며, 과잉 시에는 체지방으로 전환되어 신장에 과도한 부담을 줄 수 있고 고혈압, 심장병 등이 유발될 수 있다. 단백질의 1일 권장량은 총 섭취열량의 7~20% 정도이며, 급원식품으로는 육류, 어패류, 우유 및 유제품, 달걀, 콩, 곡류, 견과류 등이 있다.

(3) 지방

지방은 1g당 9kcal의 에너지를 발생시키는 고농축 에너지원이며, 체내에서 사용되고 남은 에너지는 저장되었다가 필요시 에너지로 사용된다. 지방은 지용성 비타민(A, D, E, K)의 운반과 흡수를 돕는 용매역할을 하므로 지용성 비타민은 반드시 지방과 함께 섭취해야 한다. 피하지방은 외부 온도로부터 신체를 보호하여 체온을 유지하고, 외부 충격으로부터 신체와 장기를 보호하는 완충제 역할을 한다. 지방은 동물성 식품에 주로 함유된 포화지방산과 식물성 식품에 주로 함유된 불포화지방산으로 구분되며, 불포화지방산 중 필수지방산은 체내에서 합성되지 않으므로 반드시 식품으로 섭취해야 한다.

지방의 섭취가 부족하면 체중 감소, 피로, 비타민 결핍 등이 생기며, 과잉 시 동맥경화증, 고지혈증, 심장병, 유방암, 대장암 등의 발병률이 높아질 수 있다. 지방의 1일 권장량은 총 섭취열량의 15~30%이고, 두뇌 성장이 급속한 1~2세 영아의 경우에는 20~35% 정도이다. 급원식품으로는 식물성 지방은 잣, 땅콩, 호두, 콩기름, 올리브유, 참기름, 들기름, 아보카도 등에 들어 있고, 동물성 지방은 육류, 어류, 조류, 우유, 유제품, 달걀 등이 있다.

(4) 비타민

비타민은 신체조직의 기능과 성장, 유지를 위한 대사작용에 소량이지만 꼭 필요한 주요한 영양소이다. 비타민은 비타민 A, D, E, K와 같이 유지에 녹는 지용성 비타민과 비타민 B, C와 같이 물에 녹는 수용성 비타민으로 나누어지며, 대부분 체내에서 합성되지 않으므로 부족 시 정상적인 신체발달과 성장을 저해하고, 비타민의 종류에 따라 특유의 결핍증이 나타난다. 구체적인 비타민의 종류와 기능은 〈표 7-2〉와 같다.

표 7-2 비타민의 종류와 기능

영양소		역할	급원식품	결핍	과잉
지용성	A	성장발육촉진 지각기능 원활	간, 버터, 연어	감기 결핵 야맹증 안구 건조증	식욕부진 두통 발열
	D	칼슘과 인 흡수 촉진 혈액의 칼슘농도 유지 햇빛을 통해 합성	난황, 버터, 말린 버섯	골격 연화 (구루병)	식욕부진 두통 구토
	E	세포노화 지연 생식기능 활성세포 호흡	견과류, 곡류의 배아	근육 위축 피부 반점 유산, 불임	거의 없음
	K	혈액응고 혈전 예방 체내 합성	시금치, 양배추, 간	혈액응고 지연	지혈지연
수용성	B	에너지 생산 적혈구 형성 단백질 및 아미노산 대사	채소 및 과일류, 육류, 생선류, 콩, 우유, 달걀	각기병 피로감(B_1) 구각 구순염(B_2) 피부병(니아신) 빈혈(엽산)	
	C	세균과 스트레스 저항력 강화 멜라닌 색소 침착 방해	신선한 채소, 과일	괴혈병 주근깨, 기미 빈혈 발육부진	거의 없음

출처: 심성경 외(2015). 영유아 건강교육. 양서원.

(5) 무기질

무기질은 단백질과 함께 신체의 골격과 구조를 이루는 구성성분으로 우리 몸의 약 4%에 불과하지만 인체가 정상적인 기능을 하는 데 꼭 필요한 영양소이다. 하루 필요량이 0.1g 이상인 다량무기질에는 칼슘, 인, 마그네슘, 나트륨, 칼륨, 염소, 황 등이 있으며, 0.1g 이하인 미량무기질에는 철, 요오드, 불소, 아연, 셀레늄, 구리,

크롬, 망간, 비소, 니켈 등이 있다. 무기질은 체내에서 혈액의 pH를 항상 7.3~7.5로 유지할 수 있도록 산성과 알칼리성의 균형을 조절하는 작용을 하며, 성장 발육 및 조직 구성과 생리작용을 조절하는 중요한 요소가 되므로 성장기 아동에게는 적절한 양의 무기질 공급이 꼭 필요하며, 특히 칼슘과 철분의 섭취가 중요하다. 무기질의 종류와 기능은 〈표 7-3〉과 같다.

표 7-3 무기질의 종류와 기능

영양소	역할	급원식품	결핍	과잉
칼슘 (Ca)	골격과 치아형성 혈액의 응고 근육 수축과 이완 심장의 규칙적인 박동 효소의 활성화 신경의 자극 전달 세포막의 투과성 조절	우유와 유제품 뼈째 먹는 생선류 (멸치, 뱅어포 등) 녹색 채소 해조류 사골	뼈조직의 구성과 성장 위축 골다공증 골절, 골연화증 순환기계 질환 동맥경화, 구루병 나쁜 치아	변비 신장결석 철분과 아연의 흡수 방해
철분 (Fe)	적혈구의 헤모글로빈 구성 골수에서 조형작용 콜라겐의 합성에 작용	쇠고기, 쇠간 굴 달걀 시금치 검정콩	빈혈 내출혈 집중력 감소 무력감 학습능력 감소	혈액성 설사 구토 간 손상 심장질환
인(P)	골격과 치아의 형성 신체 필수물질의 성분 영양소의 흡수와 운송 에너지 대사 산 · 염기의 균형 조절	우유와 유제품 육류, 달걀노른자 곡류와 콩류 견과류, 가공식품, 탄산음료	식욕감소 근육약화 무력증	칼슘흡수 저해
마그네슘 (Mg)	골격과 치아의 형성 효소반응의 촉매 신경의 자극 전달	도정하지 않은 곡류와 콩류 녹색채소	근육 수축 신경의 불안정 떨림증	
나트륨 (Na)	골격과 치아의 형성 효소반응의 촉매 삼투압 유지 세포막에서의 물질 수송	소금, 된장, 간장, 베이킹소다와 파우더, 화학조미료	구토 현기증 근육 경련	부종 고혈압 위암

영양소	역할	급원식품	결핍	과잉
칼륨 (K)	세포 외액의 구성 산 · 염기의 균형 조절 혈압 유지 심장보호 에너지 대사	모든 식품의 편재, 특히 과일, 녹색 채소, 육류	구토, 근육의 약화 급한 심장박동 불면증 무력감	
염소 (Cl)	세포 외액의 중요한 음이온 삼투압 조절 산 · 염기의 균형 조절 근육의 흥분성 유지	식염, 된장, 간장 식염 함유식품	구토 설사	
아연 (Zn)	단백질 대사에 필요 면역기능 수행 콜라겐 형성, 탄산가스 제거 DNA 및 RNA 합성	패류(굴) 우유 간 달걀 가금류	성장 지연 피부와 미각의 변화 식욕감퇴, 우울증 성적 성숙 지연 면역기능 저하 기형아 출산	위염 구토
요오드 (I)	갑상선 호르몬의 합성 기초대사율 조절 성장, 생식, 세포대사에 관련	해조류 해산물	유산, 사산, 기형아 출산 갑상선종, 크레틴병	
구리 (Cu)	헤모글로빈 합성 뼈의 석회화 효소기능	패류, 굴 견과류, 두유 곡류 배아 땅콩, 깨 등의 종실류, 채소	빈혈 골격 형성의 이상 성장 지연	복통 오심 구토 설사
불소 (F)	충치 예방 조직의 강화	뼈째 먹는 생선 육류의 뼈 차	충치	치아불소 침착증 신장기능 이상 근육과 신경 기 능 손상
셀레늄 (Se)	항산화제 세포막 유지 글루타티온과 산화효소의 구성	고기의 내장, 살코기 곡류 우유 및 유제품	성장 지연 근육의 통증	탈모증 손톱의 약화 및 소실 복통, 설사, 구토

영양소	역할	급원식품	결핍	과잉
망간 (Mn)	단백질 대사 효소의 활성화	통밀류 견과류 채소와 과일	성장 지연 생식 부진 골격 이상	신경계 장애 생식기능과 면역 기능의 손상
크롬 (Cr)	포도당 대사의 항상성 유지 지방대사	육류 동물의 간 도정 안 한 곡류	당질대사의 이상 성장 지연 구토, 메스꺼움	
몰리브덴(Mo)	요소 대사에 관련되는 효소 구성	내장 성분 곡류, 두류	결핍증이 드묾	

출처: 오미경 외(2015). 아동건강교육. 공동체.

(6) 물(수분)

신체의 60~70%를 차지하는 물은 혈액의 주요 성분으로 영양소의 범위에는 포함되지 않으나 생명 유지에 꼭 필요한 물질이다. 물은 혈액의 성분으로서 영양소를 운반하고, 호흡이나 땀으로 열을 기화시켜 체온을 조절하며, 소변이나 땀으로 체내 노폐물을 배출시키는 등 인체의 기본적인 신진대사를 도와준다. 또한 물은 타액, 위액, 담즙, 장액 등 분비액의 성분으로서 신체 대사과정의 촉매작용을 하며, 외부의 자극과 환경의 변화 등으로부터 내장기관을 보호하는 작용을 한다.

일반적으로 인체에 수분이 1~2% 정도 부족하면 갈증을 느끼게 되고, 5~10일 정도 물을 공급받지 못하면 사망에 이르게 되므로 충분한 수분 공급은 꼭 필요하다. 특히, 활동량이 많은 영유아기에 수분 공급이 부족하지 않도록 물이나 과일, 주스 등을 충분히 제공해 주어야 한다.

2) 영유아 영양소 섭취기준

영양소 섭취기준은 국민의 건강증진 및 질병 예방을 목적으로 에너지 및 각 영양소의 적정 섭취량을 나타낸 것이다(보건복지부, 한국영양학회, 2015). 영양소 섭취기준에는 평균필요량과 권장섭취량, 충분섭취량, 상한섭취량 등의 섭취기준을 제시하고 있으며, 인체필요량에 대한 과학적인 근거가 있을 경우에는 평균필요량과 권장섭취량을 제시하고, 근거가 충분하지 않은 경우에는 충분섭취량을 제시하며, 과잉섭취로 인한 유해영향에 대한 근거가 있는 경우에는 상한섭취량을 제시한다.

한국인 영양소 섭취기준을 위한 연령군은 생애주기에 따라 구분하여 영아기는 0~5개월과 6~11개월, 유아기는 1~2세와 3~5세로 구분하며, 만6세 이후는 남녀를 구분하여 아동기(6~8세, 9~11세)와 청소년기(12~14세, 15~18세), 성인기는 세 개의 구간(19~29세, 30~49세, 50~64세), 노인기는 두 개의 구간(65~74세, 75세 이상)으로 분류하고 있다. 이 중 영유아기에 해당하는 영양소 섭취기준은 〈표 7-4〉와 같다.

표 7-4 영유아기 영양소 섭취기준

성별	연령	에너지(kcal/일)	탄수화물(g/일)		지방(g/일)		단백질(g/일)		수분(ml/일)
		필요추정량	충분섭취량	에너지적정비율	충분섭취량	에너지적정비율	충분섭취량	에너지적정비율	충분섭취량
영아	0~5개월	550	60		25				700
	6~11개월	700	90		25		10	15	800
유아	1~2세	1,000		55~65%		20~35%	12	15	1,100
	3~5세	1,400		55~65%		15~30%	15	20	1,500
남자	6~8세	1,700		55~65%		15~30%	25	30	1,800
	9~11세	2,100		55~65%		15~30%	35	40	2,100
여자	6~8세	1,500		55~65%		15~30%	20	25	1,700
	9~11세	1,800		55~65%		15~30%	30	40	1,900

출처: 보건복지부, 한국영양학회(2015). 한국인 영양소 섭취기준.

그림 7-1 식품구성자전거

출처: 보건복지부, 한국영양학회(2015). 한국인 영양소 섭취기준.

[그림 7-1〉은 식품구성자전거 모형으로 6대 영양소의 특징과 영유아의 영양소 섭취기준을 고려하여 구성한 것이다. 식품구성자전거 모형은 영양적으로 균형 잡힌 식단을 구성하도록 하기 위해 식품의 종류와 영양소 및 기능에 따라 6가지 식품군으로 구분하여 섭취 횟수와 분량에 맞추어 바퀴면적을 배분하고, 수분의 적당한 섭취가 중요함을 강조하기 위해 앞바퀴에 물이 담긴 컵을 표시하고 있다.

2. 발달단계에 따른 영양관리

1) 영아기 영양관리

영아기는 생후 2년까지의 시기로, 이 시기에 신체성장과 두뇌발달이 급속하게 이루어지게 된다. 특히, 생후 1년 동안 출생 시에 비해 체중은 3배, 신장은 1.5배 정도 증가하므로 이 시기를 성장급등기라고도 한다. 영아기에 섭취해야 할 영양소의 절대량은 적지만 빠른 성장으로 인해 신진대사가 활발하기 때문에, 성인에 비해 체중 1kg당 에너지 · 단백질 · 칼슘 · 철분 · 수분의 필요량은 훨씬 크므로 단위 체중당 더 많은 양의 영양소들이 음식을 통해 공급되어야 정상적인 성장과 발달을 이룰 수 있다(조미환, 2017). 영아기는 소화 · 흡수기능이 약하므로 영양공급의 형태도 시기에 따라 적절하게 제공해야 하며, 액체에서 반고형식과 고형식 등으로의 전환이 이루어질 수 있도록 주의하여 제공하여야 한다.

(1) 모유수유

모유는 신생아를 분만한 산모의 유선에서 나오는 즙을 말하며, 모유에는 출생 후 6개월 이전의 영아에게 공급할 수 있는 가장 적절한 영양소가 포함되어 있다. 특히, 출산 후 48시간 이내에 나오는 초유는 진하고 끈끈하며 투명한 황색의 액체로 태변의 배설을 돕고 면역력을 높여주어 병균으로부터 영아를 보호해 주는 항원체를 함유하고 있다. 모유는 단백질, 지방, 탄수화물, 무기질, 비타민 등 영아의 정상적인 성장과 발달을 위해 필요한 모든 영양소를 골고루 포함하고 있을 뿐 아니라, 면역성분을 포함하고 있어 질병에 대한 면역력을 길러주고 영아의 약한 소화기능에도 잘 소화되고 배설될 수 있도록 구성되어 있다.

영아에게 모유를 수유하는 시간은 15~20분 정도가 적당하며, 어머니와 영아의 건강상태와 환경, 영아의 요구에 따라 수유 간격과 횟수를 조절하여 제공하도록 한다.

(2) 조제유 수유

조제유는 모유와 성분이 거의 유사하도록 만들어졌으나 모유와 같이 완벽한 영양분을 제공하지는 못하며 면역효과도 떨어지지만, 여러 가지 이유로 인해 엄마가 모유 수유를 할 수 없는 경우 조제유 수유를 하게 된다.

조제유를 수유하는 방법은 먼저 조제유를 준비하기 전에 손을 깨끗하게 씻고, 미리 준비한 살균한 용기에 끓여서 식힌 물을 사용하여 조제유를 제조한다. 영아의 발달단계에 맞게 조제유의 농도를 조절하여 표시된 용량대로 물에 탄다. 영아가 모유를 먹는 것과 같은 안정감을 느낄 수 있도록 편안하게 안아서 먹이고, 젖병으로 수유할 때는 공기를 삼키게 되므로 수유 후 바로 안아 등을 가볍게 쓸어주어 트림을 시켜야 하며, 남은 우유는 상하기 쉬우므로 다시 사용하지 않고 버린다.

표 7-5 모유와 조제유의 수유

개월	모유	조제유	총수유량
0~4개월	8회 이상	5~10회	470~900
4~6개월	5회 이상	4~7회	720~1200
6~8개월	5회 이상	3~4회	720~1200
8~10개월	요구에 따라	3~4회	470~900
10~12개월	요구에 따라	3~4회	470~720

출처: 신숙식(2014). 영유아교사와 엄마를 위한 영양과 건강교육. 공동체.

(3) 이유식

생후 4~6개월이 되면 모유나 조제유만으로는 성장에 필요한 영양소를 충분히 공급할 수 없으므로 반고형식으로 시작하여 고형식 음식으로 식사를 전환하도록 하는 이유식을 시작한다. 이유식은 영양 공급뿐만 아니라 소화능력과 미각발달 등에도 도움을 주며, 영아가 다양한 음식을 경험함으로써 편식을 예방하고, 올바른 식습관을 형성하도록 도움을 준다. 이유식 초기에는 유동식으로 액체상태의 음식을 제공하고, 점차 고운 죽에서 부드러운 알갱이가 있는 것, 잘게 자른 형태가 있는 것으로 전환하여 제공하다가 완료기에는 성인과 거의 비슷한 식품으로 제공하도록 한다. 이유식을 제공할 때 유의사항(김숙이 외, 2016)은 〈표 7-6〉, 월령에 적합한 이유식은 〈표 7-7〉과 같다.

표 7-6 이유식을 제공할 때 유의사항

구분	내용
이유식은 월령별이 아닌 영아 개인의 발달상태에 따라 시작하는 것이 좋다.	영아의 체중발달이 적절하게 증가하였거나 수유 간격이 3시간 이내로 짧아지기 시작할 때가 적절하고 이유가 완료되는 시기는 1년이 적당하다. 이유식을 제공하기 시작하면 모유나 조제분유의 횟수를 점차적으로 줄여가며, 생후 1년이 되었을 때는 400ml 정도까지만 섭취하도록 한다.
이유식은 유동식 형태에서 반유동식, 고형식으로 점차 전환하여 진행해 가는 것이 좋다.	이러한 과정은 영아가 이유기를 얼마나 잘 적응하는가, 이유식에 흥미를 가지고 있는가, 고형식을 받아들일 준비가 되어 있는가 등에 따라 진행속도를 조절할 수 있다. 또한 이유식 초기에는 영아의 미각발달과 특정 음식에 대한 알레르기 반응을 살펴보기 위하여 단일 식품을 적어도 4~5일 동안 지속적으로 제공한다. 그 후 새로운 식품을 하나씩 추가하도록 하고, 생후 1년 후부터는 고형식에 익숙해진 영아들에게 자극이 덜한 성인식을 조금씩 제공하며 여러 가지 음식에 익숙해지도록 한다.

표 7-7 월령에 적합한 이유식

월령	먹는 방법	횟수	이유식	이유식 상태
초기(4~5개월)	입술을 닫은 채로 꿀꺽 삼키는 시기	1회 정도	배숙, 사과숙, 당근숙, 고구마숙 등	재료를 삶아서 으깨어 체에 내려 죽처럼 걸쭉한 상태
중기(6~8개월)	혀와 입천장으로 으깨는 시기	2회 정도	생선죽, 미역죽, 연두부죽, 쇠고기죽 등	말랑말랑하게 삶은 것을 잘게 썬 것으로 부드러운 알갱이 상태
후기(9~11개월)	잇몸으로 씹는 시기	3회 정도	호박죽, 닭백숙, 생과일 갈은 것, 생선살과 잘게 다진 국수 등	부드러운 것을 잘게 자른 것으로 알맹이 상태
완료기(1년~1년6개월)	이로 씹는 시기	3회 정도	잣죽, 닭죽, 생선죽, 밤죽 등	형태가 있는 상태

출처: 정미라 외(2009). 영유아를 위한 건강 및 영양교육. 양서원.

2) 유아기 영양관리

만3~5세 유아는 영아에 비해 성장속도가 완만한 편이지만 신체기능조절능력과 운동능력이 발달하여 활동량이 늘어나기 때문에 충분한 영양섭취가 필요한 시기이다. 또한 유아기에는 사회 · 정서 · 인지능력이 발달하면서 식품에 대한 기호가 생기고 식습관이 형성되므로 식욕부진, 편식 등의 문제가 생기기도 한다. 유아의 식습관을 잘 관찰하고, 다양한 식품을 포함한 적절한 식단을 구성함으로써 올바른 식생활 지도가 이루어질 수 있도록 해야 한다. 유아기에 적절한 영양공급을 위해 고려해야 할 점(김숙이 외, 2016)은 〈표 7-8〉, 어린이를 위한 식생활지침은 〈표 7-9〉와 같다.

표 7-8 적절한 영양공급을 위해 고려해야 할 점

구분	내용
평균필요량, 권장섭취량, 충분섭취량, 상한섭취량 등을 고려하여 과학적인 영양공급이 이루어지도록 한다.	이를 위해 유아의 신장과 체중 등의 신체발달 정도, 연령, 소화흡수율 등을 고려하여 적절한 영양을 제공한다.
6대 영양소가 포함된 균형 있는 영양공급이 이루어지도록 한다.	이를 위해 각 영양소의 일일 권장량을 고려하여 식단을 구성하고, 유아의 신체발달수준을 고려한 조리법을 사용한다. 특히, 유아기에는 성장과 발육에 결정적인 역할을 하는 단백질과 칼슘을 충분히 섭취할 필요가 있다.
음식의 조리법에 다양성을 두고 계절음식을 중심으로 식단을 구성한다.	유아의 미숙한 소화흡수기능을 고려하여 다양한 조리법을 사용하고, 자극성이 적은 음식을 제공하여 유아가 식사를 즐길 수 있도록 한다. 또한 계절음식을 활용하여 유아에게 신선한 재료가 함유된 다양한 음식을 섭취하도록 한다.
올바른 식습관을 형성한다.	올바른 식습관 형성을 위해 유아에게 균형 잡힌 식단을 바탕으로 적절한 식사량을 제공하고 음식을 골고루 섭취하도록 한다. 특히, 유아기에는 선호하는 음식이 분명해지므로 편식을 하지 않도록 지도할 필요가 있다. 유아가 선호하지 않는 음식은 대체음식이나 다양한 조리법을 활용하여 제공함으로써 불균형한 영양섭취가 이루어지지 않도록 한다. 또한 올바른 식사태도에 대한 지도를 통해 식사시간에는 자리에 앉아 음식 섭취에 집중할 수 있도록 하며, 식사시간을 적절히 안내하여 유아가 너무 빨리 혹은 너무 길지 않게 식사를 마칠 수 있도록 한다.

표 7-9 어린이를 위한 식생활지침

구분	내용
음식은 다양하고 골고루	• 편식하지 않고 골고루 먹는다. • 끼니마다 다양한 채소 반찬을 먹는다. • 생선 · 살코기 · 콩제품 · 달걀 등 단백질 식품을 매일 한 번 이상 먹는다. • 우유를 매일 두 컵 정도 마신다.
많이 움직이고, 먹는 양은 알맞게	• 매일 한 시간 이상 적극적으로 신체활동을 한다. • 나이에 맞는 키와 몸무게를 알아서, 표준 체형을 유지한다. • TV 시청과 컴퓨터게임을 모두 합해서 하루에 두 시간 이내로 제한한다. • 식사와 간식은 적당한 양을 규칙적으로 먹는다.
식사는 제때에, 싱겁게	• 아침식사는 꼭 먹는다. • 음식은 천천히 꼭꼭 씹어서 먹는다. • 짠 음식, 단 음식, 기름진 음식을 적게 먹는다.
간식은 안전하고, 슬기롭게	• 간식으로는 신선한 과일과 우유 등을 먹는다. • 과자나 탄산음료, 패스트푸드를 자주 먹지 않는다. • 불량식품을 구별할 줄 알고 먹지 않으려고 노력한다. • 식품의 영양 표시와 유통기한을 확인하고 선택한다.
식사는 가족과 함께 예의 바르게	• 가족과 함께 식사하도록 노력한다. • 음식을 먹기 전에 반드시 손을 씻는다. • 음식은 바른 자세로 앉아서 감사한 마음으로 먹는다. • 음식은 먹을 만큼 담아서 먹고 남기지 않는다.

출처: 보건복지부(2009). 생애주기별 식생활지침.

3) 영유아 식사 및 간식관리

(1) 영유아 식사관리

성장 발육이 빠르고 신진대사가 왕성한 영유아의 식사는 한 끼 구성에 곡류, 고기 · 생선 · 달걀 · 콩류, 채소 및 과일류, 우유 및 유제품, 유지 및 당류의 기초식품군이 골고루 포함되고, 각 영양소의 1일 권장량을 충분히 공급할 수 있도록 식단을 구성해야 한다. 특히, 유아기에는 단백질의 1일 권장량의 2/3는 동물성 단백질로 섭취하고, 나머지는 양질의 식물성 단백질로 섭취하도록 한다. 육류는 철, 아연, 비타민 B_{12}의 좋은 급원이 되므로 정기적으로 섭취할 수 있도록 하고, 우유 및 유제품은 칼슘과 단백질 급원에 좋은 식품이므로 반드시 포함하여 매일 2컵 이상의 우유를 마시도록 하는 것이 좋다. 신선한 채소와 과일은 비타민과 무기질의 좋은 급원이 되는 식품이므로 매일 4회분 이상 충분히 포함하도록 하고, 치아의 건강을 위해 조리 시 설탕을 가능한 제한하도록 하는 것이 좋다. 다양한 조리법을 이용하여 식단을 구성하면 영유아의 편식이나 식욕부진 등의 문제에 도움이 될 수 있다.

(2) 영유아 간식관리

영유아들은 위의 용량이 작아 한 번에 섭취할 수 있는 양이 적으므로 1일 3회의 식사만으로 필요한 에너지와 영양소를 충분히 공급받기 어렵다. 따라서 간식은 영유아들에게 꼭 필요하므로 하루 2~3회 정도 제공하도록 한다. 간식의 양은 에너지 필요량의 10~15%가 적당하며, 영유아 시기에는 오전과 오후 2회, 아동기에는 1회 정도 제공하도록 한다. 간식은 영유아의 다음 식사에 영향을 미치지 않도록 식사시간까지 2시간 정도 간격을 두어 제공하도록 한다.

간식으로 적절한 식품은 식사에서 부족하기 쉬운 영양소를 중심으로 선정하고, 비타민과 무기질이 풍부하고 신선한 계절 식품으로 구성하는 것이 좋다. 사탕류나 인공감미료 등의 첨가물이 많이 들어간 식품과 자극적인 음식은 식욕을 저하시키고 치아 건강에도 부정적인 영향을 주므로 가능한 한 간식으로 제공하지 않는 것이 좋다. 간식으로 적절한 식품은 〈표 7-10〉, 이유식 식단에 대한 예는 〈표 7-11〉, 유아 식단의 예는 〈표 7-12〉와 같다.

표 7-10 간식으로 적절한 식품

구분	내용
에너지원을 섭취할 수 있는 식품	빵, 감자, 고구마, 쌀과자, 떡, 비스킷, 쿠키, 밀전병 등
단백질 · 칼슘원을 섭취할 수 있는 식품	우유, 두유, 요구르트, 치즈, 달걀, 푸딩, 콩으로 만든 미숫가루, 깨엿, 땅콩 등
비타민과 무기질원을 섭취할 수 있는 식품	오이, 당근 등의 신선한 채소와 과일
간식으로 적절한 음료	설탕이 가미되지 않은 무가당주스, 우유, 두유, 요구르트, 미숫가루, 전통음료, 보리차 등

표 7-11 이유식 식단의 예

분류	식사	월(Mon)	화(Tue)	수(Wed)	목(Thu)	금(Fri)	토(Sat)
초기 (4~6개월)	정오	감자미음	감자미음	감자미음	쌀미음	쌀미음	쌀미음
중기 (7~9개월)	오전	브로콜리죽	얼갈이버섯죽	현미묽은죽	흑미무죽	양배추죽	단호박죽
	오후	쇠고기죽	조기양송이죽	쇠고기두부죽	닭죽	대구살 시금치죽	표고버섯달걀노른자죽
	간식	바나나퓨레	사과퓨레	단호박메시	배퓨레	사과배푸딩	아가용치즈
후기 (10~12개월)	아침	감자채소달걀노른자찜	브로콜리 양송이죽	고구마두부죽	달걀콩 닭고기수프	양송이버섯 감자수프	닭타락죽
	점심	가지닭살 무른밥	연두부파 무른밥	명태배진밥	콩나물표고버섯무른밥	감자채소달걀노른자찜	쇠고기연근 무른밥
	저녁	쇠고기미역 무른밥	김노른자 무른밥	감자애호박 무른밥	가지닭살 무른밥	흑미버섯 무른밥	미역무른밥
	간식	감자바나나 요구르트으깸	사과퓨레	배퓨레	고구마경단	단호박메시	사과배푸딩

출처: 어린이 급식관리지원센터(2019)(가을식단표 http://ccfsm.foodnara.go.kr).

표 7-12 유아식단의 예

분류	월(Mon)	화(Tue)	수(Wed)	목(Thu)	금(Fri)	토(Sat)
아침 식단	흑미밥 김치콩나물국 돈육단호박찜 청경채버섯무침 깍두기	잡곡밥 버섯된장국 달걀말이 감자어묵볶음 총각김치	검정콩밥 조랭이미역국 돈육연근찜 건새우볶음 깍두기	백미밥 쇠고깃국 메추리알어묵조림 진미채무침 배추김치	기장밥 된장국 삼치구이 콩자반 배추김치	흑미밥 김칫국 애호박쇠고기찜 시금치나물 깍두기
오전 간식	사과 우유	당근죽	배 우유	오렌지 쌀음료	사과 우유	모닝빵 우유
점심 식단	기장밥 두부찌개 닭날개조림 시금치나물 깍두기	백미밥 바지락맑은국 쇠고기장조림 애호박볶음 배추김치	비빔밥 아욱된장국 오징어김치전 열무김치	잡곡밥 근대국 코다리조림 무생채 배추김치	차조밥 김칫국 돼지고기편육 양배추쌈 깍두기	오므라이스 무국 땅콩조림 배추김치
오후 간식	핫도그	토스트 우유	물만두	삶은감자 우유	샌드위치 보리차	
저녁 식단	잡곡밥 북엇국 삼색나물 감자조림 배추김치	흑미밥 만둣국 두부땅콩조림 도라지나물 배추김치	수수밥 감자애호박국 돈육피망볶음 깻잎찜 배추김치	찹쌀밥 들깨미역국 닭잡채 근대무침 배추김치	잡곡밥 북엇국 삼색나물 감자조림 배추김치	

출처: 어린이 급식관리지원센터(2019)(유아 4월 식단표 http://ccfsm.foodnara.go.kr).

아동건강교육의 지도

Chapter

8

배울 내용

1. 아동건강교육의 지도방법
2. 아동건강교육 시 고려할 점
3. 건강생활습관지도

학습목표

1. 유아교육기관의 하루일과 운영에서의 건강교육방법에 대해 안다.
2. 통합적 접근방법에 의한 건강교육방법에 대해 알고 계획해 본다.
3. 영유아 건강생활습관지도방법에 대해 안다.

1. 아동건강교육의 지도방법

영유아기는 전인적인 성장과 발달의 결정적 시기이며, 일생 동안 건강의 기초가 되는 생활습관을 형성하는 시기이다. 따라서 교사는 영유아에게 발달에 적합한 다양한 활동과 놀이를 통해 건강과 관련된 지식, 기술, 태도를 습득하고, 올바른 생활습관을 갖도록 교육과정을 계획하고 실행해야 하며, 건강한 생활습관을 형성할 수 있도록 지속적이고 반복적인 관심을 가지고 지도해야 한다.

1) 하루일과 운영에서의 건강교육

영유아가 올바른 건강생활습관을 형성하기 위해서는 일상생활에서 지속적으로 건강 관련 경험이 이루어져야 한다. 즉, 교사는 유아교육기관의 일과를 통해 반복적으로 건강교육을 실시하도록 한다.

(1) 등원

교사는 영유아가 기관으로 등원할 때 세심하게 영유아의 건강상태를 체크할 수 있다. 영유아의 표정이나 기분을 파악하고, 콧물이나 기침과 발열 등 질병 관련 증상 유무를 확인한다. 등원할 때 영유아의 옷차림을 통해 날씨와 계절특성에 관련한 기본생활습관에 대해 지도할 수 있으며, 투약 의뢰서를 통해 투약 여부를 확인하도록 한다.

(2) 식사와 간식

식사와 간식은 영유아들의 성장 · 발달에 필요한 영양소를 제공하며, 올바른 식습관을 형성하도록 지도하는 시간이 된다. 교사는 영유아들이 올바른 식습관을 형성하는 모델이 되어야 하며, 활동 전후 손 씻기와 양치를 통해 위생적인 생활습관을 갖도록 하고, 음식을 소중히 여기고 편식하지 않고 골고루 먹도록 하며, 바른 식사 예절에 대한 지도로 좋은 식습관을 형성하도록 해야 한다.

(3) 낮잠 및 휴식

낮잠과 휴식은 놀이와 활동을 통해 소비한 에너지를 충전하고, 피로 회복을 통해 건강한 생활을 유지하도록 하는 시간이다. 교사는 개인차와 날씨, 하루일과를 고려하여 낮잠 및 휴식 시간을 일정한 시간에 계획하여 운영하며, 영유아가 조용하게 휴식을 취하고 낮잠을 잘 수 있도록 환경을 조성해 주도록 한다.

(4) 정리정돈 및 전이활동

정리정돈 및 전이활동은 하나의 활동이 끝난 후 사용한 것(놀잇감, 자료, 이불 등)을 정리하고 다음 활동으로 넘어가는 과정에서 이루어진다. 교사는 영유아들이 정리 · 정돈을 통해 자신의 주변을 깨끗이 하는 기본생활습관을 형성할 수 있도록 지도한다.

(5) 화장실 다녀오기

화장실 다녀오기는 하루일과 중 수시로 일어나며, 교사는 영유아의 개별 배변훈련 정도에 따라 변기 사용방법, 배변 후 물 내리기, 휴지 사용방법, 배변 후 손 씻기 등의 내용을 적절하게 지도하도록 한다.

(6) 귀가

귀가 시간에는 하루일과를 마무리하며 영유아의 상태와 옷차림을 점검하고 개별 소지품을 챙겨 안전하고 즐겁게 부모님을 만날 수 있도록 지도한다. 또한 이 시간에 그 날 하루의 일과 중 특이사항(활동, 투약, 낮잠, 급식, 건강 등)에 대해 부모님에게 전달하도록 한다.

2) 통합적 접근방법에 의한 건강교육

주제에 따른 통합적 접근방법은 유아의 흥미와 발달, 학습에 적합한 주제를 선정하여 교과영역 간 관련 내용들을 통합하여 활동하는 것이다. 유아는 주제를 탐구하기 위해 여러 가지 활동을 하게 되는데, 이 활동들은 서로 연관됨으로써 주제에 대해 효과적이며 깊이 있게 이해할 수 있게 된다(교육부, 보건복지부, 2013). 예를 들어, '건강과 안전'에 대한 생활주제를 통합적으로 접근할 경우, 이야기 나누기, 언어활동, 쌓기 활동, 수학 · 과학 · 조작활동, 동화 · 동시활동, 조형활동, 음률활동, 게임 · 신체활동, 역할활동, 견학활동 등의 다양한 교과영역을 건강과 안전에 관련한 내용으로 통합하여 활동하도록 계획할 수 있다[그림 8-1].

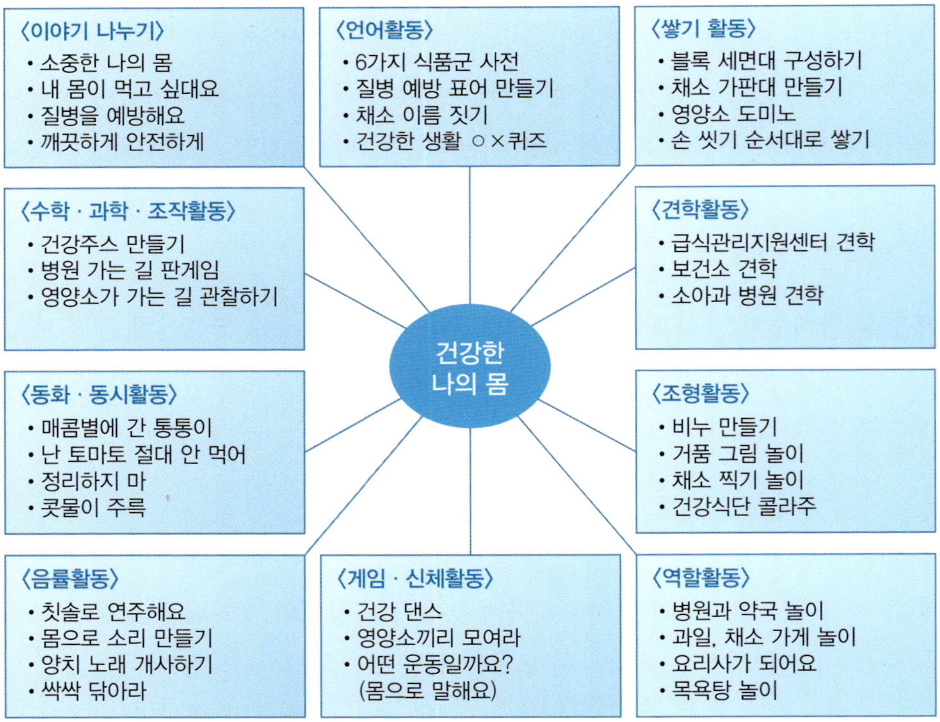

그림 8-1 건강과 안전 교과영역 간 통합적 구성의 예

(1) 이야기 나누기

유아들은 대 · 소집단으로 이루어지는 이야기 나누기 활동을 통해 건강과 관련한 주제에 대해 자신의 경험을 이야기하고, 생각을 표현하며, 다른 사람의 이야기를 듣는 시간을 갖는다. 교사는 유아들의 흥미나 요구에 따라 활동을 진행하며, 질문을 통해 유아의 사고가 확산될 수 있도록 도와주도록 하고, 교사가 주도적으로 건강에 대한 지식을 전달하는 시간이 되지 않도록 주의해야 한다.

표 8-1 이야기 나누기 활동의 예

활동명	질병을 예방해요(이야기 나누기)	연령	만4세
활동목표	• 질병에 대한 경험을 이야기해 본다. • 질병을 예방하는 방법에 대해 이야기 나눈다.		
누리과정 관련 요소	• 신체운동 · 건강 〉 건강하게 생활하기 〉 질병 예방하기 • 의사소통 〉 말하기 〉 느낌 · 생각 · 경험 말하기		
활동자료	질병 예방법 그림자료		
활동방법	1. 질병에 대한 경험에 대해 이야기 나눈다. – 혹시 아팠던 적이 있었나요? – 어떻게 아팠나요? – ○○는 아플 때 어땠나요? 어떤 생각을 했나요? 2. 그림자료를 살펴보며 질병의 원인과 예방법에 대해 이야기 나눈다. – 우리를 아프게 하는 질병은 왜 걸리게 될까요? – 질병에 걸리지 않으려면 어떻게 해야 할까요? – 질병을 예방하기 위해 우리가 할 수 있는 일들은 무엇이 있을까요? 3. 질병에 걸렸을 때 대처방법에 대해 이야기 나눈다. – 질병에 걸렸을 때는 어떻게 해야 할까요? – 무섭다고 병원에 가지 않으면 어떻게 될까요? 4. 질병 예방법을 실천해 본다. – 질병 예방을 위해 깨끗이 손을 씻으러 갈까요? – 점심시간에 음식을 골고루 먹어 우리 몸을 튼튼하게 해 볼까요?		
유의사항	하루일과 중에 활동을 수시로 회상하며 질병 예방을 위해 유아가 손 씻기와 휴식, 식사시간 등에 대한 올바른 습관을 형성하도록 지속적으로 지도한다.		

(2) 문학활동

문학활동은 유아들이 가장 흥미로워하는 그림책을 활용하여 건강 관련 활동을 하는 것으로 건강과 관련된 그림책을 선정하여 읽어주므로 건강 관련 정보를 제공하고, 그림책의 내용과 관련한 후속 활동을 통해 다양한 교과영역으로의 통합적 접근을 실시할 수 있다.

표 8-2 문학활동의 예

활동명	매콤별에 간 통통이(동화)	연령	만4세
활동목표	• 동화를 들으면서 우리 몸을 건강하게 하는 음식에 대해 안다. • 음식을 골고루 먹으려는 자세를 가진다.		
누리과정 관련 요소	• 신체운동 · 건강 〉 건강하게 생활하기 〉 바른 식생활하기 • 의사소통 〉 듣기 〉 동요, 동시, 동화 듣고 이해하기		
활동자료	《매콤별에 간 통통이》 동화자료		
활동방법	1. 좋아하는 음식과 좋아하지 않는 음식에 대해 이야기 나눈다. – 내가 제일 좋아하는 음식은 무엇인가요? – 좋아하지 않는 음식이 있나요? – 오늘 만날 통통이 친구도 좋아하는 음식과 싫어하는 음식이 있대요. 2. 《매콤별에 간 통통이》 동화를 들려준다. 3. 동화를 듣고 동화의 내용에 대해 이야기 나눈다. – 통통이는 어떤 음식을 좋아했나요? – 좋아하는 음식만 골라먹은 통통이는 어떻게 되었나요? – 통통이가 어떻게 다시 튼튼해질 수 있었나요? 4. 느낀 점을 이야기하고, 튼튼해지려면 어떻게 해야 하는지 이야기 나눈다. – 통통이의 이야기를 듣고 어떤 생각이 들었나요? – 건강하고 튼튼해지려면 어떻게 해야 할까요?		
유의사항	유아들이 식사시간과 간식시간에 바른 식습관을 갖도록 동화의 내용을 통해 격려하며 지도한다.		

(3) 역할놀이

역할놀이는 건강과 관련한 주제를 중심으로 가상의 상황을 설정하고 역할을 맡아서 놀이하여 영유아들이 실제적인 상황을 경험하게 함으로써 관련 내용을 더욱 쉽게 이해할 수 있도록 하는 활동이다. 건강과 관련한 역할놀이로는 병원 놀이, 채소 가게 놀이, 요리사 놀이, 목욕탕 놀이 등이 있다.

표 8-3 역할놀이활동의 예

활동명	채소가게 놀이(역할놀이)	연령	만4세
활동목표	• 여러 가지 채소의 효능을 말해본다. • 친구와 함께 역할을 나누어 놀이해 본다.		
누리과정 관련 요소	• 신체운동 · 건강 〉 건강하게 생활하기 〉 바른 식생활하기 • 사회관계 〉 다른 사람과 더불어 생활하기 〉 친구와 사이좋게 지내기 • 의사소통 〉 말하기 〉 느낌, 생각, 경험 말하기		
활동자료	채소모형, 블록(가게구성), 놀이소품(시장바구니, 은행놀이, 소꿉놀이 등)		
활동방법	1. 채소 모형이 하나씩 나와서 이야기를 들려준다. – 안녕! 너희 내가 누구인지 아니? – 맞아! 길쭉 길쭉~ 주황 당근이야. – 나는 너희들을 건강하고 튼튼하게 도와주고 싶어. 나를 먹으면 눈이 빤짝빤짝하고 건강해질 수 있어. – 그런데 사람들이 나를 별로 안 좋아하는 것 같아. 너무 슬퍼. – 채소 가게에서 내가 얼마나 몸에 좋은지 이야기해 주면 사람들이 나를 많이 사가지 않을까? 2. 채소가게 놀이를 위해 필요한 자료를 살펴보며 이야기 나눈다. – 채소가게 놀이를 하려면 어떤 것이 필요할까요? 3. 채소가게를 구성하는 방법에 대해 이야기 나눈다. – 채소가게를 어떻게 꾸미면 좋을까요? – 어떤 블록으로 가게를 만들까요? 4. 채소가게에 필요한 역할에 대해 이야기 나눈다. – 채소가게 놀이에는 어떤 사람들이 필요할까요? 5. 채소 가게를 구성하고 친구들과 역할을 나누어 채소가게 놀이를 한다. – ○○가 채소가게 주인이 되었구나. – ○○는 어떤 채소를 샀니? 눈이 좋아지는 당근을 샀구나. 6. 활동을 마친 후 평가해 본다. – 채소가게 놀이를 해 보니 어땠어요? – 어떤 점이 재미 있었나요? – 아쉬웠던 점이 있었나요?		
유의사항	유아가 활동하며 채소의 종류와 효능에 대해 표현해 보도록 상호작용한다.		

(4) 게임활동

게임을 통한 건강교육활동에서 교사는 주제와 흥미, 연령을 고려하여 게임방법과 유형을 결정하고 유아들이 게임을 이끌어 가도록 상호작용하며 활동한다.

표 8-4 게임활동의 예

<table>
<tr><th>활동명</th><td>식판 나르기(게임)</td><th>연령</th><td>만4세</td></tr>
<tr><th>활동목표</th><td colspan="3">• 음식을 골고루 먹어야 한다는 것을 안다.
• 신체를 조절하여 들고 있는 물건을 떨어뜨리지 않게 움직인다.
• 규칙을 지켜 게임을 한다.</td></tr>
<tr><th>누리과정 관련 요소</th><td colspan="3">• 신체운동 · 건강 〉 건강하게 생활하기 〉 바른 식생활하기
• 신체운동 · 건강 〉 신체 조절과 기본 운동하기 〉 신체 조절하기
• 사회관계 〉 다른 사람과 더불어 생활하기 〉 사회적 가치를 알고 지키기</td></tr>
<tr><th>활동자료</th><td colspan="3">식판 2개, 여러 가지 음식모형, 점수판</td></tr>
<tr><th>활동방법</th><td colspan="3">1. 식판에 대한 수수께끼를 통해 유아들이 흥미를 갖도록 한다.
– 나는 무엇일까요? 식사할 때 사용해요. 유치원에서 사용해요. 5개의 칸이 있어요. 음식을 여기에 담아요.
2. 오늘의 유치원 식단을 살펴보며 영양소가 골고루 들어 있음을 이야기한다.
– 오늘은 이 식판에 어떤 음식이 나왔나요?
– 우리 친구들 모두 맛있게 먹었나요?
– 이 음식들은 우리 몸에 필요한 영양소가 골고루 들어가도록 짝지어 놓았대요.
3. 게임자료를 소개하며 게임방법에 대해 이야기 나눈다.
– 식판과 음식들을 가지고 어떤 게임을 할 수 있을까요?
– 우리 몸을 튼튼하게 해 주는 음식을 골고루 식판에 담아서 돌아오는 게임을 해 볼까요?
4. 게임규칙을 정해본다.
– 게임을 즐겁게 하기 위해 어떤 규칙이 필요할까요?
5. 팀을 나누고 팀 구호를 정한다.
6. 게임을 한다.
7. 점수를 알아보고 평가를 한다.
– 규칙을 지키면서 게임을 했나요?
– 게임을 해 보니까 어땠나요?</td></tr>
<tr><th>유의사항</th><td colspan="3">이기고 지는 것보다는 즐겁게 게임하고 최선을 다하는 것을 격려하도록 한다.</td></tr>
</table>

(5) 음률활동

노래와 움직임을 좋아하는 유아들에게 노래 부르기, 신체표현, 악기 연주 등의 다양한 음률활동을 통한 건강교육은 건강에 대한 개념을 쉽게 전달하고 자연스럽게 기억할 수 있도록 하는 매우 흥미로운 활동이 된다.

표 8-5 음률활동의 예

활동명	치카 노래(노래 부르기)	연령	만4세
활동목표	• 올바르게 양치하는 방법을 알고 실천한다. • 노래를 즐겁게 부르며 노랫말을 표현해 본다.		
누리과정 관련 요소	• 신체운동 · 건강 〉 건강하게 생활하기 〉 몸과 주변을 깨끗이 하기 • 예술경험 〉 예술적 표현하기 〉 음악으로 표현하기		
활동자료	썩은 치아 아이 그림, 치아모형, 칫솔, 노랫말 자료, 음원		
활동방법	1. 썩은 치아를 가진 아이 그림을 제시하며 양치질하는 방법에 대해 이야기 나눈다. – 아야! 이가 너무 아파. 아야! 내 이가 왜 이렇게 아픈거지? – 양치질도 했는데 이가 썩었네. 누가 양치질하는 방법 좀 알려줄래? 2. 올바른 양치방법을 알아본다. 3. 치카노래(우리 모두 다같이 개사)를 들어본다. 〈치카노래〉 우리 모두 양치해 깨끗이! 치카! 우리 모두 양치해 깨끗이! 치카! 윗니는 위에서 아래로 양치해 아랫니는 아래서 위로해 치카! 구석 구석 양치해 깨끗이! 치카! 구석 구석 양치해 깨끗이! 치카! 어금니는 안쪽까지 구석 구석 양치해 혓바닥도 입천장도 양치해 치카! 4. 노랫말을 알아본 후 다같이 노래를 불러본다. 5. 노랫말에 맞춰 양치질하는 동작을 표현해 본다. – 치카노래를 부르며 양치질을 해 볼까요? 6. 활동을 하며 느낀 점을 이야기 나눈다. – 치카노래 활동을 해 보니 어땠어요?		
유의사항	유아들에게 익숙한 노래를 개사하여 활동하므로 노랫말을 살펴본 후 노래를 불러보도록 한다.		

(6) 현장학습

현장학습이란 영유아 건강교육을 실행할 수 있는 교수방법 중의 하나로, 외부에 있는 장소를 방문해 영유아가 실제로 경험을 할 수 있게 함으로써 학습효과를 높이는 방법이다(조미환, 2017). 교사는 건강과 관련된 현장학습 장소를 미리 선정하여 사전답사를 실시한다. 또한 영유아들과 현장학습 목적과 내용 등을 미리 이야기하여 흥미를 가지고 탐구할 수 있도록 돕는다. 현장학습을 마친 후, 회상활동과 연계활동을 통해 영유아들의 경험을 확장할 수 있도록 한다. 건강교육과 관련된 현장학습 장소로는 급식관리지원센터, 보건소, 병원, 건강검진센터 등이 있다.

3) 가정 및 지역사회 연계

영유아의 삶의 시작과 영유아의 모방의 첫 모델이 되는 부모와 가정은 영유아의 건강생활습관 형성에 중요한 영향을 미친다. 따라서 교사는 교육기관에서 영유아를 위한 건강교육을 제공하는 것뿐 아니라 가정통신문, 알림장, 부모교육, 학부모회의, 부모참여활동 등을 통해 가정과 영유아 건강에 필요한 지식과 정보를 공유하고, 부모의 참여를 독려함으로써 일관성과 연계성 있는 건강교육이 이루어지도록 해야 한다. 부모와 교사 간의 긴밀한 연계는 개별 영유아의 건강에 대한 정보를 공유하므로 영유아의 신뢰감 형성에 도움을 주고 건강한 생활습관 형성에도 긍정적인 영향을 미친다.

영유아의 건강교육은 지역사회와의 연계를 통해 더욱 효과적인 지원을 받을 수 있다. 예를 들어, 의사, 간호사, 영양사 등의 건강 관련 전문가를 초빙하여 영유아와 교직원 및 부모에게 전문적인 건강교육을 실시할 수도 있고, 영유아들과 함께 어린이급식지원센터, 질병예방센터, 보건소, 의료기관 등의 건강 관련 기관을 방문하여 영유아들에게 실제적인 경험을 제공함으로써 건강교육에 대한 효과를 강화시켜 줄 수도 있다. 또한 육아종합지원센터와 질병예방센터, 급식지원센터 등을 통해 교사나 부모가 영유아 건강 관련 정보를 제공받을 수 있으며, 상담을 통한 도움도 받을 수 있다.

2. 아동건강교육 시 고려할 점

교사는 건강교육을 통해 영유아가 기본적인 건강생활습관을 형성하고, 건강한 생활을 영위해 나갈 수 있도록 환경과 교육과정을 제공하는 등의 중요한 역할을 한다. 그러나 건강과 관련된 교육과정을 제공하는 것에서 끝난다면, 영유아들이 건강과 관련된 지식과 기술을 익히고, 올바른 건강생활습관을 가지게 되었는지에 대해 제대로 파악하기 어렵다. 따라서 건강교육에 대한 평가를 통해 교사의 역할과 교육과정을 돌아보고, 효과적인 건강교육이 이루어지도록 평가의 내용을 반영하는 과정이 반드시 필요하다고 할 수 있다.

1) 아동건강교육의 평가

건강교육활동의 평가는 단순히 지식의 습득에 그치지 않고 일상생활에서 건강한 행동양식이 얼마나 습관화되었는가 하는 관점에서 이루어져야 한다(이순형 외, 2009). 건강교육활동에 대한 프로그램의 평가와 영유아 평가의 구체적인 평가내용은 〈표 8-6〉과 같다.

표 8-6 건강교육활동의 프로그램 평가와 영유아 평가

구분		내용
프로그램 평가	활동계획	• 건강교육내용이 연간, 월간, 주간 계획안에 균형 있게 배분되었는가? • 영유아의 경험, 일상생활과 관련된 내용으로 계획하였는가? • 표준보육과정의 활동을 통합적으로 계획하였는가? • 영유아의 발달단계에 기초해 건강교육활동을 계획하였는가?
	활동방법	• 영유아의 발달단계에 맞게 활동이 구성되었는가? • 영유아의 흥미를 고려하여 활동을 지도하였는가? • 활동에 따라 다양한 자료 및 교재를 사용하였는가? • 적절한 지도방법을 사용하여 활동을 전달하였는가? • 지속적이고 일관성 있게 지도하였는가? • 유아교육기관과 가정과의 건강교육이 연계되었는가?
	활동실행	• 장기간에 걸쳐 지속적이고 반복적으로 실시하였는가? • 활동이 일관성 있게 지속적으로 실시되었는가?

구분		내용
영유아 평가	건강교육활동의 효과평가	• 일상생활에서 청결하게 행동하는 것이 어느 정도 습관화되었는가? • 표준보육과정 기본생활영역의 행동관찰표에 의한 평가

출처: 이순형 외(2009). 영 · 유아건강교육. 학지사.

영유아의 건강교육활동 평가는 영유아에게 적합한 방식으로 이루어져야 한다. 즉, 영유아의 생활습관 형성과 태도 변화에 대한 평가를 위해서는 하루일과 속에서 일화기록, 체크리스트, 포트폴리오 등의 다양한 평가방법을 통해 평가하도록 한다〈표 8-7〉.

표 8-7 영유아 건강교육활동 평가방법

구분	내용
일화기록	일화기록은 영유아의 행동이나 말을 관찰하여 일어난 순서대로 객관적 사실을 기록하여 평가하는 방법이다. 건강 및 기본생활습관과 관련된 상황을 관찰하여 그대로 기록하도록 하며, 관련 상황에 대한 여러 번의 일화기록을 통해 평가하는 것이 바람직하다.
체크리스트	체크리스트는 교사가 관찰한 내용을 바탕으로 제시된 항목에 예/아니오, 혹은 점수를 부여하여 평가하는 방법이다. 교사는 평가하고자 하는 영유아의 건강교육 목표에 맞춰 목록을 구성하되 건강에 대한 지식, 기술, 태도를 모두 평가할 수 있도록 구성한다.
포트폴리오	포트폴리오는 영유아의 활동자료(글, 그림, 작품, 사진 등)를 수집하여 분석하고 평가하는 방법으로 건강과 관련된 사진이나 활동을 통해 영유아의 건강생활습관이나 행동의 변화를 살펴볼 수 있다. 교사와 영유아의 개별면담 자료나 부모와의 면담자료 등을 포트폴리오에 포함하면 가정에서의 건강생활습관도 반영하여 평가가 더욱 포괄적으로 이루어질 수 있다.

2) 건강교육을 위한 교사의 역할

교사는 가정과 기관의 연계를 통해 영유아들의 올바른 건강생활습관을 형성하고, 관리하며, 지도하는 중요한 역할을 한다. 이를 위해 교사는 영유아의 건강에 대한 기본적인 지식과 기술을 가지고 있어야 하며, 영유아의 건강교육을 위해 다양한 역할을 수행해야 한다. 영유아의 건강교육을 위한 교사의 역할을 살펴보면 다음과 같다(조미환, 2017).

(1) 바람직한 환경 조성 및 관리자의 역할

영유아가 건강하게 성장 · 발달하기 위해서는 바람직하고 위생적인 물리적 환경이 조성되어야 하며, 물리적 환경에는 영유아가 생활하는 공간의 크기와 적절한 온도와 습도, 소음, 환기, 공기의 오염 정도, 냄새, 청결과 같은 요인들이 포함된다. 교사는 영유아의 놀이를 방해하지 않고 영유아가 편리하게 사용할 수 있도록 교실의 가구와 실내 · 외 설비를 배치해야 하며, 영유아의 개별 침구가 청결하게 유지되도록 관리하고, 소독과 대청소는 2개월에 1회 이상 실시해야 한다. 채광과 조명을 적절하게 유지하고, 교실을 수시로 환기시켜 실내 공기가 쾌적하게 유지되도록 하며 시설과 설비, 놀잇감 및 보관함 등을 항상 청결하게 관리하도록 한다.

(2) 건강교육자의 역할

영유아기의 건강교육은 교육기관에서 이루어지는 모든 활동의 기초가 되어야 한다. 그러나 영유아는 자신의 건강을 스스로 관리할 능력이 부족하므로 교사의 관심과 세심한 지도가 필요하다. 교사는 영유아의 건강을 관리하는 데 필요한 지식과 기술을 가지고 있어야 하며, 영유아가 건강에 대한 긍정적인 태도를 가지고 바람직한 생활습관을 형성할 수 있도록 건강교육 프로그램을 개발해야 한다. 또한 이를 기초로 연령과 개별 특성에 적합한 교육계획을 수립하고 수행하며, 영유아의 건강 유지와 증진을 위해 다양한 활동과 경험을 할 수 있도록 환경을 제공해야 한다.

(3) 바른 식생활관리자의 역할

교사는 영유아의 발달특성을 고려한 올바른 식생활지도를 통해 영유아가 건강한 식습관을 갖도록 지도하는 역할을 한다. 영유아는 음식에 대한 선호, 식사량 등을 스스로 조절할 능력이 부족하므로 교사는 영유아의 식습관을 잘 관찰해 편식하지 않고 충분한 영양을 골고루 섭취할 수 있도록 관심을 가지고, 연령 및 개인차를 고려한 적정한 급식량을 배식하도록 해야 한다.

교사는 식습관과 함께 올바른 수저 사용법, 식사 도중에 돌아다니지 않기, 음식 꼭꼭 씹기, 음식을 입에 넣은 상태로 말하지 않기, 음식을 먹을 때 소리 나지 않게 씹기 등의 기본적인 식사예절을 익히도록 지도하고, 만4, 5세 유아들에게는 음식을 소중히 여기는 태도를 갖도록 지도한다.

(4) 질병 예방 및 관리자의 역할

교사는 영유아들의 건강관리에 필요한 지식과 기술을 가지고, 질병을 예방하고 관리하는 역할, 질병에 걸린 영유아를 돌보고 관리하는 역할, 안전사고의 대응 및 응급처치를 수행하는 역할 등을 수행해야 한다.

교사는 등·하원과 하루일과 운영 시 영유아의 표정, 기분, 얼굴 색, 행동특징, 청결 유무 등을 세심하게 살펴봄으로써 영유아의 건강 여부를 관찰할 수 있으며, 기관에서 투약이 필요한 영유아의 경우 부모가 작성한 투약 의뢰서를 확인하여 그대로 투약하고 부모에게 전달하도록 한다.

교사는 법정 전염병과 영유아들의 질병에 대해 알고 있어야 하며, 영유아가 일상생활에서 질병과 전염병을 예방할 수 있도록 안전한 환경을 조성해 주어야 한다. 또한 응급상황이 발생했을 경우, 적절한 대처능력을 가질 수 있도록 응급처치에 대한 지식과 기술도 갖추고 있어야 한다.

(5) 긍정적인 정신건강 형성을 위한 조력자의 역할

영유아가 긍정적이고 바람직한 정신건강을 형성하고 유지하기 위해서는 부모나 교사의 영향력이 매우 크게 작용한다. 따라서 교사는 따뜻하고 편안한 교실의 분위기를 조성하고, 영유아의 개인차를 고려하며, 영유아에 대한 편견과 선입견을 갖지 않고, 사랑과 관심으로 영유아를 존중하도록 노력해야 한다. 영유아의 장점을 발견하려고 노력하며 칭찬을 아끼지 않고 부족한 점이 있으면 격려하고 지원해 주어야 한다. 특히, 교사는 심리적 · 정서적 결핍을 느끼는 영유아에게 더 많은 사람과 관심을 기울이고 영유아가 세상에 대한 신뢰감과 긍정적인 자아개념을 형성할 수 있도록 지원해 주어야 한다. 또한 교사는 아동학대 신고의무자(「아동학대범죄의 처벌 등에 관한 특례법」 제10조)로서 영유아가 아동학대와 방임, 성학대 등을 나타내는 증상을 보이면, 관계 기관 및 병원에 연락하는 등의 신고와 조치를 해야 한다.

(6) 부모 및 지역사회와의 건강협력자의 역할

교사는 영유아의 건강 유지 및 관리를 위해 부모 및 지역사회와 긴밀하게 소통하고 협력해야 한다. 영유아 교사가 가지고 있는 건강에 대한 인식과 지식 및 실천은 유아교육기관 내에서만 적용되는 것이 아니라, 부모와 긴밀하게 협력하고 원활한 소통이 이루어질 때 영유아의 건강이 더욱 증진되고 향상된다. 교사는 영유아의 건강 관련 정보, 기관에서 이루어지는 건강교육에 대해 가정통신문, 부모교육, 부모참여수업 등을 통해 영유아기 건강의 중요성 및 관리에 대한 부모의 인식을 증진시킬 수 있다. 또한 지역사회와의 적절한 협조체제를 통해 영유아들이 건강과 관련된 체험, 전문가 초청, 견학 등 다양한 경험을 할 수 있도록 계획함으로써 건강에 대해 관심을 갖고 생활을 할 수 있도록 지원해야 한다.

3. 건강생활습관지도

건강은 하루아침에 변화하지 않는다. 따라서 영유아에서 성인 그리고 노년에 이르기까지 건강한 삶을 영위하기 위해서는 영유아기부터 건강한 생활습관을 형성해 가는 것이 중요하다. 영유아기에 형성된 바르고 건강한 생활습관은 건강한 삶의 기초가 되어 지속적인 영향을 미치게 된다. 이렇게 중요한 건강생활습관은 한 번의 활동으로 이루어지는 것이 아니다. 일상생활에서 지속적이고 반복적으로 습관이 되도록 지도해 나가야 한다. 따라서 영유아 교육기관에서 이루어지는 유형별 건강생활습관지도를 살펴보면 다음과 같다.

1) 배변훈련

배변훈련은 보통 만2~3세경에 이루어지지만 영유아의 나이보다는 개인차와 발달 정도를 고려하여 배변훈련을 시작할 수 있을 만큼의 신경계와 대 · 소근육, 언어발달이 이루어졌을 때 시작해야 한다. 너무 일찍 시작하면 스트레스와 불안을 주어 오히려 훈련기간이 길어질 수 있으며, 배변훈련을 너무 엄격하게 하면 고집이 세고 이기적이고 불안정한 정서를 가질 수 있으므로 주의해야 한다.

(1) 배변훈련을 위한 적절한 시기

배변훈련은 영아의 개별적인 발달 정도에 따라 시작 시기가 다르므로 영아가 배변훈련을 시작할 준비가 되었는지 파악하여 단계적으로 실시해야 한다. 배변훈련과 관련된 영아의 발달특성을 살펴보면 〈표 8-8〉과 같다(주영은 외, 2011).

표 8-8 배변훈련과 관련된 영아의 발달특성

- 15개월 : 젖은 기저귀나 의복을 가리키며 불편함을 표현한다.
- 18~24개월 : 대소변에 관련된 간단한 용어들을 이해하고 사용한다.
- 30~36개월 : 화장실에 가야겠다는 의지를 말로 표현한다.
- 36개월 이상 : 짧은 기간이라도 대소변을 참을 수 있다.

배변훈련을 위한 적절한 시기가 되었을 때, 영유아들의 행동을 살펴보면 대소변 후 기저귀를 바꾸어 달라는 표현을 하거나, 소변을 보는 간격이 길어지면서 자는 동안 소변을 보지 않는 날도 생긴다. 또한 대소변과 관련된 언어표현을 사용하고 스스로 옷을 벗는 시늉을 하기도 하며, 대소변을 볼 의사가 있을 때 얼굴 표정이 바뀌거나 다리를 꼬며 끙끙 거리기도 한다.

표 8-9 소변 가리기 훈련을 시작할 수 있는 성장단계

내용
1. 유아용 변기의자의 사용이나, 형/누나의 내의를 입으려고 요구한다.
2. 옷을 내리고 올릴 수 있다.
3. 독립성을 나타내고, '아니오'라는 말을 한다.
4. 부모의 행동을 모방한다.
5. 간단한 지시에 따르고, 앉고, 걷기를 할 수 있다.
6. 기저귀가 젖은 것을 표현하고, 깨끗한 기저귀를 원한다.
7. 소변을 보고 싶다는 것을 말하거나, 얼굴 표형(얼굴과 뺨이 붉게 되는 등)을 짓거나, 행동(발끝으로 춤을 추는 듯한 행동이나 웅크려서 한쪽 발꿈치로 항문 쪽을 누르는 자세 등)으로 나타낸다.

출처: 보건복지부(2012). 어린이집 건강관리 매뉴얼.

(2) 배변훈련 지도방법

배변훈련을 위해 부모와 교사는 영유아의 성장, 발달을 관찰하여 배변훈련의 적절한 시기를 파악할 수 있어야 하며, 개별 발단단계와 성격, 기질 등을 고려하여 적절한 훈련방법을 선택해야 한다. 영유아가 배변훈련을 위한 준비가 되었다면, 〈표 8-10〉과 같은 방법으로 배변훈련을 지도할 수 있다(보건복지부, 2012).

표 8-10 배변훈련 지도방법

- 영유아용 변기를 구입하여 눈에 잘 띄는 편리한 곳에 놓아둔 후, 아이가 사용하는 용어인 응가, 쉬 등으로 "이것이 네가 사용하는 곳"임을 말해준다.
- 처음 일주일 정도는 하루에 한두 번씩 약 3~5분간 옷을 입은 상태에서 영유아용 변기에 앉혀 두어 아이가 변기에 익숙해지도록 한다.
- 부모/형제/교사가 화장실을 이용하는 것을 볼 수 있도록 한다.
- 기저귀를 차지 않은 상태에서 영유아용 변기에 앉혀 두다가 우연하게라도 대소변을 볼 경우 칭찬해 준다.

- 아이와 함께 기저귀의 변을 영유아용 변기에 버리고 "여기가 대변이 가야할 곳"이라고 말해 주며, 영유아용 변기의 변을 화장실로 가져가서 변기에 버리고 물을 내린다.
- 대변을 보기 직전의 표정, 몸짓 등의 신호를 관찰하여 신호가 느껴지면 아이에게 "쉬 할래? 응가 할래?"라고 물어보고 영유아용 변기로 가자고 말한다. 실패하더라도 아무렇지 않은 듯 다음에 하도록 격려해 준다.
- 아이에게 변기훈련의 긍정적인 측면을 강조하여 "다 컸네, 엄마/아빠/선생님이랑 똑같이 하네. 혼자서도 할 수 있구나"라고 말해주고, 성공하는 경우에는 칭찬해 준다.
- 변기가 어느 정도 익숙해지면, 낮 동안에 기저귀를 그만 차기를 원하는지 아이에게 물어본 후 긍정적이면, 영유아용 팬티를 입히기 시작한다.

만일 영유아가 신체적으로 준비가 되었는데도 배변훈련을 거부하거나 잘 되지 않을 경우에는 훈련방법이나 환경적인 변화 등을 점검해 보고, 하루나 이틀 정도 쉰 다음 다시 해 보도록 격려하는 것이 좋다. 배변을 못 가리는 증상이 계속되면 장운동이나 괄약근 조절과 관련된 신경학적 질환, 생식기 부위 염증이나 변비 등의 신체적 질환의 원인이 있을 수 있으므로 확인을 해 보도록 한다. 배변훈련은 영유아가 신체적, 정신적으로 건강한 생활을 할 수 있도록 하는 것에 목적을 두고 있으므로, 잘 되지 않는다고 화를 내거나 벌을 주기보다는 칭찬하고 격려해 줌으로써 영유아의 자존심을 키워주도록 한다.

2) 손 씻기

손 씻기는 각종 세균과 감염 등을 예방하여 영유아가 안전하고 건강한 생활을 하도록 하는 데 중요하다. 구체적으로 식중독, 유행 눈병, 세균 이질, 콜레라, 상기도 감염(감기), 폐렴, 독감, A형 간염, 기생충 감염, 피부 감염 등의 각종 감염질환은 손을 잘 씻음으로써 줄일 수 있다. 그리고 감염성 설사는 손 씻기를 통해 30~50%, 호흡기 감염은 21~24% 빈도가 감소한다. 따라서 손 씻기 지도는 부모나 교사가 모델링이 되어 바르게 손 씻는 모습을 보여 주고, 영유아의 일상 속에서 지속적으로 실시하여〈표 8-11〉, 영유아들이 규칙적으로 손을 씻는 생활습관을 기를 수 있도록 해야 한다.

표 8-11 손을 씻는 생활습관방법

구분	내용
언제 손을 씻어야 하는지에 대해 설명해 준다.	외출에서 돌아왔을 때, 음식을 먹기 전, 용변 후, 동물을 만지거나 장난감을 만진 후, 더럽거나 더러워 보이는 것을 만진 후, 기저귀를 갈 때, 음식 조리 전, 중간, 조리 후, 상처를 소독하거나 밴드를 붙일 때, 토사물, 침, 콧물(코를 푼 후)과 같은 체액이나 혈액에 노출되었을 때 손을 씻어야 한다.
올바른 손 씻기 방법을 알아보고 손 씻기 단계에 따라 손을 씻도록 한다.	손에 물을 적시고 나서 20초간 비누를 사용하여 손 씻기 8단계에 따라 구석구석 문지른 후 흐르는 물에 헹군 후 건조시킨다. 충분한 시간 동안 손을 씻을 수 있도록 손 씻기 과정을 재미있게 유도하는 것이 바람직하다.

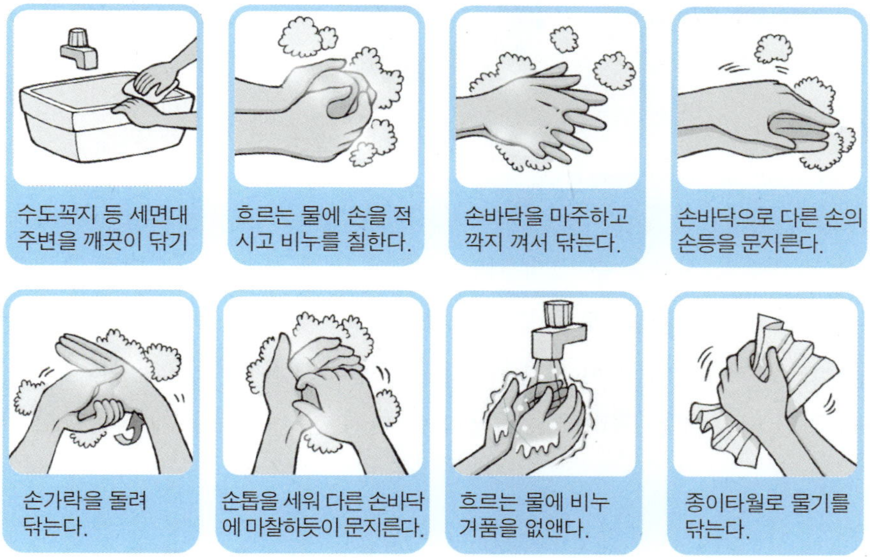

그림 8-2 올바른 손 씻기 8단계

출처: KFDA 식품의약품안전처 식품의약품안전평가원..

3) 치아관리

영아는 생후 6개월경에 첫 이가 나기 시작하는데, 첫 이가 나온 직후부터 치아를 닦기 시작한다. 처음에는 보호자의 손가락에 거즈를 말아서 치약 없이 닦아주거나, 눈곱만큼의 작은 양의 치약을 묻혀서 닦고, 영아용 실리콘 칫솔을 보호자의 손가락에 끼워 닦아줄 수도 있다. 생후 18개월까지는 보호자 한 명이 영아를 옆으로 뉘인 후 무릎을 맞댄 다른 보호자가 옆에서 치아를 닦아주거나, 성인 두 명이 서로 무릎을 맞대고 영아를 눕혀서 머리 쪽에 있는 성인이 치아를 닦아준다[그림 8-3].

그림 8-3 영아의 양치방법

출처: 보건복지부(2012). 어린이집 건강관리 매뉴얼.

영유아용 칫솔을 사용할 수 있게 되면, 연령에 맞게 칫솔을 단계별로 교체해 사용할 수 있도록 하며, 치아의 모든 부분을 체계적으로 씹는 면(교합면), 바깥 면(협면), 안쪽 면(설면)으로 나누어 꼼꼼히 닦을 수 있도록 한다[그림 8-4]. 영유아가 스스로 닦고 싶어 하면 닦는 것을 격려해 주되 성인이 다시 한 번 꼼꼼하게 닦아주도록 해야 한다.

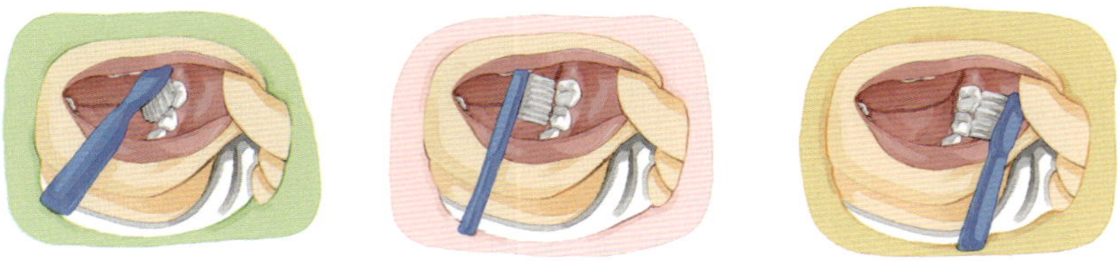

그림 8-4 유아의 양치방법

출처: 보건복지부(2012). 어린이집 건강관리 매뉴얼.

4) 식습관

영유아의 발달과 성장의 기초가 되는 영양섭취방법이 되는 식생활은 매우 중요하며, 균형 있는 영양섭취를 위해 음식에 대한 선호도가 형성되는 영유아기에 올바른 식습관을 형성하도록 지도하는 것이 필요하다. 식습관 형성은 개인의 경험이나 학습, 문화, 경제, 지역 등의 영향을 많이 받게 되며, 편식문제로 인해 식사지도에 어려움을 겪게 되는 경우가 많다. 식습관지도 시 유의해야 할 점은 〈표 8-12〉와 같다.

표 8-12 식습관지도 시 유의할 점

- 식습관교육은 만3세부터 지속적으로 하며, 습관이 형성될 때까지 되풀이하여 지도하고, '이번 만은'이라는 예외의 경우를 만들지 않고 일관성 있게 지도하도록 한다.
- 부모나 교사가 바른 식생활 모델이 되어 유아가 자연스럽게 이를 모방할 수 있도록 하며, 야단치거나 잔소리를 하기보다는 주로 올바른 식습관을 칭찬해 주므로 즐거운 식사환경을 만들어 준다.
- 영유아가 싫어하는 음식은 조리법을 바꾸어 조금씩 주고 싫어하는 음식을 끝까지 먹이려고 하지 않는다.
- 규칙적인 식사를 위해 간식의 양과 횟수를 식사에 영향을 주지 않도록 조절하고 충분한 운동으로 식욕을 돋울 수 있도록 한다.
- 식사시간은 20~30분 정도가 적당하며 균형 있는 영양섭취의 중요성에 대한 교육을 통해 영유아 스스로 옳고 그른 식습관을 알 수 있도록 한다.

5) 수면

영유아의 수면은 휴식과 더불어 자는 동안 성장호르몬이 분비되기 때문에 매우 중요하다. 적절한 수면 시간과 주기는 나이와 개인차에 따라 다를 수 있으며, 나이가 어릴수록 개인 차이도 크다. 연령별 수면 형태와 낮잠 지도 시 유의할 점에 대해 살펴보면 다음과 같다.

(1) 월령별 수면 형태

❶ 신생아~3개월 영아의 수면

대부분의 신생아는 19~20시간을 자고, 수면 주기는 50분 정도이며, 밤낮을 가리지 않고 깨거나 잔다. 첫 석 달 동안 아기의 뇌는 빠르게 발달하며, 3개월쯤 되면 밤낮의 구별이 되는 성숙한 수면 형태가 된다. 이 시기에는 수면 형태가 불규칙하고 자주 깨 보호자를 힘들게 하지만 아이에 맞춰 충분히 잘 수 있도록 해 주어야 한다.

❷ 3~6개월 영아의 수면

생후 3개월 정도부터는 밤낮의 구분이 생기고 밤에 5시간 이상을 푹 자기 시작하지만 수면 주기가 어른에 비해 짧아 자주 깬다. 영아가 좋은 수면습관을 갖도록 하려면 먹이는 것과 안고 흔들어 재우는 것을 조금씩 줄이면서 잠들도록 하며, 밤에는 어둡게 하고 아침에는 햇빛이 방에 들어오도록 수면환경을 조절한다.

❸ 6~12개월 영아의 수면

6개월경 영아는 반 이상이 분리불안 때문에 잠들기를 거부하고 자주 깨는 습성이 시작되는 시기로 밤에 깨는 횟수가 부쩍 늘어난다. 이 시기에 밤에 깰 때 먹이거나 안아주거나 하여 재우기보다는 가능하면 아기 혼자 스스로 자게 유도해야 밤에 푹 자는 좋은 습관을 들일 수 있게 된다. 이 시기의 영아는 보통 낮잠을 두 번 잔다.

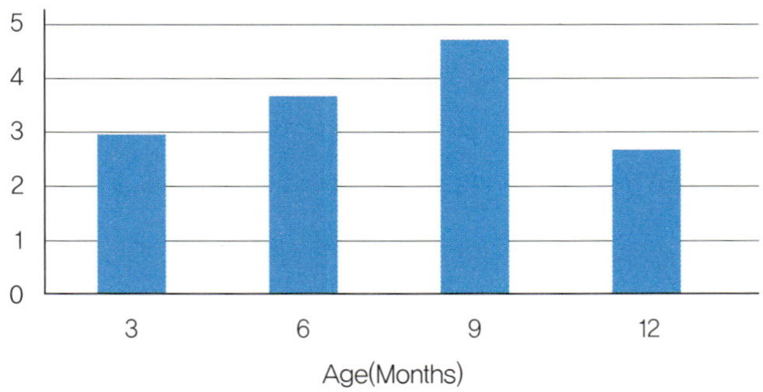

그림 8-5 **12개월까지 영아가 밤에 깨는 횟수**

출처: 보건복지부(2012). 어린이집 건강관리 매뉴얼.

❹ 유아의 수면

만1~3세 유아는 하루에 1~2번의 낮잠과 함께 12시간 정도의 수면이 필요하다. 주로 오후에 짧은 낮잠을 자며 밤에는 자야 한다는 것을 알고 긴 밤잠을 잔다. 만3~5세 유아는 11~12시간 정도 잠을 밤에 자고, 만5세 정도가 되면 대부분 낮잠은 없어진다.

표 8-13 **권장수면시간**(미국 수면 재단)

나이	권장수면시간
신생아	16~20시간
3~11개월	14~15시간(낮잠 2번)
1~3세	12~14시간(낮잠 1~2번)
3~6세	11~13시간(낮잠 1번)

출처: 보건복지부(2012). 어린이집 건강관리 매뉴얼.

(2) 낮잠 지도 시 유의점

교사는 가정과의 연계를 통해 영유아 개인의 수면습관과 관련된 생활습관을 파악하고, 적절한 휴식과 낮잠이 포함되도록 하루일과를 계획한다. 영유아가 쉽게 잠들 수 있도록 환경(조명, 온도, 소음, 환기 등)을 준비하고, 책을 읽어 주거나 음악을 들려주고 가정에서 영유아가 사용하던 익숙한 베개나 인형 등을 사용하여 영유아가 안정감을 느끼며 잠이 들 수 있도록 도와준다. 낮잠을 자지 않으려는 영유아들에게는 낮잠을 강요하지 말고 누워서 쉬도록 하거나 자는 영유아들에게 방해되지 않는 곳에서 조용한 놀이를 하도록 한다. 자고 일어난 영유아들은 자리를 정리하고 기저귀를 갈거나 화장실을 다녀온 후 조용한 활동을 하도록 한다.

감염성 질병관리 및 응급처치

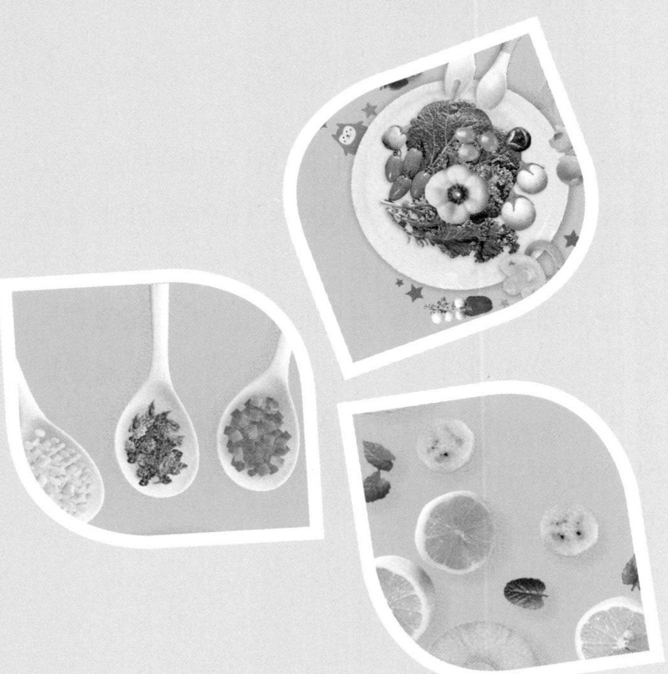

Chapter

9

배울 내용

1. 감염성 질환과 관리
2. 응급처치

학습목표

1. 영유아에게서 발생하기 쉬운 감염병을 이해하고 감염병 발생 시 적절하게 대처하는 방법을 익힌다.
2. 영유아의 질병으로 인한 응급상황 시 적절한 응급처치방법을 숙지하고 실시한다.

1. 감염성 질환과 관리

1) 영유아 감염성 질환

(1) 영유아 감염성 질환관리의 필요성

영유아의 감염관리는 유아교육기관 내에 감염의 전파를 감소시키기 위한 것이 주목적이다. 유아교육기관에서 감염관리가 필요한 이유로는 〈표 9-1〉과 같다.

표 9-1 유아교육기관에서의 감염관리의 이유

- 영유아는 질병, 특히 감염병에 대한 면역이 발달하고 있는 단계로 면역이 미숙하며, 유아교육기관에 맡겨질 때에는 감염병에 취약하므로 그 관리가 매우 중요하다.
- 영유아가 유아교육기관에 보내지게 되면 감염병에 걸린 영유아의 대변, 타액, 콧물, 피부 등에 쉽게 노출되어 감염병에 걸리게 된다.
- 또한 영유아들은 세균으로 오염된 손가락이나 장난감, 또는 여러 물건들을 습관적으로 입으로 가져가는 경향이 있으며, 감시 감독이 없다면 손을 잘 씻지 않는 비위생적인 행동방식을 가지고 있다.
- 감염병의 전파가 이루어지는 3대 요소에는 감수성이 있는 사람, 미생물, 전파양식 및 매체가 있으며, 이 3가지를 잘 관리하는 것이 유아교육기관 감염관리를 잘 할 수 있는 방법이다.
- 유아교육기관에 맡겨지는 영유아에 대한 감염관리 중 제일 중요한 것은 예방접종이다. 대한소아과학회에서는 접종해야 할 필수적인 예방접종 일정을 제시하고 있다. 연령에 따른 예방접종을 제때 적절하게 접종했는지 확인하는 것이 감염관리에 있어 중요한 단계이다.

(2) 영유아 감염성 질환의 일반적 지침과 조치

감염병이 의심되는 영유아에 대한 일반적 지침은 〈표 9-2〉와 같다.

표 9-2 감염병이 의심되는 영유아에 대한 일반적 지침

- 첫째, 아픈 영유아가 발생하면 즉시 다른 영유아들과 격리한다.
- 둘째, 아픈 영유아의 증상을 잘 관찰하여 건강기록지에 기록한다. 그리고 평소와 다른 행동, 기침, 발열, 식욕 저하, 충혈, 설사, 잠만 자려고 함, 발진, 구토 등의 증상을 유의해서 살핀다.

- 셋째, 장기적 격리가 필요하면 집에서 영유아를 돌보도록 한다.
- 넷째, 영유아가 법정 감염병이 의심되면 관할 보건소로 보고하며 보건소 또는 협력 소아청소년의사의 지시에 따른다.

만약 유아교육기관에 데리고 있지 못할 만큼 영유아의 상태가 좋지 않으면 〈표 9-3〉과 같은 조치를 하면서 보호자를 기다려야 한다. 그리고 만약 영유아가 아픈 상태이지만 유아교육기관에 있어도 될 정도의 상태라면 〈표 9-4〉의 사항을 잘 준수하도록 한다.

표 9-3 **영유아 감염성 질병의 조치**(기관에 머물지 못할 경우)

- 가능한 격리된 방에 아픈 영유아를 건강한 영유아와 격리한다.
- 한 명의 유아교사가 전담하여 아픈 영유아를 돌보도록 한다.
- 아픈 영유아가 가지고 놀 장난감은 구별하여야 하며 사용 후에는 소독하도록 한다.
- 물놀이를 하지 않도록 한다.

표 9-4 **영유아 감염성 질병의 조치**(기관에 머물 수 있는 경우)

- 영유아가 자주 손을 씻게 도와준다.
- 유아교사도 자주 손을 씻는다.
- 아픈 영유아가 함께 물놀이를 하지 않도록 한다.
- 놀이시설 및 장난감을 자주 소독한다.

2) 영유아 감염병 관리

(1) 격리해야 될 경우와 격리기간

감염병의 전파를 막기 위해 격리가 필요하며 영유아가 입학할 때 유아교육기관 격리지침에 대해 미리 보호자에게 알려준다. 격리가 필요한 경우는 〈표 9-5〉와 같다.

표 9-5 격리가 필요한 경우

- 발열과 함께 구역질, 구토 등이 있을 때
- 열과 함께 몸에 발진이 돋았을 때
- 설사를 두 번 이상 무른 변을 보았다거나 평소 배변습관에서 변화를 보인 경우(예: 변을 지렸다든지, 무른 변, 피가 섞인 변 등을 보았을 때)
- 최근 24시간 내 두 번 이상의 구토가 있었을 경우
- 피부나 눈에 황달이 관찰된 경우
- 영유아가 계속 보채고 달래지지 않고 지속적으로 울 경우

(2) 집단 발병에 대한 안내 및 조치

집단발병이란 아픈 영유아나 교사의 숫자가 평상시의 수준을 넘어서는 것을 말한다. 만약 아픈 영유아가 전체의 10%를 넘는다면 이는 매우 우려되는 상황이다. 홍역과 같이 단 한 명에게 발병해도 집단발병처럼 취급해야 하는 감염병도 있다. 만약 집단발병이 의심되는 경우에는 〈표 9-6〉의 지침을 따른다.

표 9-6 집단발병이 의심되는 경우

- 감염병이 유아교육기관에 유행할 때는 격리기준에 대해 유아교육기관 입구와 인터넷 홈페이지에 게시하도록 한다.
- 모든 유아교육기관 교사나 영유아들은 자주 손을 씻는다.
- 만약 의심되는 집단발병이 위 · 장관염이면 의심이 되는 검사대상물을 버리지 말고 향후의 검사를 위해 냉장고에 잘 냉장 보관한다(위 · 장관염은 설사, 구역, 구토, 위경련, 두통, 전신 쇠약감 중 한 가지 이상의 증상을 동반하는 위 · 장의 질병을 말한다).
- 감염병의 전파를 최소화하기 위해 교사를 구분하여 아픈 영유아를 전담하는 교사와 건강한 영유아를 전담하는 교사로 나누어 보육활동을 하도록 권한다.
- 아픈 영유아나 교사는 건강한 사람들로부터 격리시킨다. 만약 백신을 통해 예방이 가능한 감염병이 집단 발병한 경우에는 예방접종을 하지 않은 사람들은 감염병의 유행이 종료될 때까지 유아교육기관에 출석하지 않도록 한다.
- 법정 감염병에 해당하는 질병이 발견되었을 때는 즉시 관할 보건소에 신고하여 후속 조치를 받도록 한다.

3) 영유아 감염성 질환의 유형

소아 감염병

성인은 감염질환에 잘 걸리지만 정상적인 면역을 가지고 있는 성인의 경우 대부분의 감염질환은 스스로의 면역만 가지고도 대부분 이겨낼 수 있기 때문에 감염질환보다는 당뇨, 고혈압, 암 같은 만성질환이나 중증질환을 더 중요하게 생각한다. 하지만 소아의 경우는 대부분 면역시스템이 제대로 정립되지 않은 경우가 많고, 외부 병원체에 대부분 감수성이 있는 상황이라 감염질환이 잘 발생하고 상대적으로 감염질환이 중증질환으로 진행하여 생명을 위협하는 경우도 있다. 따라서 소아에서의 감염질환은 성인에 비해 건강상의 위협이 더 크다고 할 수 있다. 소아감염을 일으키는 원인이 되는 감염의 원인 병원체는 매우 다양하며, 그 크기에 있어서도 최소 단위의 병원체로 여겨지는 프리온(prion)에서부터 바이러스, 세균, 진균 및 크기가 10m에 이르는 촌충(tapeworms)과 같은 기생충도 있다.

세균성 감염 vs 바이러스성 감염

- 세균성 감염: 세균에 의해 감염이 일어나는 장소는 다양하며, 피부, 호흡기(기도, 기관지, 폐 등), 소화기(식도, 위, 소장, 대장, 간, 담도 등), 비뇨기(요도, 방광, 요관, 신장 등), 생식기, 내분비계, 신경계, 근육, 골격, 관절, 순환기(심장, 혈관 등), 림프계 등 인체의 모든 기관에는 감염이 발생할 수 있다. 따라서 증상도 다양하고, 치료법도 다양하다.
- 바이러스성 감염: 바이러스는 단백질과 핵산으로 구성되는 구조를 가지고 있으며, 생물과 무생물의 중간단계라고 할 수 있다. 또한 생체 내에서는 생물의 특징을 생체 외에서는 무생물의 특징을 가진다. 특성은 세균배양검사에서 균이 동정되지 않는 것, 그리고 치료약이 별로 없다는 것, 주로 예방주사로 예방을 한다는 것이며, 원인은 바이러스 감염인데, 호흡기경로와 대장구강경로(즉, 소화기감염), 피부감염, 생식기 감염, 신경계 감염 등이 있다.

(1) 세균성 질환

❶ 세균성 뇌막염

소아의 세균성 뇌막염(bacterial meningitis)의 원인균은 시기에 따라 다르며 신생아 시기에는 Group B 연쇄상구균(streptococcus)이 주된 원인 균이지만 나이가 많아질수록 폐렴구균(streptococcus pneumoniae)과 헤모필루스 인플루엔자균(haemophilus influenzae), 나이세리아균(neisseria meningitis) 등이 주로 원인이 된다. 소아는 증상 호소가 어렵기 때문에 뇌막염이 생겨도 증상을 표현하기 힘들며 뇌막염 시에 환아는 주로 의식이 저하되고 열이 나면 일부에서는 경련을 하게 된다. 뇌척수액검사 등을 통한 진단과 적절한 항생제 치료가 조기에 시행되지 않으면 사망하거나 신경학적 후유증을 남기게 된다.

❷ 피부감염

소아 피부감염(skin infection)의 대표적인 질환에는 농가진(impetigo), 봉와직염(cellulitis), 단독(erysipelas) 등이 있다. 이러한 피부감염은 주로 Group A, B 연쇄상구균, 황색 포도상구균(staphylococcus aureus) 등에 의해서 유발되며 적절한 항생제 치료 시에 비교적 잘 치료된다.

❸ 성홍열

성홍열(scarlet fever)은 독소를 분비하는 연쇄상구균 감염에 의해 발생하는 질환으로 일주일 이내의 짧은 잠복기를 거쳐 발열, 두통, 구토, 인후염 증상을 나타낸다. 질환 초기에 혀의 양상이 질병에 특징적인데, 초기에는 혀가 회백색을 보이다가 수일이 지나면 딸기 모양으로 변하며 성홍열에 의한 발진은 발열, 인두통, 구토 등의 증상이 있은 후 1~2일 후에 주로 압박을 받거나 따뜻한 부위인 목, 겨드랑이, 사타구니에서 시작하여 몸통과 사지로 퍼져나가는 양상을 보이는 특징이 있다. 일반적인 감기 등의 바이러스 상기도 감염질환도 성홍열 초기에는 비슷한 증상을 나타낼 수 있지만 다른 상기도 감염질환들과는 달리 성홍열의 경우는 반드시 적절한 항생제로 충분한 기간 동안 치료해야 한다. 성홍열은 다른 원인에 의한 상기도 감염증과의 감별진단이 중요하다.

❹ 백일해

백일해(pertussis, whooping cough)는 보데텔라균(bordetella pertussis)에 의한 감염병으로 직접 접촉이나 기침 시 나온 비말의 전파를 통해서 감염된다. 소아 감염성 질환 중 가장 전염력이 강한 질환 중의 하나이다. 면역이 없는 경우는 환자와 접촉 시 거의 100% 감염되며, 특히 5세 이하의 연령군에서 발병률이 높고 나이가 어릴수록 사망률이 높다. 진단되면 환자를 격리시키고 적절한 항생제 치료를 시행하며 나이가 어릴수록 합병증 빈도가 높아지므로 치료에 주의를 기울여야 한다. 백일해 예방을 위해서는 소아예방접종뿐 아니라 임신 전 산모의 예방접종 및 아이를 돌보는 어른들에 대한 예방접종도 중요하다.

❺ 장티푸스

장티푸스(typhoid fever)는 살모넬라균(salmonella typhi)에 의해서 발생하며, 환자와 보균자의 대소변이나 장티푸스균에 오염된 물 또는 음식물을 먹은 후 1~3주 뒤에 발열, 권태감, 식욕부진, 상대적 서맥, 설사나 변비 같은 위장관 증상 및 몸통부분에 장미같은 발진 등의 증상과 증후를 나타내는 급성 열성 전신질환이다. 장티푸스균은 사람만을 병원소로 하므로 사람 사이의 전파경로만 차단하면 발생을 막을 수 있다. 예방접종은 깨끗한 물과 음식을 먹기 어려운 개발도상국 등에 장기간 여행을 가는 경우에 실시하는 것이 좋다.

❻ 결핵

결핵은 대부분 결핵균(mycobacterium tuberculosis)에 의해서 발생하며 소아에서는 주로 초감염결핵(primary pulmonary tuberculosis)이 발생한다. 소아에서 발생하는 초감염결핵은 주로 결핵에 감염된 성인을 통해 감염되기 때문에 환아의 가족 친지 중에 감염원이 있는 경우가 많다. 일반적으로 소아결핵환자는 공동(cavity)이 없는 경우에는 대부분은 전염성이 없다고 알려져 있다. 소아결핵의 치료는 일차적으로는 항결핵제를 사용하는 것이 주된 치료가 되며, 결핵의 증상이나 침범 양상에 따라 항결핵제 치료의 종류와 용법 기간이 달라진다. 결핵에 걸린 영아와 어린 소아는 증상이 호전되고 치료를 잘 받은 경우 유아교육기관 등에 다닐 수 있다. 잠복결핵 감염의 경우에는 계속 다녀도 된다. 유아교육기관에서 일하는 성인은 반드시 결핵검사를 먼저 받아야 한다. 활동결핵이 있는 경우 항결핵제 치료를 받고 다른 사람에게 감염성이 없다는 것이 확인될 때까지 아이를 돌보아서는 안 된다.

(2) 바이러스성 질환

❶ 홍역

홍역(measles, rubeloa)은 홍역 바이러스에 의해서 유발되는 매우 전염력이 높은 급성 감염병이다. 발열, 콧물, 결막염, 홍반성 반점, 구진의 융합성 피부 발진 및 첫 번째 하구치 맞은편 구강 점막에 충혈된 작은 점막으로 둘러싸여 있는 회백색의 모래알 크기의 작은 반점인 코플릭(koplik) 반점이 특징적으로 나타나는 질환이다. 한번 걸린 후 회복되면 평생 면역을 얻게 되어 다시 걸리지 않는다. 홍역 바이러스는 주로 호흡기분비물 등의 비말(droplet)에 의하여 전파되며 드물게는 공기전파도 가능하다. 전염력이 강하여 감수성 있는 사람에게 노출되었을 때 90% 이상에서 감염된다. 노출 후 7일 또는 발진 발생 3일 전부터 발생 4~6일 후까지 전파가 가능하다. 바이러스는 환자가 머물던 방의 공기 중에 1시간까지 살아 있을 수 있어 반드시 환자와 만나지 않고도 감염될 수 있다. 약독화 생백신이 개발되어 전세계적으로 접종되면서 전세계적인 홍역 대유행은 크게 줄었지만 아직도 개발도상국은 물론이고 유럽과 미국 같은 선진국에서도 홍역 유행이 지속되고 있어 소아뿐 아니라 성인에서도 소아기의 예방접종력이 불분명한 경우에는 해외여행 시 적극적인 예방접종이 필요한 질환이다. 우리나라의 경우 2006년에 WHO로부터 홍역 퇴치 국가로 인정받게 되었다. 그러나 그 후에도 소규모 유행이 있어 재유행의 가능성, 해외 유입 사례에 대한 지속적인 관리가 필요한 질환으로 인식되고 있다.

❷ 풍진

풍진(rubella, german measles, three day measles)은 풍진 바이러스에 의해서 유발되는 급성 감염성 질환으로 발열, 홍반성 구진, 귀 뒤나 목 뒤 후두부 림프절 비대를 특징으로 한다. 특히, 발진은 연분홍색으로 발진의 수는 많으나 홍역처럼 형태가 불규칙하거나 서로 융합되지 않는 특징을 가지고 있다. 풍진의 발진은 첫날은 홍역과 비슷하고 둘째 날에는 성홍열과 비슷하나 셋째 날에는 발진이 없어지기 때문에 발진의 양상도 감별진단에 도움이 된다. 풍진은 발진이 나타나기 7일 전부터 8일 후까지 전염력이 있고 임상발현이 되지 않아도 전염력이 있다. 풍진은 전염력이 강하여 집단 내 발생률이 높고, 가족 내에서 발생할 경우에는 50~60% 정도에서 감염된다. 풍진은 임신 첫 3개월에 감염될 경우 태반을 통해 태아에 감염되어 절반 이상의 태아에서 풍진에 의한 선천성 기형이 유발되는 것으로 알려져 있다. 따라서 소아 예방접종뿐 아니라 성인, 특히 가임기 여성의 경우는 임신 전에 풍진 항체 검사를 통해 항체 여부를 확인하고 항체 형성이 되어 있지 않은 경우는 미리 예방접종을 실시하는 것이 필요하다.

❸ 수두

수두(chikenpox, varicella)는 수두대상포진 바이러스(Varicella-Zoster Virus: VZV)에 의해서 발생하는 질환이다. 수두대상포진 바이러스는 수두와 대상포진 두 가지 질환을 일으키는 바이러스로 소아에서는 주로 수두를 일으킨다. 수두는 전신적 수포성 발진을 동반하고 전염력이 매우 강한 질환으로 집단 내 급속한 유행을 일으킨다. 수두에서 나타나는 수포는 특징적으로 반점, 구진, 수포, 농포, 가피 순으로 진행되며 이러한 단계들이 피부에 동시에 다 나타날 수도 있다. 일반적으로 가피가 생기면 전염력이 사라지는 것으로 간주된다. 수두는 합병증이 없는 경우 특별한 치료가 필요하지 않지만 2차적으로 피부의 세균 감염이 생기는 경우도 있으므로 주의를 기울여야 한다. 예방접종이 개발되어 있으므로 필요시 접종이 가능하다.

예방접종을 했다고 해서 감염이 되지 않는 것은 아니다. 이를 '돌파감염(breakthrough infection)'이라고 하며, 예방접종을 한 아이가 하지 않은 아이에 비해서는 증상이 훨씬 가볍게 지나간다. 현재 미국에서는 예방접종을 2회 하면 돌파감염 예방효과가 있다고 알려져 예방접종을 2회 하고 있으며, 우리나라에서도 2회 접종 여부를 두고 논의 중이다.

❹ 유행성이하선염

유행성이하선염(볼거리, mumps)은 타액의 비말감염을 통해 원인 바이러스가 전파되어 유발되는 질환이다. 2~3주의 비교적 긴 잠복기를 거친 후 발열, 두통, 근육통의 전구 증상이 나타나고 주로 이하선(귀밑샘)을 침범하고 대부분은 양쪽 이하선이 다 부어오르게 된다. 보통은 자연 치유되므로 특별한 치료가 필요 없지만 합병증인 뇌수막염, (부)고환염, 난소염, 췌장염 등이 나타나는지에 대한 면밀한 관찰이 필요하다.

❺ 수족구병

수족구병은 주로 콕사키 바이러스 A16 또는 엔테로 바이러스 71에 의해 발병하는 질환으로, 여름과 가을철에 흔히 발생하며 입 안의 물집과 궤양, 손과 발의 수포성 발진을 특징으로 하는 질환이다.

대개는 가벼운 질환으로 미열이 있거나 열이 없는 경우도 있다. 입 안의 인두는 발적되고 혀와 볼 점막, 후부인두, 구개, 잇몸과 입술에 수포가 나타날 수 있다. 발진은 발보다 손에 더 흔하며 3~7mm 크기의 수포성으로 손바닥과 발바닥보다는 손등과 발등에 더 많다. 엉덩이와 사타구니에도 발진이 나타날 수 있고, 엉덩이에 생긴 발진은 대개는 수포를 형성하지 않는다. 수포는 1주일 정도가 지나면 호전된다.

엔테로 바이러스 71에 의해 생긴 수족구병은 콕사키 바이러스 A16보다 더 심하게 나타나며 무균성 뇌막염, 뇌염, 마비성 질환 등의 신경계 질환을 동반할 수 있다.

수족구병의 예방은 기저귀를 갈고 난 후나 분변으로 오염된 물건을 세척하고 난 후 비누를 사용하여 손을 잘 씻도록 해야 한다. 환자 아이와의 신체 접촉을 제한함으로써 감염 위험성을 낮출 수 있고 감염의 확산을 막기 위해 발병 초기 수일간 집단생활에서 제외시키기도 한다. 코와 목의 분비물, 침, 그리고 물집의 진물 또는 감염된 사람의 대변에 직접 접촉하게 되면 사람 간 전파가 가능하므로 환자와 접촉한 후 손을 잘 씻어야 한다.

2. 응급처치

1) 심정지 영유아 발견 시 행동요령

심정지의 발생은 예측이 어려우며, 심정지가 발생된 후 4~5분이 경과되면 뇌가 비가역적 손상을 받기 때문에 심정지를 목격한 사람은 즉시 심폐소생술을 시작하여야 심정지가 발생한 사람을 정상상태로 소생시킬 수 있다. 기본 소생술은 심정지가 의심되는 의식이 없는 아이를 발견하였을 때, 구조를 요청하고 가슴압박을 시행하며 심장충격기를 적용하는 심폐소생술의 초기 단계를 의미한다. 그리고 기본 소생술의 목적은 환자 발생 시 전문 소생술이 시행되기 전까지 가슴압박과 제세동 처치를 시행하여 환자의 심박동을 가능한 빨리 정상화시키는 것을 의미한다. 심정지 영유아 발견 시 행동 요령은 〈표 9-7〉, 아동 가슴 압박 방법은 [그림 9-1]과 같다.

표 9-7 심정지 영유아 발견 시 행동요령

구분	내용
환자 발견 및 심정지 확인	의식이 없는 영유아가 호흡이 없거나 숨을 헐떡이는 호흡을 한다면 이 상황을 심정지로 판단해야 한다. 12개월 미만의 영아라면 영아의 발바닥을 자극하고, 만1세 이상이라면 영유아의 어깨를 가볍게 흔들거나 두드리면서 자극을 주어 의식과 호흡 여부를 신속하게 판정한다.
도움 요청	만약 영유아가 반응이 없으면 주위에 소리를 쳐서 도움을 요청한다.
응급의료체계 활성화	첫 번째 구조자는 즉시 심폐소생술을 시작하고, 다른 목격자는 응급 의료체계에 신고한다.
가슴 압박	적어도 분당 100회의 속도로 30번 가슴 압박을 한다. 12개월 미만의 영아의 경우 옆에서 볼 때 4cm 정도 깊이로 압박하고 두 손가락으로 젖꼭지 연결선 바로 아래의 흉골을 압박한다. 만1세 이상 소아라면 흉골 아래 1/2 부분을, 한 손 혹은 두 손의 손꿈치를 이용하여 환자 흉부 전후 직경의 적어도 1/3 깊이(약 5cm)를 압박한다. 매 압박 후에는 흉부가 완전히 이완되도록 해야 한다.
기도 열기와 인공호흡	머리 젖히고 턱 들기 방법을 이용하여 기도를 열어준다. 입-입 인공호흡 또는 입-코 인공호흡방법으로 1초에 걸쳐 천천히 2번 호흡을 불어넣는다.

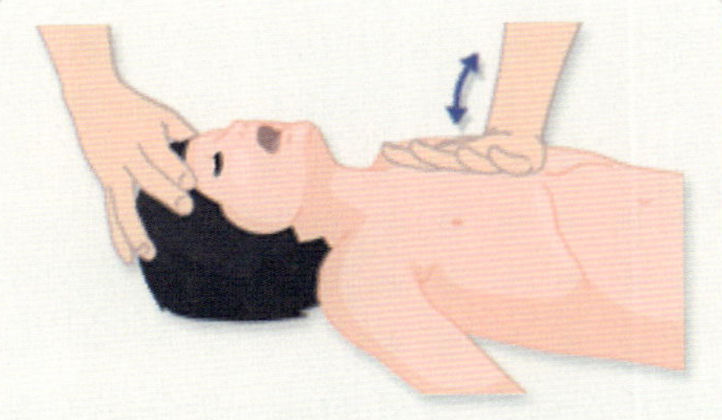
소아 가슴 압박 : 한 손 가슴 압박법

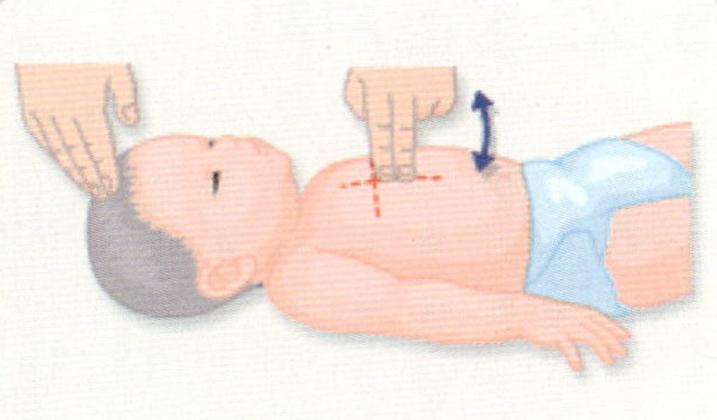
영아(1세 미만) 가슴 압박 :
두 손가락을 이용한 가슴 압박법

그림 9-1 아동 가슴 압박

출처: 보건복지부 대한의학회

2) 기도가 막힌 경우의 행동요령

기도 막힘은 기관지가 여러 가지 원인으로 폐쇄된 경우를 말하며, 이물질에 의한 폐쇄가 가장 흔하며, 어린이는 식사 중 또는 놀이 중에 흔히 발생한다. 의식이 없는 환자의 경우에는 혀나 인두 근육의 이완, 후두개 및 연두개의 이완, 구강 및 비강 내 분비물, 이물(음식물)에 의해서 많이 발생한다. 기도가 완전히 막히면 말을 하지 못하면서 양쪽 손으로 목을 쥐는 '촉킹-사인(cocking-sign)'이 나타나면서 얼굴과 입술이 파랗게 변하는 청색증이 관찰되고 부분 기도폐쇄일 때는 기침과 말을 하고 안전부절 못하는 행동을 나타내며 청색증은 나타나는 경우와 나타나지 않는 경우가 있다. 기도가 막힌 경우의 일반적인 행동요령은 〈표 9-8〉, 특히 연령에 따른 행동요령은 〈표 9-9〉와 같다.

표 9-8 기도가 막힌 경우의 행동요령

- 이물이 보이지 않는데 손가락을 입 안에 넣고 휘저어 찾게 되면 이물이 오히려 목 안쪽 깊숙이 밀려 들어갈 수 있으므로 해서는 안 된다.
- 부분적으로 막힌 경우로 생각이 되면 기침을 하도록 유도하면서 119 신고 후 병원을 빨리 방문한다.
- 기도를 완전히 막은 경우로 생각되면 다른 사람에게 119 신고를 요청하면서 응급처치를 시행한다.

표 9-9 연령에 따른 행동요령

구분	내용
1세 미만	① 머리를 고정하고 등의 가운데를 5번 세게 두드린다. ② 양쪽 젖꼭지를 이은 선의 바로 아래 부분을 두 손가락으로 5번 눌러준다. ③ 입을 열어 이물이 나왔는지 확인하고 나오지 않았으면 앞의 과정을 반복한다.
1세 이상 영유아가 완전히 기도가 막힌 경우	① 아이의 뒤에 서서 아이의 허리를 팔로 감싼 자세를 취한다. ② 한 손으로 주먹을 쥐고 그 손의 엄지를 명치와 배꼽 사이 중간에 놓는다. ③ 다른 한 손으로 감싸 쥐고 빠르고 강하게 위쪽으로 당겨 올린다. ④ 이물이 배출될 때까지 위의 ①, ② 과정을 반복하고 의식을 잃고 쓰러지면 심폐소생술을 시행한다.

영유아의 가장 큰 사망원인은 이물에 의한 기도폐쇄이다. 이물에 의한 기도폐쇄의 경우 9세 이전에 주로 나타나며 2세에서 가장 빈도가 높다. 영유아는 삼킬 수 있는 능력이 아직 부족하며, 음식이 아닌 물질을 먹으려고 시도하는 경우가 흔하기 때문이다. 땅콩, 사탕 등의 딱딱하고 작고 동그란 음식이나 장난감, 건전지, 옷핀 등의 음식이 아닌 이물질에 의해서도 기도폐쇄가 일어날 수 있다. 1세 미만의 영아의 경우 복부 압박 대신 가슴 압박을 시행한다는 것이 성인 기도 이물폐쇄와 다르며, 1세 이상의 소아는 성인과 동일한 방식을 취한다.

기도폐쇄의 치료방법: 영아 하임리히법

기도폐쇄는 기도(숨구멍) 안으로 이물질이 들어가 기도가 막히는 것을 말한다. 기도가 부분적으로 막힌 경우에는 기침을 하면 이물질이 배출될 수 있기 때문에 환자가 기침을 하도록 둔다. 기침을 할 수 없거나 숨을 쉬지 못하는 경우에는 즉시 119에 신고하고 이물질을 배출시킨다. 영유아의 경우에는 가슴밀어내기를 사용할 수 있다. 환자가 의식을 잃으면 구조자는 환자를 바닥에 눕히고 즉시 심폐소생술을 시행한다. 인공호흡을 하기 전 입 안을 확인하여 이물질이 보이는 경우에만 제거한다. 1세 미만의 영아에서는 강한 압박으로 인해 복강 내 장기손상이 우려되기 때문에 복부 압박이 권고되지 않는다. 영아에서 기도폐쇄가 발생하면, 구조자는 영아의 머리를 아래로 한 후 가슴 누르기와 등 두드리기를 각 5회씩 반복한다.

3) 심폐소생술

심폐소생술이란 심장마비가 발생했을 때 인공적으로 혈액을 순환시키고 호흡도 돕는 응급처치법이다. 기본 심폐소생술에 대한 연령별 특징은 〈표 9-10〉, 가슴 압박 방법에서 주의할 점은 〈표 9-11〉, 구체적인 심폐소생술 방법은 [그림 9-2]와 같다.

표 9-10 기본 심폐소생술에 대한 연령별 특징

<table>
<tr><th colspan="2">구분</th><th>성인</th><th>소아</th><th>영아</th></tr>
<tr><td colspan="2">심정지의 확인</td><td colspan="3">무반응
무호흡 혹은 심정지 호흡
10초 이내 확인된 무맥박(의료인만 해당)</td></tr>
<tr><td colspan="2">심폐소생술의 순서</td><td colspan="3">가슴압박-기도 유지-인공호흡</td></tr>
<tr><td colspan="2">가슴압박 속도</td><td colspan="3">최저 분당 100회 이상(최고 120회 미만)</td></tr>
<tr><td colspan="2">가슴압박 깊이</td><td>최소 5cm 이상
(최대 6cm)</td><td>가슴 깊이의 1/3
(5cm)</td><td>가슴 깊이의 1/3
(4cm)</td></tr>
<tr><td colspan="2">가슴이완</td><td colspan="3">가슴압박 사이에는 완전한 가슴 이완</td></tr>
<tr><td colspan="2">가슴압박 중단</td><td colspan="3">가슴압박의 중단은 최소화(불가피한 중단 시는 10초 이내)</td></tr>
<tr><td colspan="2">기도 유지</td><td colspan="3">머리 젖히고 턱들기(head tilt-chin lift)</td></tr>
<tr><td rowspan="3">가슴압박
대
인공호흡
비율</td><td>전문기도 확보
이전</td><td>30:2</td><td colspan="2">30:2(1인 구조자)
15:2(2인 구조자)</td></tr>
<tr><td>전문기도 확보
이후</td><td colspan="3">가슴압박과 상관없이 6~8초마다 인공호흡(분당 8~10회)</td></tr>
<tr><td>심폐소생술 교육을
받지 않았거나
할 수 없는
일반 구조자</td><td colspan="3">가슴 압박 소생술 시행</td></tr>
</table>

표 9-11 가슴 압박 방법의 주의점

- 만약 영아나 소아가 의식이 없고 숨을 쉬지 않는다면 즉시 30번의 가슴압박을 실시함. 적절한 가슴 압박은 적어도 분당 100회의 속도로 압박하고 흉곽 전후 직경(가슴 두께)의 1/3 깊이 또는 영아는 4cm, 소아는 5cm의 깊이를 압박해야 함
- 영아의 경우 두 손가락으로 젖꼭지 연결선 바로 아래의 흉골을 압박함
- 소아의 경우 흉골 아래 1/2부분을 한 손 혹은 두 손의 손꿈치를 이용하여 압박
- 매번 압박을 할 때마다 적절한 깊이가 유지되어야 하며, 가슴 압박을 한 후에는 가슴이 정상위치로 다시 이완되도록 해야 한다는 것을 명심해야 함
- 두 명 이상의 구조자가 있으면 성인의 심폐소생술과 마찬가지로 가슴 압박 역할을 2분마다 교대하여 가슴 압박의 질과 속도가 떨어지는 것을 막아야 함
- 영아와 소아 소생술의 경우 가슴 압박과 인공호흡이 함께 제공되어야만 최상의 결과를 얻을 수 있지만 구조자가 인공호흡에 대한 훈련이 되어 있지 않거나 할 수 없는 상황이라면 119 구급대가 도착할 때까지 가슴 압박 소생술만이라도 계속해야 함

환자의 반응 확인

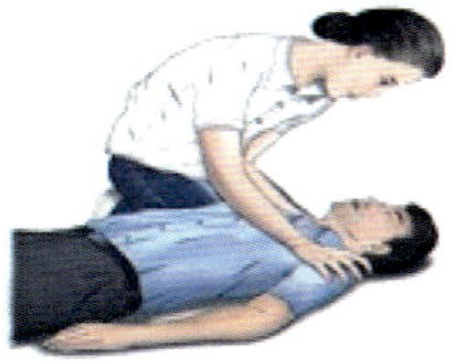

어깨를 가볍게 두드리며 "여보세요, 괜찮으세요?"를 외치면서 환자의 반응을 확인합니다.

119 신고

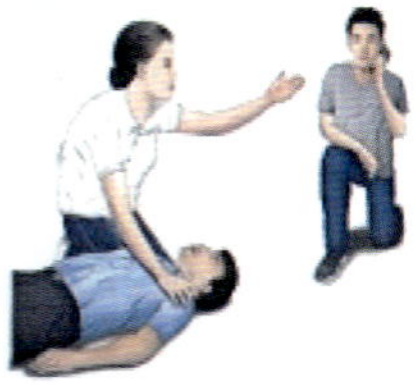

환자의 의식(반응)이 없으면 큰소리로 주변 사람에게 119 신고를 요청하고, 자동심장충격기를 가져오도록 부탁합니다.

호흡 확인

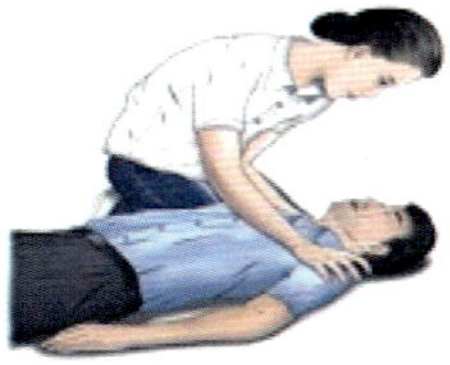

환자의 얼굴과 가슴을 10초 이내로 관찰하여 호흡이 있는지를 확인합니다. 호흡이 없거나 비정상적이라면 즉시 심폐소생술을 준비합니다.

가슴압박 30회 시행

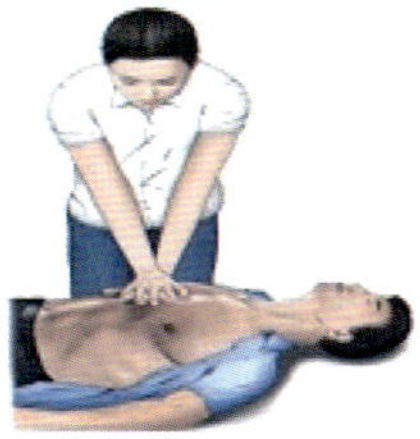

깍지를 낀 두 손의 손바닥으로 환자의 가슴 압박점을 찾아 30회 가슴압박을 실시합니다. 압박깊이는 약 5cm(소아는 4~5cm), 압박속도는 분당 100~120회를 유지합니다.

기도개방

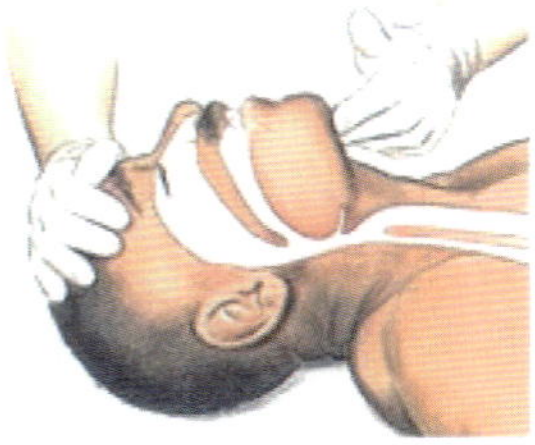

인공호흡을 시행하기 위해서는 먼저 환자의 머리를 젖히고, 턱을 들어 올려서 환자의 기도를 개방합니다.

인공호흡 2회 시행

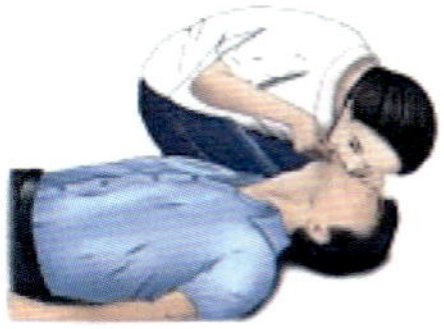

환자의 코를 막은 다음 구조자의 입을 환자의 입에 밀착시킨 후 환자의 가슴이 올라올 정도로 1초 동안 숨을 불어 넣습니다. 인공호흡 방법을 모르거나, 꺼리는 경우에는 인공호흡을 제외하고 지속적으로 가슴압박만을 시행합니다.

가슴압박과 인공호흡의 반복

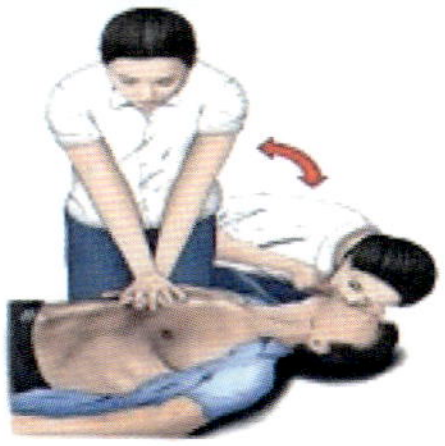

30회의 가슴압박과 2회의 인공호흡을 119구급대원이 도착할 때까지 반복해서 시행합니다.

회복자세

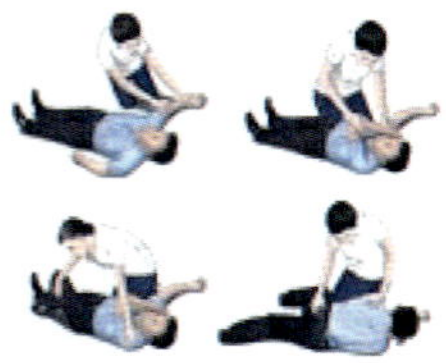

환자의 호흡이 회복되었으면 환자를 옆으로 돌려 눕혀 기도가 막히는 것을 예방합니다.

그림 9-2 **심폐소생술 방법**

출처: 보건복지부 질병관리본부, 대한심폐소생협회.

아동건강교육의 실제

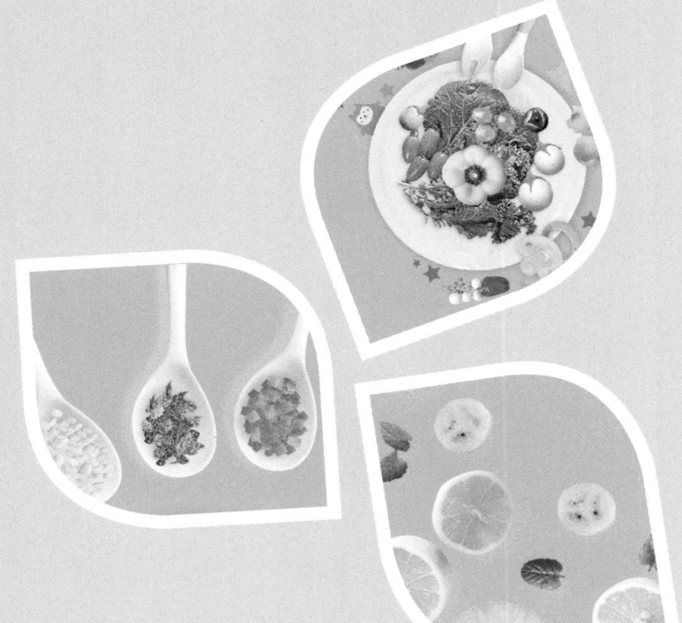

Chapter

10

배울 내용

1. 건강하게 생활하기
2. 안전하게 생활하기

학습목표

1. 아동건강교육을 위한 대 · 소집단활동을 계획하고 실행할 수 있다.
2. 아동의 건강에 대한 지식 · 기술 · 태도증진을 위해 교수계획을 할 수 있다.
3. 건강하게 생활하기와 안전하게 생활하기의 궁극적 목적 및 목표에 기반한 교수계획을 위해 각 영역의 내용범주 및 내용, 연령별 세부내용을 알고 활용할 수 있다.

내용범주	내용	연령	활동명	활동영역
1. 건강하게 생활하기	1-1. 몸과 주변을 깨끗이 하기	3세	꼬질벌레를 잡아라	수 · 조작
		4세	내 방을 정리해요	신체
		5세	우리 동네를 청소해요	수 · 조작
	1-2. 바른 식생활 하기	3세	난 토마토 절대 안 먹어	이야기 나누기
		4세	식사 노래	음률
		5세	맛있는 급 · 간식을 먹어요	이야기 나누기
	1-3. 건강한 일상 생활하기	3세	낮잠은 왜 잘까?	이야기 나누기
		4세	화가 나서 그랬어	이야기 나누기
		5세	나만의 계획표	미술
	1-4. 질병 예방하기	3세	병원에 가요	역할놀이
		4세	달라질까요?	탐구
		5세	계절 어울리는 옷을 입혀주세요	수 · 조작
2. 안전하게 생활하기	2-1. 안전하게 놀이하기	3세	운전면허장 놀이	신체
		5세	바깥놀이 규칙 만들기	이야기 나누기
		3세	약속수칙송	음률
		4세	숲속 마을의 우당탕 스마트폰 대소동	이야기 나누기
	2-2. 교통안전규칙 지키기	3세	횡단보도를 건너요	신체
		5세	교통규칙을 지키자	미술
	3-2. 비상시 적절히 대처하기	3세	불을 끄러 가야 해요	역할놀이
		4세	안 돼, 낯선 사람이야	역할놀이

1. 건강하게 생활하기

1-1 몸과 주변을 깨끗이 하기

<table>
<tr><th colspan="4">꼬질벌레를 잡아라</th></tr>
<tr><td>생활주제</td><td>건강과 안전</td><td>주제</td><td>깨끗한 나와 환경</td></tr>
<tr><td>소주제</td><td colspan="3">나의 몸을 깨끗이 하는 방법 알아보기</td></tr>
<tr><td>활동 유형</td><td>대집단활동</td><td>영역</td><td>수 · 조작</td></tr>
<tr><td>대상연령</td><td colspan="3">만3세</td></tr>
<tr><td>활동목표</td><td colspan="3">• 손 씻는 순서를 안다.
• 내 몸을 깨끗하게 하여 건강한 생활을 할 수 있다.</td></tr>
<tr><td>누리과정 관련 요소</td><td colspan="3">• 신체운동 · 건강: 건강하게 생활하기 〉 몸과 주변을 깨끗이 하기
• 사회관계: 다른 사람과 더불어 생활하기 〉 친구와 사이좋게 지내기</td></tr>
<tr><td>활동자료</td><td colspan="3">《잘 가라, 꼬질 벌레》(홍지연/꿈꾸는 달팽이/2012), 더러운 손 그림판, 깨끗한 손 그림판, 손 씻는 순서 그림

</td></tr>
</table>

활·동·방·법

도입

※ 《잘 가라, 꼬질벌레》 동화를 들려준다.

- 우빈이 손에는 무엇이 있었나요?
- 어떻게 해서 꼬질벌레를 물리칠 수 있었나요?
- 우빈이가 손을 씻지 않는다면 어떻게 될까요?

전개

※ 게임방법과 규칙에 대해 이야기를 나눈다.

- 더러운 손을 깨끗하게 하려면 어떻게 할까요?
- (게임 자료를 보여 주며) 어떤 순서로 손을 씻을까요?

※ 게임 시 지켜야 할 약속에 대해 이야기 나눈다.

- 게임을 할 때 지켜야 할 약속은 어떤 것들이 있나요?

※ 팀을 나누는 방법에 대해 이야기 나눈다.

- 팀을 어떻게 나누면 좋을까요?

※ 게임을 한다.

- 더러운 손 팀과 깨끗한 손 팀으로 그림판을 나누어 가진다.
- 손 씻기 그림판의 3조각만 뒤집어 그림이 보이게 한다.
- 주사위를 던져서 더러운 손이 나오면 손 씻기 퍼즐 한 조각을 뒤집어 그림을 보고, 깨끗한 손이 나오면 퍼즐 한 조각의 그림을 반대로 뒤집는다.
- 퍼즐 판의 어느 한쪽이 완성되면 게임이 끝난다.

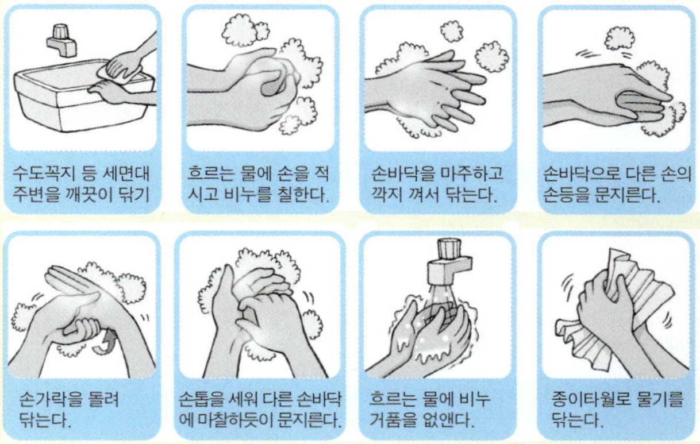

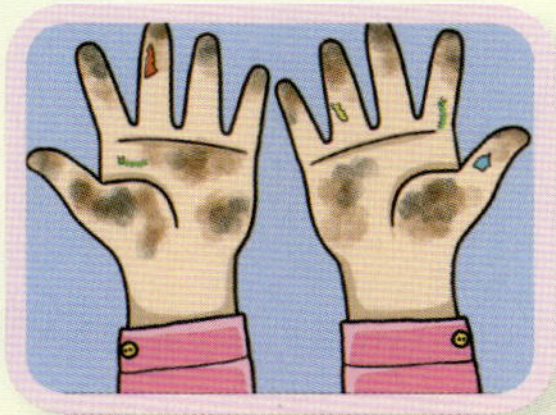

마무리

❖ 게임을 평가한다.
- 게임 시 힘들었던 점은 없었나요?
- 손 씻는 순서를 알 수 있나요?

활동 시 유의점

❖ 손 씻는 순서에 대해 관심을 가지며 게임을 한다.

❖ 손을 청결히 해야 하는 이유에 대해 충분히 이야기 나눈다.

활·동·평·가

❖ 스스로 정리할 수 있는지 게임 관찰을 통해 평가한다.

❖ 유아 주변의 청결에 관심을 가지는지 평가한다.

<table>
<tr><th colspan="4">내 방을 정리해요</th></tr>
<tr><td>생활주제</td><td>건강과 안전</td><td>주제</td><td>깨끗한 나와 환경</td></tr>
<tr><td>소주제</td><td colspan="3">주변을 깨끗이 하기</td></tr>
<tr><td>활동 유형</td><td>대 · 소집단활동</td><td>영역</td><td>신체</td></tr>
<tr><td>대상연령</td><td colspan="3">만4세</td></tr>
<tr><td>활동목표</td><td colspan="3">• 나의 주변을 깨끗이 하는 습관을 가진다.
• 나의 생활환경의 청결에 관심을 가진다.</td></tr>
<tr><td>누리과정 관련 요소</td><td colspan="3">• 신체운동 · 건강: 건강하게 생활하기 〉 몸과 주변을 깨끗이 하기
• 신체운동 · 건강: 신체조절과 기본 운동하기 〉 이동하며 운동하기</td></tr>
<tr><td>활동자료</td><td colspan="3">《로봇 팔을 찾아주세요》(이상교/아이세움/2011), 장난감 10개, 분류 바구니 4개, 쓰레기 10개, 옷 10개, 동화책 10개, 점수판, 신호 악기, 분류 카드, 다용도 집게, 매트
</td></tr>
</table>

활 · 동 · 방 · 법

도입

❖ 팔이 빠진 로봇 장난감 동화를 들려준다.

- 찬수는 무엇을 찾고 있을까요?
- 로봇팔은 어떻게 하면 찾을 수 있을까요?

❖ 동화의 내용을 회상하며 이야기를 나눈다.

- 찬수가 인라인스케이트를 타기 위해 무엇을 찾았을까요?
- 무릎 보호대는 어디에 있었나요?
- 어지럽혀진 방을 어떻게 정리하였나요?
- 은태와 장난감을 가지고 놀려고 하는데 무슨 일이 생겼나요?
- 잃어버린 장난감을 찾기 위해 찬수와 은태는 어떻게 하였나요?
- 찬수와 같은 경험이 있나요?
- 어지럽혀진 방을 정리해 본 적이 있나요?
- 어떻게 하면 방을 정리할 수 있을까요?
- 정리하고 난 후의 느낌은 어떨까요?

전개

❖ 게임방법과 규칙에 대해 이야기 나눈다.

- (게임 자료를 보여 주며) 어떤 방법으로 게임을 할 수 있을까요?
- 정리하기 위해서 어떻게 분류하면 좋을까요?
- 정리를 하려면 무엇이 필요할까요?

❖ 게임 시 지켜야 할 약속에 대해 이야기 나눈다.

- 게임을 할 때 지켜야 할 약속은 어떤 것들이 있나요?

❖ 팀을 나누는 방법에 대해 이야기 나눈다.

- 팀을 어떻게 나누면 좋을까요?

❖ 게임을 한다.

- 출발선에 두 명의 유아가 다용도 집게를 들고 선다.
- 출발 신호 후 물건이 섞여 있는 도착지점까지 달려간다.
- 반환지점에서 다용도 집게로 물건 한 가지를 집는다.
- 분류 통에 넣고 재빨리 되돌아온다.
- 먼저 도착한 유아가 점수를 얻는다.

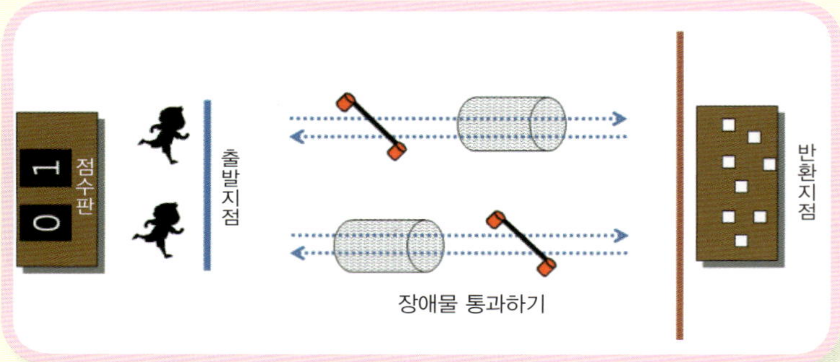

마무리

❖ 게임을 평가한다.

- 게임 시 힘들었던 점은 없었나요?
- 내 방을 스스로 정리할 수 있나요?

❖ 게임도구와 교실을 정리한다.

활동 시 유의점

❖ 유아가 분류하여 정리하기 쉬운 물건들을 선택한다.

❖ 가정에서 유아가 자신의 장난감과 옷과 같은 물건들을 정리할 수 있도록 가정과 연계한다.

활 · 동 · 평 · 가

❖ 스스로 정리할 수 있는지 게임관찰을 통해 평가한다.

❖ 유아 주변의 청결에 관심을 가지는지 평가한다.

우리 동네를 청소해요			
생활주제	건강과 안전	주제	깨끗한 나와 환경
소주제	주변을 깨끗이 하기		
활동 유형	소집단활동	영역	수 · 조작
대상연령	만5세		
활동목표	• 쓰레기를 분리수거할 줄 안다. • 나의 주변을 깨끗하게 하는 태도를 가진다.		
누리과정 관련 요소	• 신체운동 · 건강: 건강하게 생활하기 〉 몸과 주변을 깨끗이 하기 • 자연탐구: 수학적 탐구 〉 수와 연산의 기초 개념 형성하기		
활동자료	게임판, 주사위, 쓰레기 분리함(병류, 종이류, 깡통류, 플라스틱류), 재활용 쓰레기 사진이나 그림(병, 캔, 박스, 우유팩 등)		

활 · 동 · 방 · 법

도입

❖ 재활용 분리수거함과 재활용 쓰레기 사진을 보고 게임에 대해 이야기 나눈다.

- 쓰레기가 여기저기 버려져 있으면 어떨까요?
- 재활용 쓰레기가 무엇인가요?
- 재활용 분리수거함이 무엇일까요?
- 재활용 분리수거를 한 경험이 있나요?

전개

❖ 게임판을 보고 이야기 나눈다.

- 여기가 어디일까요?
- 어떤 게임을 할 수 있을까요?

❖ 게임 시 지켜야 할 약속에 대해 이야기 나눈다.

- 게임을 할 때 지켜야 할 약속은 어떤 것들이 있나요?

❖ 팀을 나누는 방법에 대해 이야기 나눈다.

- 팀을 어떻게 나누면 좋을까요?

> • 4팀의 유아들이 순서를 정한다.
> • 4팀은 각자 병류, 종이류, 깡통류, 플라스틱류의 분리수거함을 나누어 갖는다.
> • 주사위를 던져서 나온 그림은 자신의 분리수거함에 해당되면 넣고 해당되지 않으면 넣지 못한다. 대신 원하면 해당 분리수거함에 넣을 수 있다.
> • 게임판에 붙여진 쓰레기가 모두 없어지면 게임은 끝난다.
> • 쓰레기가 잘 분리배출되었는지 확인한다.
> • 쓰레기의 숫자를 세어본다.
> • 먼저 도착한 팀이 점수를 얻는다.

마무리

◈ 게임을 평가한다.

- 게임 시 힘들었던 점은 없었나요?
- 재활용 쓰레기를 분리배출할 수 있나요?

◈ 게임도구와 교실을 정리한다.

활동 시 유의점

◈ 게임방법은 유아가 자료를 탐색하고 새로운 게임을 만들어 놀이할 수 있다.

◈ 여러 명이 함께 놀이할 수 있도록 분리수거함을 충분히 준비한다.

◈ 쓰레기 분리배출과 환경개선에 대해 충분히 이야기 나눈다.

활·동·평·가

◈ 자신이 속한 환경의 청결을 위해 쓰레기를 분리배출할 수 있는지를 평가한다.

◈ 분리배출을 왜 해야 하는지를 이해했는지 평가한다.

1-2 바른 식생활하기

난 토마토 절대 안 먹어			
생활주제	건강과 안전	주제	맛있는 음식과 영양
소주제	여러 가지 음식을 골고루 먹어 보기		
활동 유형	대집단활동	영역	이야기 나누기
대상연령	만3세		
활동목표	• 음식을 골고루 먹는다. • 동화를 듣고 자기의 생각을 말로 표현한다.		
누리과정 관련 요소	• 신체운동 · 건강: 건강하게 생활하기 〉 바른 식생활하기 • 의사소통: 듣기 〉 동요, 동시, 동화 듣고 이해하기 • 의사소통: 말하기 〉 느낌, 생각, 경험 말하기		
활동자료	《난 토마토 절대 안 먹어》 (로렌 차일드/조은수 역/국민서관/2001)		

활·동·방·법

도입

❖《난 토마토 절대 안 먹어》 동화 표지를 보며 이야기 나눈다.
- 어떤 이야기의 그림책일까요?
- 이 친구들은 왜 이런 표정을 짓고 있을까요?
- 무슨 이야기를 나누고 있는 것일까요?
- 어떤 음식이 나올까요?

전개

❖《난 토마토 절대 안 먹어》 동화를 들려준다
- 동생이 싫어하는 음식을 오빠가 어떻게 해주었나요?
- 동생이 싫어하는 음식은 어떤 것들이 있었나요?
- 이름을 바꾼 토마토를 먹은 동생은 어떤 말을 하였나요?

❖ 싫어하는 음식에 새로운 이름을 붙여주고 소개해 본다.
- 싫어하는 음식은 어떤 것들이 있나요?
- 싫어하는 음식에 새로운 이름을 지어볼까요?
- 지어준 새로운 이름의 음식을 소개해 봅시다.

마무리

❖ 음식을 골고루 먹는 즐거움에 대해 이야기 나눈다.
- 새로운 이름을 지어준 음식을 먹는다면 어떤 맛이 날까요?
- 싫어했던 음식들이 우리에게 어떤 도움을 줄까요?
- 새로운 이름을 지어준 음식들이 어떤 기분이 들었을까요?

활동 시 유의점

❖ 싫어하는 음식이라도 몸에 필요한 이유에 대해 충분히 이야기 나눈다.

활 · 동 · 평 · 가

❖ 싫어하는 음식도 우리 몸에 도움이 될 수 있음을 아는지 평가한다.

❖ 자신의 생각, 경험을 이야기할 수 있는지 평가한다.

식사 노래			
생활주제	건강과 안전	주제	맛있는 음식과 영양
소주제	식사 예절을 익혀서 바르게 먹기		
활동 유형	대 · 소집단활동	영역	음률
대상연령	만4세		
활동목표	• 식사 시 지켜야 하는 예절을 안다. • 친구들과 협동하여 즐거운 노래와 동작으로 표현한다.		
누리과정 관련 요소	• 신체운동 · 건강: 건강하게 생활하기 〉 바른 식생활하기 • 예술경험: 예술적 표현하기 〉 음악으로 표현하기		
활동자료	동네 한 바퀴 노래판		

활 · 동 · 방 · 법

도입

❖ 급 · 간식을 먹을 때 지켜야 할 예절에 대해 이야기 나눈다.
- 음식을 먹기 전에 무엇을 해야 할까요?
- 음식을 먹을 땐 어떻게 해야 할까요?
- 음식을 먹는 중에 지켜야 할 약속은 어떤 것이 있을까요?
- 다 먹은 후에는 무엇을 해야 할까요?

전개

❖ 다 같이 돌자 동네 한 바퀴 노래에 급 · 간식 시 지켜야 할 약속 가사를 지어본다.
- 밥을 먹기 전에 손을 씻어요.
- "잘 먹겠습니다" 인사해요.
- 숟가락과 포크를 사용해 식사해요.

❖ 노랫말로 만들어 불러보고 동작을 만들어 본다.
- 우리가 나눈 이야기를 잘 기억할 수 있는 방법은 없을까요?
- 노래로 만들어 보면 어떨까요?
- 우리가 만든 노래를 몸으로 함께 불러보면 어떨까요?

〈예시〉 식사를 할 땐 바른 자세로 골고루 먹어야 튼튼해져요 먹기 전에 손 씻기 잊지 않아요 먹기 전에 손 씻기 잊지 않아요 감사하는 마음으로 꼭꼭 씹어서 식사 예절 잘 지키는 나는 멋쟁이	**동네 한 바퀴** 다 같이 돌자 동네 한 바퀴 아침 일찍 일어나 동네 한 바퀴 우리 보고 나팔꽃 인사합니다 우리도 인사하며 동네 한 바퀴 바둑이도 같이 돌자 동네 한 바퀴

(이미지 출처: 네이버 지식백과)

마무리

❖ 음악에 맞추어 불러보고 느낀점을 이야기 나눈다.
- 우리가 이야기 나눈 규칙을 노래로 만들어 불러보니 어땠나요?
- 우리가 이야기 나눈 식사 예절을 잘 지킬 수 있나요?

활동 시 유의점

❖ 급 · 간식 시 지켜야 할 약속에 대해 충분히 이야기 나눈다.

❖ 유아들의 흥미에 따라 동작을 만들어 볼 수 있도록 한다.

활 · 동 · 평 · 가

❖ 급 · 간식 시 지켜야 할 예절에 대해 아는지 평가한다.

❖ 친구들과 협동하여 가사와 동작 만들기에 즐겁게 참여하는지 평가한다.

맛있는 급 · 간식을 먹어요			
생활주제	유치원과 친구	주제	유치원에서의 하루
소주제	바르게 식사하는 방법을 알기		
활동 유형	대집단활동	영역	이야기 나누기
대상연령	만5세		
활동목표	• 골고루 먹어야 하는 이유를 안다. • 바른 식습관을 가진다. • 스스로 식사를 한다.		
누리과정 관련 요소	• 신체운동 · 건강: 건강하게 생활하기 〉 바른 식생활하기 • 신체운동 · 건강: 건강하게 생활하기 〉 건강한 일상생활하기 • 사회관계: 사회에 관심 갖기 〉 사회적 규칙을 알고 지키기 • 사회관계: 나를 알고 존중하기 〉 나의 일 스스로 하기		
활동자료	식습관 이야기 나누기 자료(좋아하는 음식만 먹는 그림, 음식을 바닥에 버리는 그림, 음식을 남기는 그림, 놀이시간까지 식사하는 그림)		

활 · 동 · 방 · 법

도입

❖ 식습관 그림을 보며 어떤 장면인지 이야기 나눈다.

- 무엇이 보이나요?
- 무엇을 하고 있는 것 같나요?

전개

❖ 음식을 바닥에 버리는 장면을 보고 이야기 나눈다.
- 무엇을 하고 있나요?
- 이런 경험이 있나요?
- 음식을 버리면 안 되는 이유는 무엇일까요?
- 싫어하는 음식은 어떻게 하면 좋을까요?

❖ 좋아하는 음식만 먹는 장면을 보고 이야기 나눈다.
- 무엇을 하고 있나요?
- 이런 경험이 있나요?
- 좋아하는 음식만 먹으면 어떻게 될까요?

❖ 놀이시간까지도 식사하는 장면을 보고 이야기 나눈다.
- 왜 혼자 음식을 먹고 있을까요?
- 정해진 시간 안에 식사를 마치려면 어떻게 하면 좋을까요?

❖ 음식을 남긴 장면을 보고 이야기 나눈다.
- 음식을 남긴 이유는 무엇일까요?
- 왜 음식을 남기면 안 될까요?
- 음식을 남기지 않는 방법은 무엇일까요?

마무리

❖ 바른 식습관을 위한 약속들에 대해 이야기 나눈다.
- 음식을 골고루 먹으면 좋은 점은 무엇일까요?
- 나의 식습관에 맞는 식사시간을 정해 볼까요?
- 고쳐야 할 나의 식습관에는 무엇이 있을까요?

활동 시 유의점

❖ 식사시간을 개인에 따라 자율적으로 조절하도록 한다.

❖ 개인의 취향을 고려하되 골고루 먹는 식습관을 가지도록 한다.

활 · 동 · 평 · 가

❖ 적당량의 음식을 골고루 먹으려 하는지 평가한다.

❖ 스스로 식사하는 식습관을 가지려고 노력하는지 평가한다.

1-3 건강한 일상생활하기

낮잠은 왜 잘까?			
생활주제	건강과 안전	주제	깨끗한 나와 환경
소주제	낮잠이 필요한 이유 알기		
활동 유형	대집단활동	영역	이야기 나누기
대상연령	만3세		
활동목표	• 휴식이 필요한 이유를 안다. • 적절한 휴식을 통해 건강을 유지하는 방법을 알고 실천한다. • 낮잠에 대한 느낌, 경험, 생각을 말해 본다.		
누리과정 관련 요소	• 신체운동 · 건강: 건강하게 생활하기 〉 규칙적으로 잠을 자고, 적당한 휴식을 취하기 • 의사소통: 말하기 〉 느낌, 생각, 경험 말하기		
활동자료	낮잠 자는 사진 		

활 • 동 • 방 • 법

도입

❖ 낮잠을 잤던 경험에 대해 이야기 나눈다.
- 누구와 낮잠을 잤나요?
- 어디에서 낮잠을 잤나요?
- 낮잠을 자기 전에 무엇을 하였나요?

전개

❖ 낮잠 자는 이유에 대해 이야기 나눈다.
- (사진을 보며) 이 친구는 지금 무엇을 하고 있나요?
- 낮잠 자는 시간은 언제일까요?
- 낮잠을 자고 일어나는 시간은 언제일까요?
- 낮잠은 왜 자는 걸까요?
- 낮잠을 자지 않으면 어떤 일이 일어날까요?
- 낮잠을 잘 자면 어떻게 될까요?

❖ 우리 반의 낮잠 일과표를 만들어 지켜야 할 것들을 이야기 나눈다.
- 낮잠을 자기 전에 해야 할 일들이 있나요?
- 우리 반에서 낮잠을 잘 때 지켜야 할 약속이 있나요?

마무리

❖ 낮잠이 우리 몸에 좋은 이유에 대해 이야기 나눈다.
- 낮잠을 자면 좋은 점이 무엇일까요?
- 낮잠을 잘 자기 위해서는 어떻게 해야 할까요?

활동 시 유의점

❖ 적절한 휴식을 위한 낮잠의 필요성을 이해하도록 한다.

활·동·평·가

❖ 건강한 몸과 마음을 유지할 수 있음을 알고 실천할 수 있는지 평가한다.

화가 나서 그랬어			
생활주제	건강과 안전	주제	즐거운 운동과 휴식
소주제	화가 났을 때 자신의 기분을 표현하는 방법 알아보기		
활동 유형	대집단활동	영역	이야기 나누기
대상연령	만4세		
활동목표	• 즐거움을 유지하기 위해 필요한 태도를 안다. • 감정을 상황에 알맞게 조절할 수 있다.		
누리과정 관련 요소	• 신체운동 · 건강: 건강하게 생활하기 〉 건강한 일상생활하기 • 사회관계: 나와 다른 사람의 감정 알고 조절하기		
활동자료	《화가 나서 그랬어》 (레베카 패터슨/김경연 역/현암주니어/2016)  		

활 · 동 · 방 · 법

도입

❖ 《화가 나서 그랬어》 동화를 듣고 이야기 나눈다.

- 벨라는 왜 화가 났을까요?
- 벨라는 어디에서, 왜, 누구에게 화를 냈나요?
- 벨라는 어떻게 화를 냈나요?

전개

❖ 화가 났던 경험에 대해 이야기 나눈다.

- 화가 난 경험이 있었나요?
- 언제, 왜 화가 났었나요?
- 화가 났을 때 어떻게 했나요?

❖ 벨라가 화가 났을 때 했던 행동에 대해 이야기 나눈다.

- 벨라가 화가 났을 때 어떻게 행동했나요?
- 벨라가 했던 행동 중 잘못한 행동은 무엇일까요?
- 벨라의 화가 풀리도록 도와준 것은 누구인가요?
- 벨라처럼 화가 났을 때 어떻게 하면 좋을까요?
- 화가 났을 때 무조건 참아본 적이 있나요?
- 무조건 참으면 어떻게 될까요?
- 화를 푸는 것이 어려우면 어떻게 하면 좋을까요?
- 화가 많이 났을 때 다시 기분이 좋아지게 하려면 어떻게 할까요?

마무리

❖ 즐거운 마음을 갖기 위한 행동에 대해 이야기 나눈다.
- 화를 내지 않으려면 어떻게 해야 할까요?
- 화를 많이 내면 어떻게 될까요?

활동 시 유의점

❖ 긍정적인 감정표현을 지속적으로 할 수 있도록 지도한다.

❖ 벨라가 화냈던 방법과 화를 풀었던 방법에 대해 다른 사례들을 들어 충분히 이야기 나눈다.

활·동·평·가

❖ 즐거운 마음을 위해 감정을 소중히 여길 수 있는지 평가한다.

❖ 자신의 감정을 적절히 표현할 수 있는지 평가한다.

나만의 계획표			
생활주제	건강과 안전	주제	즐거운 운동과 휴식
소주제	규칙적으로 생활해야 하는 이유와 방법 알아보기		
활동 유형	소집단활동	영역	미술
대상연령	만5세		
활동목표	• 건강한 일상생활을 위해 규칙적으로 생활해야 함을 안다. • 시간에 대해 관심을 가진다.		
누리과정 관련 요소	• 신체운동 · 건강: 건강하게 생활하기 〉 건강한 일상생활하기 • 예술경험: 예술적으로 표현하기 〉 미술활동으로 표현하기		
활동자료	하루 일과 시간표, 하루 일과 그림, 그리기 도구, 종이류		

활·동·방·법

도입

❖ 하루 중 주요 일과의 경험에 대해 이야기 나눈다.

- 일어나는 시간은 언제인가요?
- 잠자는 시간은 언제인가요?
- 식사 시간은 언제인가요?

전개

❖ 규칙적인 생활과 건강의 관계에 대해 이야기 나눈다.

- 규칙적인 생활은 무엇일까요?
- 규칙적인 생활을 하면 무엇이 좋을까요?
- 늦게 잠들면 어떤 일이 일어날까요?
- 식사 시간을 지키지 않으면 어떤 일이 일어날까요?
- 운동을 하지 않으면 어떻게 될까요?
- 규칙적인 생활을 하기 위해 어떻게 하면 좋을까요?

❖ 자신만의 하루일과표를 만들어 본다.

마무리

❖ 자신이 만든 일과표를 보고 서로 이야기 나눈다.

❖ 규칙적인 생활의 좋은 점에 대해 이야기 나눈다.

활동 시 유의점

❖ 하루일과에서 시간의 흐름에 대해 인식할 수 있다는 점에 유의한다.

❖ 시간 개념이 아직 생기지 않은 유아들은 세세한 규칙보다 하루일과의 패턴에 유념하여 계획한다.

활·동·평·가

❖ 규칙적인 생활을 실천할 수 있는지 평가한다.

1-4 질병 예방하기

병원에 가요			
생활주제	건강과 안전	주제	깨끗한 나와 환경
소주제	병원에서 하는 일에 대해 알아보기		
활동 유형	소집단활동	영역	역할놀이
대상연령	만3세		
활동목표	• 병원에서 하는 일에 대해 안다. • 친구와 협력하여 병원놀이를 한다.		
누리과정 관련 요소	• 신체운동 · 건강: 건강하게 생활하기 〉 질병 예방하기 • 사회관계: 다른 사람과 더불어 생활하기 〉 친구와 사이좋게 지내기 • 자연탐구: 과학적 탐구하기 〉 간단한 도구와 기계 활용하기		
활동자료	구급차 사이렌 소리, 병원놀이 도구, 병원에서 일하시는 분들 사진		

활 · 동 · 방 · 법

도입

❖ 병원에 갔던 경험에 대해 이야기 나눈다.

- 병원에 갔었던 경험이 있나요?
- 병원은 무엇을 하는 곳일까요?
- 병원에는 누가 일하시나요?

전개

❖ 병원을 쌓기 놀이영역에 구성하기로 결정되면 어떻게 구성하고 싶은지 이야기 나눈다.

- 병원에는 어떤 의료도구들이 있을까요?
- 진료실은 어떻게 만들면 좋을까요?
- 치료실은 어떻게 만들면 좋을까요?
- 그 외에 필요한 것들은 무엇이 있을까요?
- 새롭게 만든 의료장비가 있을까요?

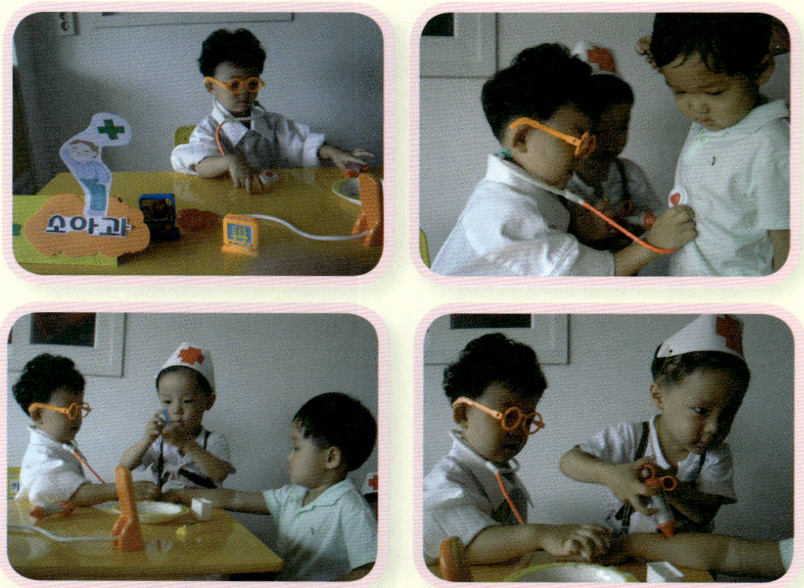

마무리

❖ 병원을 구성하면서 알게 된 점에 대해 이야기 나눈다.

- 병원에는 어떤 사람들이 오는 곳일까요?
- 우리가 건강하게 지내기 위한 방법에는 무엇이 있을까요?

활동 시 유의점

❖ 병원 내의 여러 장소(주사실, 진료실, 검사실, 수술실, 안내데스크, 치료실 등)를 구성할 수 있도록 다양한 사진을 제공해 준다.

❖ 사전활동으로 병원의 역할에 대한 자료를 통해 충분히 이야기 나눈다.

활 · 동 · 평 · 가

❖ 병원에서 하는 일을 아는지 평가한다.

❖ 친구와 협력하여 병원 구성하기에 참여하였는지 평가한다.

❖ 다양한 재료를 사용하여 병원을 구성하였는지 평가한다.

달라질까요?			
생활주제	건강과 안전	주제	깨끗한 나와 환경
소주제	상한 음식과 신선한 음식 구분해 보기		
활동 유형	대 · 소집단활동	영역	탐구
대상연령	만4세		
활동목표	• 물체의 변화를 관찰한다. • 상한 음식과 신선한 음식을 구분한다.		
누리과정 관련 요소	• 신체운동 · 건강: 건강하게 생활하기 〉 질병 예방하기 • 자연탐구: 탐구하는 태도 기르기 〉 탐구과정 즐기기 • 자연탐구: 과학적 탐구하기 〉 물체와 물질 알아보기		
활동자료	밥, 비커 2개, 돋보기, 이름표, 랩		

활 · 동 · 방 · 법

도입

❖ 밥을 보며 이야기 나눈다.

- 이것은 무엇일까요?
- 어떤 색인가요?
- 어떤 냄새인가요?
- 어떤 느낌인가요?
- 변화 전의 밥 모양을 그림으로 관찰기록한다.

전개

❖ 밥을 비커에 담아 랩을 씌우고 하나는 과학영역에 하나는 냉장고에 놓아두고 변화를 관찰한다.

- (변화 생긴 밥) 밥이 어떻게 변화하였나요?
- 어떤 색인가요?
- 어떤 냄새인가요?
- 밥에 생긴 변화를 돋보기로 자세히 살펴보니 어떻게 변화하였나요?

❖ 곰팡이에 대해 이야기 나누고 변화 후의 밥 모양을 그림으로 관찰을 기록한다.

❖ 두 비커를 비교하여 관찰한다.

- 어떻게 달라졌나요?
- 왜 이렇게 변화하였을까요?

마무리

❖ 곰팡이가 생긴 음식은 상한 음식임을 이야기한다.

❖ 상한 음식을 먹으면 어떻게 되는지 이야기 나눈다.

활동 시 유의점

❖ 과학영역의 밥은 랩으로 씌워 유아들의 손에 닿지 않도록 한다.

❖ 곰팡이를 관찰할 때 호흡기를 통해 몸 속으로 들어갈 수 있으므로 랩을 통해서 관찰하도록 한다.

활 · 동 · 평 · 가

❖ 상한 음식을 먹으면 안 되는 이유를 아는지 평가한다.

❖ 상한 음식과 신선한 음식을 구분할 수 있는지 평가한다.

계절에 어울리는 옷을 입혀주세요			
생활주제	건강과 안전	주제	깨끗한 나와 환경
소주제	날씨에 맞는 옷 알기		
활동 유형	대 · 소집단활동	영역	수 · 조작
대상연령	만5세		
활동목표	• 계절에 따른 날씨에 대해 이해한다. • 날씨에 맞는 옷의 종류와 기능을 안다. • 날씨에 맞는 옷을 입는 습관을 가진다.		
누리과정 관련 요소	• 신체운동 · 건강: 건강하게 생활하기 〉 질병 예방하기 • 자연탐구: 탐구하는 태도 기르기 〉 호기심 유지하고 확장하기		
활동자료	종이 인형, 여러 가지 계절의 종이 옷, 계절 그림		

활 · 동 · 방 · 법

도입

❖ 계절 그림을 보며 이야기 나눈다.

- 어떤 계절이 있나요?
- (그림을 보며) 이 계절에는 날씨가 어떤가요?
- 계절의 변화가 어떻게 느껴지나요?

전개

❖ 계절에 알맞은 옷차림에 대해 이야기 나눈다.

- 계절이 바뀌면 날씨가 어떻게 변하나요?
- 날씨에 따라 옷차림은 어떻게 바뀌나요?
- 옷차림이 바뀌는 이유는 무엇인가요?
- 날씨에 맞지 않는 옷차림을 하게 된다면 어떻게 될까요?

❖ 각 계절에 알맞은 옷차림을 골라 인형에게 입혀준다.

- 봄 나들이를 가는 친구에게 어떤 옷을 골라 입혀주면 좋을까요?
- 여름휴가를 가는 친구에게 어떤 옷을 골라 입혀주면 좋을까요?
- 가을소풍을 가는 친구에게 어떤 옷을 골라 입혀주면 좋을까요?
- 겨울 눈놀이를 가는 친구에게 어떤 옷을 골라 입혀주면 좋을까요?

마무리

◈ 날씨에 알맞은 옷차림이 필요한 이유에 대해 이야기 나눈다.
- 좋아하는 계절과 옷차림은 무엇인가요?
- 계절에 따라 옷차림이 달라지는 이유는 무엇인가요?

활동 시 유의점

◈ 다양한 옷의 종류를 준비하도록 한다.

◈ 가정에서 유아가 스스로 계절에 맞는 옷을 탐색해 볼 수 있도록 가정과 연계가 이루어지도록 한다.

활·동·평·가

◈ 날씨에 맞는 옷을 구분하는지 평가한다.

◈ 옷의 기능을 이해했는지 활동을 통해 평가한다.

2. 안전하게 생활하기

2-1 안전하게 놀이하기

운전면허장 놀이			
생활주제	건강과 안전	주제	안전한 놀이와 생활
소주제	안전하게 자전거 타는 방법 알아보기		
활동 유형	대집단활동	영역	신체
대상연령	만3세		
활동목표	• 자전거를 안전하게 이용하는 방법을 안다. • 친구와 함께 즐겁게 놀이할 수 있다.		
누리과정 관련 요소	• 신체운동 · 건강: 안전하게 생활하기 〉 안전하게 놀이하기 • 의사소통: 말하기 〉 느낌, 생각, 경험 말하기 • 사회관계: 다른 사람과 더불어 생활하기 〉 친구와 사이좋게 지내기		
활동자료	자전거 면허증, 자전거 보호 장비, 세발자전거		

활 · 동 · 방 · 법

도입

❖ 자전거에 대해 이야기 나눈다.

- 자전거의 생김새는 어떠한가요?

- 자전거를 타본 경험이 있나요?
- 언제 탔나요?
- 어디에서 탔나요?
- 누구와 탔나요?

전개

❖ 자전거를 안전하게 이용하는 방법에 대해 이야기 나눈다.

- 자전거는 어디에서 타면 좋을까요?
- 자전거를 타기 위한 것들은 무엇이 있을까요?
- 자전거를 탈 때 어떤 옷이 좋을까요?
  (밝은색, 통이 넓지 않고 운동하기에 편한 복장, 끈 없는 운동화)

❖ 자전거 면허증 놀이를 한다.

- 안전장비를 착용한 유아는 길을 따라 운전을 하여 반환점을 돌아오면 교사는 유아 자전거 면허증에 도장을 찍어 발부한다.

마무리

❖ 자전거 면허증을 가지고 안전한 장소, 방법으로 이용할 것을 이야기한다.

활동 시 유의점

❖ 자전거를 타본 경험을 생각하며 이야기 나눌 수 있도록 한다.

활・동・평・가

❖ 자전거를 안전하게 이용하는 방법을 아는지 평가한다.

바깥놀이 규칙 만들기			
생활주제	건강과 안전	주제	안전한 놀이와 생활
소주제	안전한 바깥놀이를 위한 규칙 알아보기		
활동 유형	대집단활동	영역	이야기 나누기
대상연령	만5세		
활동목표	• 바깥놀이 시 안전하게 놀이하는 방법을 안다. • 친구들과 배려해서 놀 수 있다.		
누리과정 관련 요소	• 신체운동 · 건강: 안전하게 생활하기 〉 안전하게 놀이하기 • 의사소통: 말하기 〉 낱말과 문장으로 말하기 • 사회관계: 다른 사람과 더불어 생활하기 〉 공동체에서 화목하게 지내기		
활동자료	약속판, 찬성 팻말, 반대 팻말		

활 · 동 · 방 · 법

도입

❖ 바깥놀이터의 놀이상황에 대해 이야기 나눈다.

- 바깥놀이를 하면서 위험을 경험한 적이 있나요?
- 친구들과 사이좋게 놀지 않으면 어떤 일이 생길까요?
- 바깥놀이를 하면서 기분이 상한 적이 있나요?

전개

❖ 바깥놀이에서 지켜야 할 규칙에 대해 이야기 나눈다.

- 안전하게 놀이하기 위해서 필요한 규칙이 있을까요?
- 반대하는 친구가 있나요?
- 이유는 무엇인가요?
- 다른 친구들은 어떻게 생각하나요?

❖ 바깥놀이에서 즐겁게 놀이하기 위한 규칙에 대해 이야기 나눈다.
- 즐겁게 놀이하기 위해 필요한 규칙이 있을까요?
- 반대하는 친구가 있나요?
- 이유는 무엇인가요?
- 다른 친구들은 어떻게 생각하나요?

마무리

❖ 토론하여 완성된 규칙판을 보며 이야기 나눈다.
- 우리 반의 바깥놀이규칙을 어떻게 하면 잘 지킬 수 있을까요?
- 지키기 어려운 규칙이 있나요?

활동 시 유의점

❖ 서로의 의견을 듣고 이해하고 자신의 의견을 이야기할 수 있도록 한다.

❖ 모두가 참여할 수 있는 토론이 될 수 있도록 한다.

활·동·평·가

❖ 바깥놀이에서 안전하게 놀이하는 방법을 아는지 평가한다.

❖ 토론하기 위해 서로의 의견을 존중하고 자신의 의견을 표현할 줄 아는지 평가한다.

약속수치송			
생활주제	건강과 안전	주제	안전한 놀이와 생활
소주제	미디어 사용 방법 알아보기		
활동 유형	대집단활동	영역	음률
대상연령	만3세		
활동목표	• 스마트폰을 바르게 사용하는 방법을 알 수 있다. • 약속수칙송을 즐겁게 부를 수 있다. • 음악을 듣고 몸으로 표현한다.		
누리과정 관련 요소	• 의사소통 : 말하기 〉 느낌, 생각, 경험 말하기 • 예술경험 : 예술적 표현하기 〉 음악으로 표현하기		
활동자료	또리또리 또또! 내 친구를 돌려줘 음원(스마트쉼센터 제공, https://www.iapc.or.kr)		

활 · 동 · 방 · 법

도입

❖ 스마트폰 사용에 대해 이야기 나눈다.

- 스마트폰을 사용한 적이 있나요?
- 스마트폰을 사용할 때 지켜야 할 약속이 있나요?

전개

❖ 약속수칙송을 들어본다.

- 약속수칙송을 허밍으로 따라 불러볼까요?

❖ 노랫말의 의미를 생각해 본다.
- 스마트폰은 누구와 함께 봐야 하나요?
- 스마트폰을 볼 때는 누구의 허락을 받아야 하나요?
- 스마트폰을 볼 때는 시간을 정해서 보나요?
- 반주 없이 멜로디만 불러볼까요?
- 노랫말을 넣어서 불러볼까요?

❖ 약속수칙송을 따라 불러본다.

❖ 약속수칙송에 동작을 만들어 불러본다.

마무리

❖ 음악활동을 하면서 즐거웠던 점을 이야기한다.

활동 시 유의점

❖ 동작을 표현할 때 다른 유아와의 거리를 생각하여 동작으로 표현한다.

활·동·평·가

❖ 스마트폰을 이용하는 방법에 대해 아는지 평가한다.

❖ 약속수칙송 노래를 즐겁게 부르는지 평가한다.

숲속 마을의 우당탕 스마트폰 대소동			
생활주제	건강과 안전	주제	안전한 놀이와 생활
소주제	미디어의 기능과 올바른 사용방법 알아보기		
활동 유형	대집단활동	영역	이야기 나누기
대상연령	만4세		
활동목표	• 스마트기기를 안전하게 사용하는 방법에 대해 안다. • 스마트기기의 다양한 용도에 관심을 가진다.		
누리과정 관련 요소	• 신체운동 · 건강: 안전하게 생활하기 〉 안전하게 놀이하기 • 의사소통: 말하기 〉 느낌, 생각, 경험 말하기		
활동자료	숲속 마을의 우당탕 스마트폰 대소동(스마트쉼센터 제공), 스마트기기를 바르게 사용한 그림카드 2장(어른과 함께 사용하기, 시간을 정해서 사용하기), 스마트기기를 바르지 않게 사용한 그림카드 2장(사용시간을 어기고 사용하기, 혼자서 사용하기)		

활 · 동 · 방 · 법

도입

❖ 숲속 마을의 우당탕 스마트폰 대소동 동영상을 보고 이야기 나눈다.

- 동물친구들은 숲속에서 무엇을 주웠나요?
- 동물친구들이 스마트폰은 주워서 어떻게 했나요?
- 동물친구들이 고쳐야 할 행동은 무엇일까요?

전개

❖ 동물친구들의 스마트폰 중독을 해결하기 위한 방법에 대해 이야기 나눈다.

- 동물친구들이 스마트폰 중독에서 빠져 나오려면 어떻게 하면 좋을까요?
- 스마트폰은 언제 사용해야 할까요?
- 스마트폰은 어떻게 사용해야 할까요?
- 스마트폰 사용 약속을 어기고 싶은 경험이 있었나요?
- 어떻게 하면 약속을 지킬 수 있을까요?

❖ 스마트폰의 다양한 기능에 대해 이야기 나눈다.

- 스마트폰으로 무엇을 하나요?

❖ 스마트폰을 바르게 사용하는 방법에 대해 이야기 나눈다.

- 왜 어른이랑 함께 해야 하는 걸까요?
- 시간을 정해두고 사용해야 하는 이유는 무엇일까요?
- 오랫동안 보면 어떻게 될까요?

마무리

❖ 스마트폰을 바르지 않게 사용하는 방법을 보며 이야기 나눈다.

- 이렇게 사용하는 친구들은 어떻게 하면 바르게 사용할 수 있을까요?
- 이 친구들을 보니 어떤 생각이 드나요?

활동 시 유의점

❖ 스마트기기의 사용으로 인한 장점과 단점을 생각해 볼 수 있도록 충분히 이야기 나눈다.

활·동·평·가

❖ 올바른 스마트폰 사용에 대해 알게 되었는지 평가한다.

❖ 스마트기기의 다양한 용도에 대해 알게 되었는지 평가한다.

2-2 교통안전규칙 지키기

<table>
<tr><th colspan="4">횡단보도를 건너요</th></tr>
<tr><td>생활주제</td><td>건강과 안전</td><td>주제</td><td>안전한 놀이와 생활</td></tr>
<tr><td>소주제</td><td colspan="3">교통안전 생활화하기</td></tr>
<tr><td>활동 유형</td><td>대집단활동</td><td>영역</td><td>신체</td></tr>
<tr><td>대상연령</td><td colspan="3">만3세</td></tr>
<tr><td>활동목표</td><td colspan="3">• 횡단보도 건너는 방법을 안다.
• 친구와 즐겁게 놀이한다.</td></tr>
<tr><td>누리과정 관련 요소</td><td colspan="3">• 신체운동 · 건강: 안전하게 생활하기 〉 교통안전규칙 지키기
• 사회관계: 다른 사람과 더불어 생활하기 〉 공동체에서 화목하게 지내기</td></tr>
<tr><td>활동자료</td><td colspan="3">신호등의 초록 · 빨간 깃대, 시트지(횡단보도용)</td></tr>
</table>

활 · 동 · 방 · 법

도입

❖ 신호등이 있는 횡단보도에 대해 이야기 나눈다.
- 신호등을 본 적 있나요?
- 신호등이 있는 횡단보도는 어떻게 건너야 할까요?

❖ 신호등을 보며 멈추기와 가기를 해 본다.
- 횡단보도의 신호등에서 어떻게 해야 할까요?

• 어떤 순서로 행동하면 될까요?

전개

❖ 게임형식으로 놀이를 한다.

- 시작 전에 신호등 유아를 정한다.
- 신호등 유아는 바닥에 표시된 횡단보도의 반대편에 선다.
- 다른 유아들은 횡단보도 출발선에서 신호등을 보고 선다.
- 신호등 유아는 2가지 색상 중 한 가지를 선택하여 든다.
- 다른 유아들은 신호등의 색상에 따라 가기와 멈추기를 하여 거리를 좁힌다.
- 가장 먼저 신호에 도착한 유아가 다음 신호등을 한다.

마무리

❖ 놀이에서 느낀점에 대해 이야기한다.

활동 시 유의점

❖ 유아가 교대로 할 수 있도록 한다.

활·동·평·가

❖ 신호등에 관심을 갖고 활동하는지 평가한다.

❖ 게임의 규칙을 이해하고 참여하였는지 평가한다.

교통규칙을 지키자			
생활주제	건강과 안전	주제	안전한 놀이와 생활
소주제	교통안전 생활화하기		
활동 유형	소집단활동	영역	미술
대상연령	만5세		
활동목표	• 안전하게 생활하는 방법을 안다. • 자신의 생각과 느낌을 그림으로 표현한다.		
누리과정 관련 요소	• 신체운동 · 건강: 안전하게 생활하기 〉 교통안전규칙 지키기 • 예술경험: 예술적 표현하기 〉 미술활동으로 표현하기 • 사회관계: 다른 사람과 더불어 생활하기 〉 친구와 사이좋게 지내기		
활동자료	그리기 재료, 도화지, 교통안전 그림카드(길 건너기 5대 원칙–학교안전정보센터 출처, 인도로 걸어가기, 길에서 장난치지 않기, 공주머니 들고 다니기, 안전하게 노는 장소, 비탈길의 정차된 차 주의하기), 교통안전 예시 포스터		

활 · 동 · 방 · 법

도입

❖ 교통안전 그림카드를 보며 이야기 나눈다.

- 횡단보도를 건널 때 어떻게 하면 좋을까요?
- 길을 걸어 다닐 때 어떤 점을 조심해야 할까요?
- 놀 수 있는 장소와 그렇지 못한 장소가 있나요?

전개

❖ 많은 사람들에게 알리기 위한 포스터를 설명한다.
- 예시 포스터를 보며 무엇을 그렸나요?
- 모둠별로 많은 사람들에게 안전하게 다니기 위한 포스터를 그려 볼까요?
- 다른 사람들이 그림만 보고도 이해할 수 있을까요?

마무리

❖ 각 모둠별로 완성된 포스터에 대해 이야기 나눈다.
- 무엇을 중심으로 설명하고자 하였나요?
- 우리의 생각이 잘 표현되었나요?

활동 시 유의점

❖ 주의하면 사고의 위험을 줄일 수 있음을 안다.

❖ 함께 포스터를 제작하면서 서로의 의견을 듣고 이해한다.

활·동·평·가

❖ 안전하게 생활하는 방법에 대해 아는지 평가한다.

❖ 자신의 생각과 느낌을 표현할 수 있는지 평가한다.

2-3 비상시 적절히 대처하기

불을 끄러 가야 해요			
생활주제	건강과 안전	주제	안전한 놀이와 생활
소주제	위험한 상황에 대처하는 방법 알아보기		
활동 유형	소집단활동	영역	역할놀이
대상연령	만3세		
활동목표	• 소방관의 역할에 대해 안다. • 소방관 놀이에 필요한 도구가 무엇인지 안다.		
누리과정 관련 요소	• 신체운동 · 건강: 안전하게 생활하기 〉 비상시 적절하게 대처하기 • 사회관계: 사회에 관심 갖기 〉 지역사회에 관심을 갖고 이해하기		
활동자료	소방관 복장, 놀이용 소화기, 소방관 모자, 불꽃 모형, 소방호스		

활 · 동 · 방 · 법

도입

❖ 소방관이 무슨 일을 하는지 사진을 보면서 이야기 나눈다.
- 이 분은 누구신가요?
- 소방관은 무슨 일을 하는 사람인가요?
- 소방관은 무엇을 들고 있나요?
- 불을 끄기 위해 무엇이 필요할까요?

전개

❖ 소방관 역할을 하기 위해 필요한 것들에 대해 이야기 나눈다.

- 어떤 도구와 물건이 필요할까요?
- 소방관이 되어 화재를 진압하는 구조활동을 하며 놀이한다.
  (전화로 연락하기, 출동하기, 불 끄는 흉내 내기 등)

마무리

❖ 놀이 후 소방관의 역할에 대해 이야기 나눈다.

- 소방관이 되어 불을 끄는 경험은 어떠했나요?
- 소방관 아저씨에 대한 감사의 마음을 가질 수 있었나요?

활동 시 유의점

❖ 소방관의 역할에 대해 충분히 이야기 나눈 후 놀이한다.

활·동·평·가

❖ 소방관의 역할을 잘 아는지 평가한다.

❖ 소방관이 사용하는 소화기의 기능에 대해 알고 있는지 평가한다.

안 돼, 낯선 사람이야			
생활주제	건강과 안전	주제	안전한 놀이와 생활
소주제	유괴상황에 대한 대처방법 알아보기		
활동 유형	대집단활동	영역	역할놀이
대상연령	만4세		
활동목표	• 낯선 사람으로부터 안전하게 대처하는 방법을 안다. • 자신의 생각을 상황에 맞게 표현할 수 있다.		
누리과정 관련 요소	• 신체운동 · 건강: 안전하게 생활하기 〉 비상시 적절하게 대처하기 • 예술경험: 예술적 표현하기 〉 극놀이로 표현하기		
활동자료	《안 돼, 낯선 사람이야!》(김리라/김효진/문학동네/2012), 낯선 상황 그림카드, 동극에 필요한 소품(이름띠, 대답카드)		

활·동·방·법

도입

❖ 《안 돼, 낯선 사람이야!》 동화를 들려준다.

- 재민이는 치과 앞에서 누구를 만났나요?
- 아저씨는 재민이에게 무엇을 준다고 했나요?
- 은비는 문방구 오빠를 왜 따라가려 하나요?

전개

※ 낯선 상황카드를 보며 낯선 사람으로부터 나를 지킬 수 있는 방법에 대해 이야기 나눈다.
- 모르는 사람이 내 몸을 만지려고 하면 어떻게 할까요?
- 낯선 사람이 나를 차에 태우려고 하면 어떻게 할까요?
- 강아지를 잃어버렸다고 같이 찾아달라고 하면 어떻게 할까요?
- 아는 아주머니가 강아지를 보여 주겠다고 같이 가자고 하면 어떻게 할까요?

※ 동화의 낯선 상황카드에 나타난 동화의 사건 순서와 대화를 회상해 보고 역할극을 위한 역할을 정한다.
- 유아 자신의 이름을 붙이고 그림과 문장을 보며 적절한 대답카드를 찾아 역할극을 한다.

※ 낯선 상황에 그림카드를 가지고 놀이해 본다.

마무리

※ 역할극 놀이 후 느낌에 대해 이야기 나눈다.
- 역할극을 하면서 어떤 점을 느꼈나요?
- 낯선 사람으로 인해 위험에 처했을 때 자신을 보호하는 말을 할 수 있나요?

활동 시 유의점

※ 위험한 상황에 대응하는 방법에 대해 충분히 이야기 나눈다.

활·동·평·가

※ 낯선 사람으로 인한 위험한 상황에 대처하는 방법을 아는지 평가한다.

※ 자신의 감정을 상황에 따라 적절하게 표현할 수 있는지 평가한다.

참고문헌

강문희, 정정옥, 김승경(2006). **영유아 발달의 이해**. 신정.

강인언, 이한우, 정정란(2009). **최신아동발달**. 학지사.

건강인 영유아 건강검진(http://hi.nhis.or.kr/aa/ggpaa001/ggpaa004_m01.do).

공인숙, 한미현, 김영주(2000). **영유아보육론**. 교육과학사.

곽노의, 김경철, 김유미, 박대근(2007). **영유아발달**. 양서원.

교육과학기술부, 보건복지부(2013). 3~5세 연령별 누리과정 해설서.

교육부, 보건복지부(2013). 3~5세 연령별 누리과정 교사용 지침서.

교육부, 보건복지부(2013). 3~5세 연령별 누리과정 해설서.

국가인권위원회(2013). **보육교사 인권상황 실태조사**. 국가인권위원회.

권민균(2005). **아동발달**. 창지사.

권혜진(2008). 보육교사의 정서노동과 소진. **인간개발연구, 15**(4), 93-113.

권화숙, 김선, 남현주, 박현숙, 윤혜영, 임미혜(2018). **부모교육**. 수양재.

김경회, 문혁준, 김선영, 김신영, 김지은, 김혜금, 서소정, 안선희, 안효진, 이희경, 정선아, 황혜원(2006). **개정 보육학개론**. 창지사.

김나영, 이경열, 정욱호, 홍계옥(2007). **영유아발달**. 양서원.

김명, 김옥수, 조미숙, 홍양자(2008). **통합적 접근을 통한 건강과학의 이해**. 이화여자대학교 출판부.

김문희, 이진오, 장봉석(2007). 교사의 여가활동과 여가제약이 교직만족도에 미치는 영향. **한국스포츠리서치, 3**(5), 151-166.

김미영(2010). **아동발달**. 정민사.

김숙이, 손수민, 고선옥, 신리행(2016). **아동건강교육**. 정민사.

김영심, 강영욱, 조남숙, 한국선, 이춘희, 이숙희, 김진아, 김현옥(2010). **영유아건강지도**. 창지사.

김유진, 김미선, 이명숙(2011). **영유아발달과 정신건강**. 신정.

김은영, 김대곤, 김미영, 김이영, 박정연, 심정묘, 이행기, 임용숙, 정다운, 최병태(2016). **인성과 리더십**. 양성원.

김은주, 이시자(2011). **아동영양학**. 공동체.

김이영, 박남수, 이진숙, 최윤지, 송나리(2019). **아동생활지도**. 양성원.

김이영, 이우언, 김병찬, 박성원, 서민호, 이장희(2019). **개정판 정신건강론**. 양성원.

김일옥, 최경순(2007). **아동건강교육**. 양서원.

김일옥, 최경순(2011). **아동영양학**. 공동체.

김혜금, 송영주, 임양미, 김현자, 김진숙(2014). **정신건강론**. 양서원.

도미향, 변미희, 이명숙, 윤지영(2019). **보육학개론**. 신정.

민성혜, 신혜원, 김의향(2008). **개정판 보육교사론**. 양서원.

박낭자, 강숙현, 박경희, 백미열, 성정숙, 오채선, 유영의, 이시자, 이현경, 임명희, 조혜경, 홍연애, 황윤세 역(2007). **아동발달**. 정민사.

박성옥, 이영환, 한유미, 곽혜경, 양연숙, 이진숙, 장혜자, 안은숙, 이민경, 김연주(2008). **영유아의 건강과 안전**. 창지사.

박영아(2010). **아동발달**. 창지사.

보건복지부(2012). 어린이집 건강관리 매뉴얼.

보건복지부(2013). 어린이집 표준보육과정의 이해.

서연옥(2003). 유치원 교사의 여가활동 인식 및 실태 조사 연구. 한국교원대학교 대학원 석사학위논문.

서유헌(2002). **두뇌발달과 부모의 역할**. 숙명여자대학교 아동연구소.

송숙정(2006). 주5일 수업제의 도입과 교사 여가활동 양상의 변화. 경남대학교 대학원 석사학위논문.

신순식(2014). **영유아교사와 엄마를 위한 영양과 건강교육**. 공동체.

신예덕(1998). Gardner의 다중지능이론에 대한 경험적 타당화 연구. 숙명여자대학교 대학원 석사학위논문.

신재은(1997). 정서지능의 구인 타당화 연구. 숙명여자대학교 대학원 석사학위논문.

심성경, 고경미, 이선경, 변길희, 강진, 류경희(2015). **영유아 건강교육**. 양서원.

오경숙, 강영식, 박창욱, 김영분, 이정민(2015). **아동영양학**. 공동체.

오미경, 이은미(2016). **아동건강교육**. 공동체.

오승아(2017). **아동기 장애와 아동건강교육**. 교육아카데미.

원영미(2015). 보육교사의 근무환경이 조직몰입에 미치는 영향. 상지대학교 사회복지정책대학원 석사학위논문.

유은영(2011). 멀티미디어를 활용한 유아건강교육 프로그램 개발 및 효과. 중앙대학교 교육대학원 박사학위논문.

윤명구, 조동섭(2004). 교사들의 여가생활의 현실과 필요. **한국교원교육연구, 21**(1), 87-104.

윤애희, 김온기, 박정민, 곽윤숙, 주영은, 박정문, 정정옥, 임명희, 정지영(2003). **보육의 이해와 영유아 보육 프로그램**. 창지사.

이기현, 이은상(2003). **영 · 유아를 위한 건강, 안전, 영양**. 정민사.

이수완(2000). 교사의 여가활동참여유형, 직무스트레스 및 생활만족도의 관계 분석. 제주대학교 대학원 석사학위논문.

이순형, 이성옥, 민하영, 이영미, 한유진, 장영은, 최나야, 김지현, 김진경, 정형심(2009). **영 · 유아건강교육**. 학지사.

이영, 이정희, 김온기, 이미란, 조성연(2009). **영유아발달**. 학지사.

이은경, 한명옥(2018). **아동건강교육**. 정민사.

임규혁(2001). 학생의 정신건강에 대한 교사의 인식도 분석. **교육문제연구, 14**, 1-23.

임미혜, 이혜정(2018). **아동건강교육**. 양성원.

임미혜, 정정옥(2014). **유아교육기관에서의 건강교육(개정판)**. 창지사.

임영심, 정정희, 임민정(2017). **영유아건강교육**. 공동체.

장형식(2000). 성차별과 직무스트레스에 관한 연구. 동아대학교 경영대학원 석사학위논문.

전남련, 황연옥, 이혜배, 강은숙, 권경미(2010). **아동관찰 및 행동연구**. 양서원.

정미라, 배소연, 이영미(2012). **영유아를 위한 건강 및 영양교육**. 양서원.

정옥분(2004). **영유아발달의 이해**. 학지사.

정옥분(2005). **아동발달의 이해**. 학지사.

정희남(2008). 유아교사의 생활양식과 건강상태에 관한 연구. 부산대학교 교육대학원 석사학위논문.

조경자, 이현숙(2010). **유아건강교육**. 학지사.

조미환(2017). **영유아 건강교육**. 정민사.

조성연(2005). 보육교사의 직무만족도와 자기효능감. **교육과학연수, 36**(1), 81-104.

조성연, 이정희, 천희영, 심미경, 황혜정, 나종혜(2009). **아동발달의 이해**. 신정.

조성연, 이정희, 천희영, 심미경, 황혜정, 나종혜(2010). **아동발달**. 신정.

주영은, 성영화, 이숙자(2017). **아동건강교육**. 공동체.

최경숙(2006). **아동발달심리학**. 교문사.

최윤희, 고은희, 김성경, 김혜영, 남궁선혜, 류하나, 시옥진, 오새니(2018). **보육교사인성론**. 양성원.

최지영(2007). **아동건강교육**. 동문사.

추민아(2008). 보육교사의 보육효능감과 직무스트레스, 직무만족도에 관한 연구. 인천대학교 교육대학원 석사학위논문.

허혜경, 김성희(2008). **유아건강교육의 이론과 실제**. 창지사.

Ainsworth, M. D. S.(1973). The development of infant-mother attachment. In B. M. Caldwell, & H. N. Ricciuti (Eds.), *Review of child development research*, Vol. 3. hicago: University of Chicago Press.

Bowlby, J.(1973). *Attachment and loss*(Vol. 2). *Separation, anxiety and anger*. New York: Basic Books.

Cattell, R. B.(1971). *Abilities : Their stucture, growth and action*. Boston: Houghton Mifflin.

Gardner, H.(1983). *Frames of Mind : The Theory Of Multiple Intelligences*. New York: Basic Books.

Gardner, H.(1993). Multiple intelligences: Theory in practice. New York: Basic Books.

Gardner, H.(1999). *Intelligence reframed: Multiple intelligence for the 21st century*. New York: Basic Books.

Goldberger, L., & Breznitz, S.(1982). *Handbook of Stress*. New York: Free Press.

Guilford, J. P.(1950). Creativity. *American Psychologist, 5*, 444–454.

Guilford, J. P.(1956) Three faces of intellect. *American Psychologist, 14*, 469–479.

Guilford, J. P.(1982). Cognitive psychology's ambiguities: Some suggested remedies. *Psychological Review. 89*, 48–59

Guilford, J. P.(1982). Some changes in the structure of the intellect model. *Educational and Psychological Measurement, 48*, 1–4.

Guilford, J. P.(1971). Some misconceptions regarding measurement of creative talents. *Journal of Creative Behavior, 5(2)*, 77–87.

Harlow, H. F., & Zimmerman, R. R.(1959). Affectional responses in the infant monkey. *Science, 130*, 421–432.

Harter, S.(1998). The development of self–representations. In N. Eisenberg (Ed.), *Handbook of child psychology: Vol 3. Social, emotional, and personality development* (5th ed., pp. 553–618). New York: Wiley.

https://100.daum.net/encyclopedia.

https://thenaturalife.tistory.com/267.

Piaget, J.(1932/1965). *Moral judgment of the children* (M. Gabain. Trans.). NY : Free Press.

Piaget, J.(1954). *The construction of reality in the child.* New York: Basic Books.

Piaget, J., & Inhelder, B.(1956). *The child's conception of space.* London: Routledge & Kegan Paul.

Spearman, C.(1927). *The abilities of man.* New York: MacMillan.

Thomas, A., & Chess, S.(1977). *Temperament and development.* New York: Brunner/Mazel.

Thomas, A., Chess, S., & Korn, S. J.(1987). The reality of difficult temperament. *Merill-Palmer Quarterly, 28*, 1–20.

Thurstone, L. L.(1938). *Primary mental abilities.* Chicago: Univertsity of Chicago Press. U.S. National Commission on Excellence in Education(NCEE).(1988). A Nation at Risk: The Imperative for Educational for Educational Reform.

질병관리본부 국가건강정보포털(https://health.cdc.go.kr/).

찾아보기

저/자/소/개

■ **최윤희**

영남대학교 대학원 교육학과 박사수료

현, 수성대학교 유아교육과 교수

〈저서〉 유아교육개론, 보육교사인성론, 아동권리와 복지 외 다수

■ **김이영**

계명대학교 대학원 심리학과 박사

현, 수성대학교 유아교육과 교수

〈저서〉 아동관찰 및 행동연구, 아동권리와 복지, 정신건강론 외 다수

■ **박지원**

총신대학교 유아교육과 석사

현, 김포대학교 유아교육과 강사

■ **이명숙**

숙명여자대학교 아동복지학과 박사

현. 경기과학기술대학교 아동영어보육과 교수

〈저서〉 보육학개론, 보육과정, 보육실습 외 다수

■ **이인원**

한국교원대학교 대학원 교육학 박사

현, 계명문화대학교 유아교육과 교수

〈저서〉 유아사회교육, 교육방법 및 교육공학 외 다수

■ **최윤지**

계명대학교 대학원 유아교육학과 박사

현, 대구과학대학교 유아교육과 교수

〈저서〉 아동생활지도, 유아사회교육, 영유아 언어교육 외 다수

아동건강교육

1판 1쇄 인쇄 — 2019년 8월 26일
1판 1쇄 발행 — 2019년 8월 30일

저　　자 - 최윤희 김이영 박지원 이명숙 이인원 최윤지
발 행 인 - 강성민
발 행 처 - 수양재
주　　소 - 경기도 파주시 검산로 173번길 29-20
전　　화 - 031-946-3863(代)
팩　　스 - 031-946-3864
이 메 일 - syjpub@naver.com
출판등록 - 2016년 6월 3일 제406-2016-000069호

ISBN 979-11-89457-06-8

정가 19,000원